德州学院学术著作出版基金资助

张金平 著

The Study on Archaeological Finds and the Origin of the Yi Studies

考古发现与『易』学溯源研究

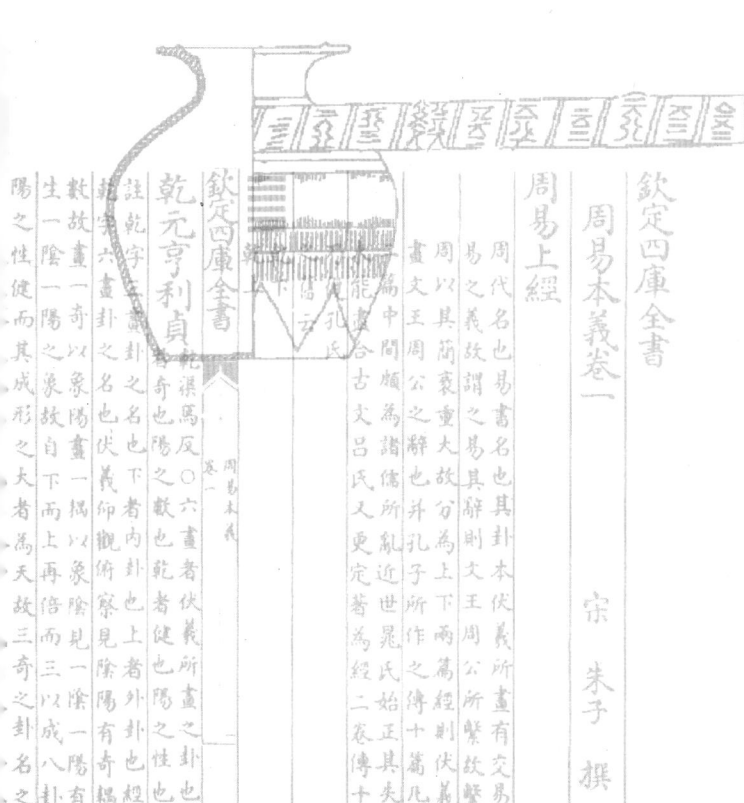

中国社会科学出版社

图书在版编目(CIP)数据

考古发现与《易》学溯源研究/张金平著. —北京：中国社会科学出版社，2015.7
ISBN 978 – 7 – 5161 – 6349 – 8

Ⅰ.①考…　Ⅱ.①张…　Ⅲ.①《周易》—研究　Ⅳ.①B221.5

中国版本图书馆 CIP 数据核字(2015)第 146777 号

出 版 人	赵剑英
责任编辑	郭　鹏
责任校对	王丹卉
责任印制	李寡寡

出　　版	中国社会科学出版社
社　　址	北京鼓楼西大街甲 158 号
邮　　编	100720
网　　址	http://www.csspw.cn
发 行 部	010 – 84083685
门 市 部	010 – 84029450
经　　销	新华书店及其他书店
印　　刷	北京市大兴区新魏印刷厂
装　　订	廊坊市广阳区广增装订厂
版　　次	2015 年 7 月第 1 版
印　　次	2015 年 7 月第 1 次印刷
开　　本	710×1000　1/16
印　　张	19.25
插　　页	2
字　　数	323 千字
定　　价	69.00 元

凡购买中国社会科学出版社图书，如有质量问题请与本社联系调换
电话：010 – 84083683
版权所有　侵权必究

考古发现与"易"学溯源研究

傅合远老师题字

序

考古发现与《易》学溯源研究属《易》学考古研究。从不同的角度，我们可以把考古划分为不同的分支。从年代范围的角度，可以把考古划分为史前考古、历史考古；从方法手段的角度，可以把考古划分为田野考古、航空考古、水下考古；从研究对象的角度，则可把考古划分为天文考古、音乐考古、《易》学考古等。《易》学考古与天文考古、音乐考古等一样，同为考古的一个分支。其研究对象是与《易》学相关的物质文化遗存，其研究方法是从《易》学角度解读这些文化遗存。蔡运章先生说："《易》学考古就是通过对与《易》学相关的传世和出土文物的全面搜集整理，采取传世文献、考古发现和古文字资料相结合的科学方法，对《易》学的起源、形成、发展、演变及其对中华文明的深刻影响，进行深入研究的新兴学科。"（《中国文物报》2006年11月3日）

《易》学考古研究迄今尚无代表作问世。相关专著主要有李学勤《周易溯源》、李零《中国方术正考》和《中国方术续考》、许钦彬《易与古文明》以及陆思贤《周易考古解读》。

李学勤《周易溯源》（巴蜀书社2006年版）原名《周易经传溯源——从考古学、文献学看〈周易〉》（长春出版社1992年版）。顾名思义，该书主旨是探求《周易》经文与十翼的形成年代。作者在《重印附记》中说："这本小书所收各文，撰写过程有二十多年，目的只有一个，就是想通过以文献研究和考古学、古文字学互相配合的方法，论证《周易》经文与十翼的形成年代。这样考察问题的路径，似可说是对王国维先生倡导的'二重证据法'的学习和实践。"在本书第四章第三节《出土筮数与三易研究》和第四节《论战国简的卦画》中，李学勤先生提出了战国简只有卦画，没有筮数的大胆猜测。清华简第四辑《筮法》公布后，李先生自我纠正说："前些年，我曾一度猜想楚简所谓数字卦其实只是卦画，如今见到《筮法》，知道想法是错误的。"(《文物》2013年第8期）该书的主要缺陷是对与《易》学思想渊源有关的史前考古材料缺乏关注，未做深入考察。

李零《中国方术考》（东方出版社2000年版）和《中国方术续考》（东方出版社2001年版）在学界享有盛誉。《中国方术考》2006年由中华书局再版时更名《中国方术正考》。李零先生在新版《前言》中说："我写过十本书（不算与人合作的书），《中国方术考》（本次重版改名《中国方术正考》）和《中国方术续考》是我的两本代表作。不夸张地说，用考古材料填补空白，系统总结中国早期的方术知识（主要是战国秦汉的方术知识，或道教、佛教以前的方术知识），这是第一部。"书中"占卜体系与有关发现"、"式与中国古代的宇宙模式"、"早期卜筮的新发现"、"跳出《周易》看《周易》"等皆属《易》学考古研究范畴。

许钦彬《易与古文明》（社会科学文献出版社2012年版），洋洋72万余字，分上中下三编，从衣、食、住、行等方面系统论述了《易》与古文明之间的关联。其最突出的特色是根据史前考古发现探讨了《易》学阴阳观念和八卦系统思想的渊源。

陆思贤《周易考古解读》（中央民族大学出版社2009年版）以一个考古工作者的视野，结合天文历算、考古发现、古文字研究，证以古史神话资料，对《周易》乾坤二卦做出了全新的解读。

前人的相关探讨为进一步研究提供了良好的借鉴和启发，但毋庸讳言，关于《易》学考古诸研究课题，以上论著或有尚未论及需要补充者，或有论之未深有待拓展者，或有观点欠妥值得商榷者。有鉴于此，张金平博士广泛搜集，系统梳理与《易》学阴阳观、尚中思想、卜筮文化等有关的考古材料，精研覃思，撰就该书，虽未敢奢望成为《易》学考古研究的代表作，但却堪称筚路褴褛的一部奠基之作。

源之远者流长，根之深者叶茂。《易》学文化堪称源远流长，根深叶茂。溯其源，愈溯愈觉其远；究其深，愈究愈感其深。《周易》在中国传统社会长期以来被奉为群经之首，考古发现的大量文化遗存都有《易》学文化影响的烙印。透过物态的文化遗存，探求文物背后的精神世界，是考古工作者的应尽之责。《易》学视野下的考古文化遗存研究属精神领域的考古学研究。开展精神领域的考古学研究已经有了较长的历史。苏秉琦先生早在二十世纪五十年代就建议对于考古发现的遗物和遗迹研究要达到

"以物见人"的目的。苏先生倡导并实践这一理念，取得了显著的成果。张忠培、俞伟超、严文明等皆接受了苏秉琦先生的学术观点和方法，在具体研究中多有建树。李伯谦先生在《关于精神领域的考古学研究》中高屋建瓴地指出："提出和强调通过考古材料研究精神领域的问题是有根据的，将其作为考古学研究的重要内容的确应该引起大家的高度重视。"（《中国文物科学研究》2007年第3期）张金平博士的这部论著对《易》学考古研究必有重要的推动作用。是为序。

杨效雷

于天津师范大学学者公寓乐心斋

2014年11月

目　　录

绪论 ·· (1)

第一章　考古发现与《易》学卜筮文化溯源 ·· (11)
 第一节　《易》学卜筮文化概述 ·· (11)
  一　《易》学释义 ·· (11)
  二　卜筮释义 ·· (13)
  三　史前卜甲属于数占 ·· (16)
  四　史前卜骨属于象占 ·· (18)
 第二节　考古发现的卜甲和卜骨 ·· (20)
  一　考古发现的卜甲考述 ··· (20)
  二　考古发现的卜骨考述 ··· (28)

第二章　考古发现与《易》学阴阳观 ·· (52)
 第一节　《易》学阴阳观概述 ·· (52)
  一　《易经》中的阴阳观 ··· (52)
  二　《易传》中的阴阳观 ··· (54)
 第二节　考古遗物与《易》学阴阳观 ··· (56)
  一　玉璇玑与《易》学阴阳观 ··· (56)
  二　良渚文化玉琮、玉鸟与《易》学阴阳观 ···································· (71)
  三　含山凌家滩玉龟、玉片与《易》学阴阳观 ································ (74)
  四　八角星纹与《易》学阴阳观 ·· (77)
  五　陶祖与《易》学阴阳观 ·· (85)
  六　鱼鸟图与《易》学阴阳观 ··· (89)

第三节 考古遗迹与《易》学阴阳观 ……………………（96）
  一 濮阳西水坡堆塑龙虎图与《易》学阴阳观 …………（96）
  二 墓葬与《易》学阴阳观 …………………………………（100）

第三章 考古发现与《易》学"尚中"思想 ……………………（102）
第一节 《易》学"尚中"思想概述 …………………………（102）
  一 《易经》中的尚中思想 …………………………………（102）
  二 《易传》中的尚中思想 …………………………………（104）
第二节 考古遗物与《易》学"尚中"思想 …………………（106）
  一 敖汉陶人与《易》学尚中思想 …………………………（106）
  二 凌家滩玉版与《易》学尚中思想 ………………………（108）
  三 数字"五"与《易》学尚中思想 ………………………（109）
  四 良渚文化高柄盖罐与《易》学尚中思想 ………………（112）
第三节 考古遗迹与《易》学"尚中"思想 …………………（113）
  一 牛河梁积石冢中心大墓与《易》学尚中思想 …………（113）
  二 原始聚落、祭坛与《易》学尚中思想 …………………（114）
  三 史前城址与《易》学尚中思想 …………………………（117）
  四 三代城址与《易》学尚中思想 …………………………（119）

第四章 考古发现与商周筮数易卦 ……………………………（129）
第一节 考古发现商周筮数易卦综述 ………………………（129）
  一 考古所见殷商时期的筮数易卦 …………………………（130）
  二 考古所见西周时期的筮数易卦 …………………………（149）
  三 考古所见东周时期的筮数易卦 …………………………（178）
第二节 殷墟易卦卜甲与《周易》关系研究 ………………（182）
  一 殷墟易卦卜甲时代之推定 ………………………………（183）
  二 殷墟易卦卜甲之中甲"九、六"研究 …………………（184）
  三 殷墟易卦卜甲与"卜筮不过三"及"三卜"等习俗的关系 …………………………………………………………（186）
  四 殷墟易卦卜甲所蕴含的"八宫"、覆卦、互卦及后天方位说 ………………………………………………………（187）
  五 殷墟易卦卜甲和文王的关系 ……………………………（189）

第三节　商周四爻筮数（或符号）易卦研究 …………… (191)
一　四爻筮数（或符号）易卦综述 ………………………… (191)
二　《太玄》之"首"与四爻易卦 …………………………… (194)
三　四爻（或五爻）易卦与互体 …………………………… (195)

第四节　陕西淳化西周陶罐筮数易卦研究 …………… (197)
一　淳化陶罐的时代 ………………………………………… (198)
二　淳化陶罐与《杂卦》 …………………………………… (199)
三　淳化陶罐与筮法 ………………………………………… (203)
四　淳化陶罐与易数 ………………………………………… (205)

第五节　长安西周陶拍筮数易卦研究 ………………… (208)
一　长安西仁村陶拍筮数易卦简介 ………………………… (209)
二　长安西仁村陶拍筮数易卦在易学史上的重要意义 …… (210)

征引文献 …………………………………………………… (216)

附录一 ……………………………………………………… (239)
附录二 ……………………………………………………… (253)
附录三 ……………………………………………………… (259)
附录四 ……………………………………………………… (265)
附录五 ……………………………………………………… (273)

后记 ………………………………………………………… (295)

绪　　论

一　选题缘起和研究内容

《周易》包括《易经》（亦称《周易古经》）和《易传》两部分，探求这两部分定型前的起源和发展过程，以及在这个过程中有哪些因素影响了或成为了该书的内容，都属于《易》学溯源研究。对《易》学的溯源研究早在东汉就有记载。班固在《汉书·艺文志》中做过一个权威性的论断，即"人更三圣，世历三古"。"三古"即上古、中古、下古。"三圣"指伏羲、文王、孔子。自1973年马王堆帛书《周易》经传出土后，又有一些《周易》出土材料陆续获得，如阜阳双古堆汉简《周易》、上海博物馆藏战国楚竹书《周易》等。学界对这些材料的整理研究已十分深入。本书不将之纳入研究对象。

本选题的研究时间范围界定为班固所言的"上古"时期和"中古"时期，即史前时期和商周时期。文献中，关于《易》学溯源的材料寥寥。主要有《系辞下》记伏羲氏"仰则观象于天，俯则观法于地，观鸟兽之文，与地之宜，近取诸身，远取诸物，于是始作八卦，以通神明之德，以类万物之情"[①]；《史记·周本纪》记文王"盖益《易》之八卦为六十四卦"；《乾凿度》云"垂黄策者羲，益卦演德者文，成命者孔也"；班固《汉书·艺文志》总结"人更三圣，世历三古"；《周易正义》云"伏羲制卦，文王《卦辞》，周公《爻辞》，孔子《十翼》也"。以上诸书所云大致一致，所涉伏羲、文王、周公、孔子当视为《周易》成书过程中每个阶段的杰出代表。后世将《易传》的创作归功于孔子一人，理解得过于狭隘。因为文献记载的时代渺茫、材料极少，故学界对《周易》的溯

[①] 高亨：《周易大传今注》，齐鲁书社1979年版，第559页。

源研究几乎止步不前。二十世纪下半叶，商周筮数易卦、商周以前大量的龟甲和卜骨，以及其他与《易》学阴阳观和尚中思想相关的考古遗存的大量出土，为《周易》溯源研究提供了丰富的材料支撑。因此，笔者将"考古发现与《易》学溯源研究"作为博士论文选题。

本课题的研究内容主要包括《易》学卜筮文化溯源、《易》学阴阳观和尚中思想溯源、筮数易卦专题研究。在结构上安排四章，具体内容为：

第一章"考古发现与《易》学卜筮文化溯源"。首先，通过搜集排比文献材料中关于龟卜和蓍筮的记载，探讨了这两种卜筮方法在当时社会中的重要地位。其次，从龟卜、蓍筮这两种卜筮方法所采用的材料的特殊性的角度，分析了它们得到人们尊信的原因。最后，通过对史前龟甲和卜骨材料的广泛搜集，分区、分期排比，得出了史前时期龟甲属于数占，卜骨属于象占的结论。

第二章"考古发现与《易》学阴阳观"。阴阳观是《易》学的核心思想之一，正如庄子所云"《易》以道阴阳"。从《易经》卦象、卦序、卦名间的对立关系（如泰与否、既济与未济）等方面分析，阴阳观是《易经》固有的思想，毋庸置疑。有学者将阴阳观出现的时间延迟至《易传》固为不妥，而因甲骨文中已有阴、阳二字将阴阳观的出现时间上推至殷商时期亦不够彻底。其实大量的史前考古遗迹、遗物都体现了《易》学阴阳观。本章以玉璇玑、玉琮、八角星纹、鱼鸟图、墓葬朝向等为据探讨了《易》学阴阳交易观、阴阳各归其类观和尚阳观的渊源，将阴阳观的渊源上推至史前时期。

第三章"考古发现与《易》学尚中思想"。尚中思想亦为《易经》中固有之思想。刘玉建先生曾通过统计六十四卦第五爻爻辞的吉凶，得出如下结论："《周易》六十四卦中，五爻爻辞绝无完全称凶者，仅有三卦在称凶的同时，又称吉或无咎。另仅有两卦称'厉'，厉即危厉，是说有危险的可能，而决不同于凶。五爻如此普遍吉利的现象，是其他各爻所不具备的，这绝非是偶然，而是说明《易经》作者特别重视第五爻位，并将此爻视为六个爻位中最为吉利的一个爻位。"① 刘玉建先生是从爻位说的角度统计的，但其统计结果也充分反映了《易经》尚中思想。宋儒程颐、清儒钱大昕等对《易》学尚中思想都给予了高度的重视。程颐说：

---

① 刘玉建：《两汉象数易学研究》，广西教育出版社1996年版，第151页。

"正未必中，中则无不正也。六爻当位者未必皆吉，而二、五之中，则吉者独多，以此故尔。"钱大昕更是明确地指出："《易》六十四卦三百八十四爻，一言以蔽之，曰'中'而已矣。"①《易》学尚中思想在史前考古发现的文化遗存中往往有明确的体现。水必有源，木必有根，《易》学尚中思想的形成一定经历了从史前时期萌芽、发展的历史过程。本章以敖汉陶人、凌家滩玉版、良渚文化高柄罐盖、牛梁河积石冢中心大墓、原始聚落、史前和三代城址等为据，探讨了《易》学尚中思想的渊源。

第四章"考古发现与商周筮数易卦研究"。本章首先对商周时期的二百多例筮数易卦进行了综述。这些筮数易卦主要见于二十世纪下半叶出土的各种器物上，也有少数仅见于著录。学界对商周筮数易卦的研究已取得了不少富有价值的成果。本书在此基础上对殷墟"易卦"卜甲、商周四爻易卦、淳化西周陶罐筮数易卦等进行了专题研究，认为：殷墟"易卦"卜甲可从"八宫说"、"综卦说"和"文王八卦方位说"等角度解读。商周四爻符号易卦非《太玄》之"首"，可从互体、大象、伏羲六十四卦次序图和易占等多角度考虑，以充分揭示各种可能性，避免一元化思维。淳化陶罐上的十一个筮数易卦，若顺行，首乾卦，次夬卦，再次大有卦，与伏羲六十四卦次序图之前三卦正相吻合，故伏羲六十四卦次序图非无本之木，可溯源于西周时期。淳化陶罐上何以刻十一个筮数易卦，与五、六天地之中数相关。淳化陶罐环肩十格之三、六分界处之所以刻两卦，与三才、六爻之数相关。关于数字"三"，还可用"函三为一"之哲学观来诠释。

二 本选题研究现状

二十世纪七十年代以前，学界对《易》学溯源的研究，关注的焦点多为《易经》卦爻辞的作者，以及卦名、卦象的由来。

二十世纪二十年代，古史辩学派的领军人物顾颉刚先生根据《易经》卦爻辞里所记载的周公以后的内容，对"文王作卦辞，周公作爻辞"的传统观点提出怀疑。②无独有偶，当时著名学者余永梁在《易卦爻辞的时

---

① （清）钱大昕撰，吕友仁校：《潜研堂文集》卷第三《说·中庸说》，《潜研堂集》，上海古籍出版社1989年版，第39页。
② 顾颉刚：《〈周易〉卦爻辞中的故事》，《古史辨（三）》，上海古籍出版社1982年版，第1—44页。

代及其作者》中，也认定卦爻辞与文王、周公无关。① 从事这一方面的研究一直持续到现在，代表性学者有：李镜池②、陆侃如③、郭沫若④、李汉三⑤、高文策⑥、庄天山⑦、严灵峰⑧、林炯阳⑨、詹秀慧⑩、王开府⑪、王世舜、韩慕君⑫、日本学者本田成之⑬、内藤虎次郎⑭等。

还有一些学者对八卦卦名、卦象的由来进行专题研究，观点各异，然皆言之有据。发文最早的当推章太炎先生。⑮ 章氏在《八卦释名》中据文字训诂探求八卦原义，文短义明，是八卦卦名溯源研究的经典文献之一。关于卦象由来的研究，二十世纪四十年代，刘钰在《关于易经卦画起源

---

① 余永梁：《易卦爻辞的时代及其作者》，《古史辨》（三），上海古籍出版社1982年版，第143—170页。
② 李镜池：《论〈周易〉的著作年代——答郭沫若同志》，《华南师院学报》（社会科学版）1982年第4期，第51—59页转82页。
③ 陆侃如：《论卦爻辞的年代》，原载《清华周刊》第三十七卷第9期，1932年。见黄寿祺、张善文《周易研究论文集》（第一辑），北京师范大学出版社1987年版，第249—254页。
④ 郭沫若：《周易之制作时代》，《青铜时代》，科学出版社1957年版，第66—94页。
⑤ 李汉三《周易卦爻辞时代考》，《建设》（台湾）第三卷第十一期，1955年。见黄寿祺、张善文《周易研究论文集》（第一辑），北京师范大学出版社1987年版，第294—302页。
⑥ 高文策：《试论易的成书年代与发源地域》，《光明日报》1961年6月2日第4版。
⑦ 庄天山：《对高文策先生试论易的成书年代与发源地域一文的几点意见》，《光明日报》1961年9月1日第4版。
⑧ 严灵峰：《易经小象成立的年代及其内容》，《哲学年刊》第2辑，（台湾）商务印书馆1967年版。见黄寿祺、张善文《周易研究论文集》（第一辑），北京师范大学出版社1987年版，第348—365页。
⑨ 林炯阳：《周易卦辞爻辞之作者》，《易经研究论集》，（台湾）黎明文化事业出版公司1981年版。见黄寿祺、张善文《周易研究论文集》（第一辑），北京师范大学出版社1987年版，第433—439页。
⑩ 詹秀慧：《周易卦爻辞中著成年代》，《易经研究论集》，（台湾）黎明文化事业出版公司1981年版。见黄寿祺、张善文《周易研究论文集》（第一辑），北京师范大学出版社1987年版，第440—454页。
⑪ 王开府：《周易经传著作问题初探》，《易经研究论集》，（台湾）黎明文化事业出版公司1981年版。见黄寿祺、张善文《周易研究论文集》（第一辑），北京师范大学出版社1987年版，第455—466页。
⑫ 王世舜、韩慕君：《试论〈周易〉产生的年代》，《齐鲁学刊》1981年第2期，第23—26页。
⑬ ［日］本田成之：《作易年代考》，江侠庵编译《先秦经籍考》，（上海）商务印书馆1931年版，第39—66页。
⑭ ［日］内藤虎次郎：《易疑》，江侠庵编译《先秦经籍考》，（上海）商务印书馆1931年版，第40—78页。
⑮ 章太炎《八卦释名》，《国粹学报》第五卷第2期，1909年。见黄寿祺、张善文《周易研究论文集》（第一辑），北京师范大学出版社1987年版，第1—2页。

之研究》中认为卦画是根据土圭测影而来，表示阳光用阴黑底线，表示阴暗用阳明底线。① 庞朴在《八卦卦象与中国远古万物本源说》中指出八卦象征八种元素，而这八种元素可以归结为气、水、土、火四种。② 此外，从卦名、卦象由来角度探讨《易》学渊源问题的代表学者尚有胡怀琛③、叶国庆④、岑仲勉⑤、屈万里⑥、陈道生⑦、汪宁生⑧、黄优仕⑨、胡蕴玉⑩、黄振华⑪、黄寿祺⑫等。

  以上探讨虽细致而深入，但都没有充分利用出土资料。《易》学溯源研究的转折，当以1978年张政烺先生⑬以阴阳奇偶转化原则释读筮数易卦为标志。张政烺先生的观点开阔了人们的视野，从此，根据筮数易卦探究《易》学渊源的成果层出不穷。如，蔡运章先生在《筮数易卦释例》中，根据殷墟出土陶簋所刻筮数损卦和陶爵范所刻中孚之渐卦，认为"《周易·损》卦的卦辞及中孚九二爻辞早在商代晚期就已产生"；根据周初丁者鼎所刻筮数困卦及刻辞，认为"《周易·困》卦的卦辞早在西周初

---

① 刘钰：《关于易经卦画起源之研究》，《求真杂志》第一卷第8期，1946年12月。见黄寿祺、张善文《周易研究论文集》（第一辑），北京师范大学出版社1987年版，第11—28页。

② 庞朴：《八卦卦象与中国远古万物本源说》，《光明日报》1984年4月23日第3版。

③ 胡怀琛：《八卦为上古数目字说》，《东方杂志》第二十四卷第21期，1927年11月。见黄寿祺、张善文《周易研究论文集》（第一辑），北京师范大学出版社1987年版，第3—6页。

④ 叶国庆：《八卦所含之数字性》，《厦门大学学报》第6期，1936年2月。见黄寿祺、张善文《周易研究论文集》（第一辑），北京师范大学出版社1987年版，第7—10页。

⑤ 岑仲勉：《易卦爻表现着上古的数学知识》，《中山大学学报》（社会科学版）1956年第1期，第176—186页。

⑥ 屈万里：《易卦源于龟卜考》，（台湾）《中央研究院历史语言研究所集刊》二十七本，1956年，第117—134页。

⑦ 陈道生：《重论八卦的起源》，《孔孟学报》（台湾）第12期，1966年9月。见黄寿祺、张善文《周易研究论文集》（第一辑），北京师范大学出版社1987年版，第64—95页。

⑧ 汪宁生：《八卦起源》，《考古》1976年第4期，第242—245页。

⑨ 黄优仕：《周易名义考》，《国学月报》第二卷第11期，1927年11月。见黄寿祺、张善文《周易研究论文集》（第一辑），北京师范大学出版社1987年版，第132—137页。

⑩ 胡蕴玉：《论易之命名》，《国学》（上海大东）第一卷第3期，1926年12月。见黄寿祺、张善文《周易研究论文集》（第一辑），北京师范大学出版社1987年版，第138—141页。

⑪ 黄振华：《论日出为易》，《哲学年刊》第五辑，（台湾）商务印书馆，1968年11月。见黄寿祺、张善文《周易研究论文集》（第一辑），北京师范大学出版社1987年版，第142—147页。

⑫ 黄寿祺：《周易名义考——六庵读易丛考之一》，《福建师大学报》（哲学社会科学版）1979年第2期，第59—65页。

⑬ 张政烺：《试释周初青铜器铭文中的易卦》，《考古》1980年第4期，第403—415页；张政烺：《殷墟甲骨文中所见的一种筮卦》，《文史》第二十四辑，中华书局1985年版，第1—8页。

年也已产生"。① 冯时先生在《殷墟"易卦"卜甲探索》中，将殷墟出土的易卦卜甲之中甲位置所刻"☒六"、"☒九"释读为太阴、太阳，认为《易》学被称作"九六"之学当与此有关，四象的来源当溯源至此。② 对筮数易卦研究的代表性学者还有徐锡台、楼宇栋③、饶宗颐④、张亚初、刘雨⑤、管燮初⑥、郑若葵⑦、肖楠⑧、姚生民⑨、李学勤⑩、曹定云⑪、曹玮⑫、晁福林⑬、廖名春⑭、季旭升⑮等。

单篇论文因受篇幅的限制，只能从一个点上，或者从一个侧面进行研究，难得"窥全豹"之效。凭借丰富的考古发现探究《易》学卜筮文化、阴阳观和尚中思想的渊源，更是《易》学溯源的薄弱环节。

作为中国传统文化之源的《易》学，在从史前以至先秦三代漫长的时代里，其主要特征属于巫史文化。在那个充斥着原始宗教信仰的时代里，先人的思想观念等属于精神领域的内容模糊不清。在考古发现中，所能见到的都是一些有形的遗存，如陶器、铜器、玉器、骨器等遗物，城址、房基、窖穴、墓葬、灰坑等遗迹。这些遗物和遗迹保存着当时先人精神领域的信息"密码"，而这些精神领域的东西正是我们现在思想观念的

---

① 蔡运章：《商周筮数易卦释例》，《考古学报》2004年第2期，第141—144页。
② 冯时：《殷墟"易卦"卜甲探索》，《周易研究》1989年第2期，第14—16页。
③ 徐锡台、楼宇栋：《西周卦画探源——周原出土卜甲上卦画初探》，《中国考古学会第一次年会论文集1979》，文物出版社1980年版，第159—162页。
④ 饶宗颐：《殷代易卦及有关占卜诸问题》，《文史》第二十辑，中华书局1983年版，第1—13页。
⑤ 张亚初、刘雨：《从商周八卦数字符号谈筮法的几个问题》，《考古》1981年第2期，第153—164页转154页。
⑥ 管燮初：《数字易卦探讨两则》，《考古》1991年第2期，第143—146页。
⑦ 郑若葵：《安阳苗圃北地新发现的殷代刻数石器其相关问题》，《文物》1986年第2期，第46—51页转62页。
⑧ 肖楠：《安阳殷墟发现"易卦"卜甲》，《考古》1989年第1期，第66—70页。
⑨ 姚生民：《淳化县发现西周易卦符号文字陶罐》，《文博》1990年第3期，第55—57页。
⑩ 李学勤：《西周筮数陶罐的研究》，《人文杂志》1990年第6期，第78—81页。
⑪ 曹定云：《新发现的殷周"易卦"及其意义》，《考古与文物》1994年第1期，第46—51页。
⑫ 曹玮：《陶拍上的数字卦研究》，《文物》2002年第11期，第65—71页。
⑬ 晁福林：《商代易卦筮法初探》，《考古与文物》1997年第5期，第58—62页转14页。
⑭ 廖名春：《长安西仁村陶拍数字卦解读》，《周易研究》2003年第5期，第8—13页。
⑮ 季旭升：《古文字中的易卦材料》，刘大钧主编《象数易学研究》（第三辑），巴蜀书社2003年版，第10—18页。

源头。解读这些信息"密码"异常必要。

通过考察物态的文化遗存探究《易》学卜筮文化、阴阳观和尚中思想的渊源属于"以物见人"的研究。对于考古发现的遗物和遗迹研究要达到"以物见人"目的的建议是由苏秉琦先生首先提倡并实践的,且取得了显著的成果。① 苏秉琦先生利用考古资料探讨中国史前史的发展,"使考古学文化的时空关系能转化为一个历史的框架,从而为考古学和其他学科的联接建立起一个桥梁,使考古学材料可以按其历史的位置来研究其物质的、社会的、精神的情况"。② 张忠培、俞伟超、严文明、李伯谦等皆接受了苏秉琦先生"以物见人"的研究理念,在具体研究中多有建树。李伯谦先生在《关于精神领域的考古学研究》中高屋建瓴地指出:"提出和强调通过考古材料研究精神领域的问题是有根据的,将其作为考古学研究的重要内容的确应该引起大家的高度重视。"③

通过物态的考古遗存探究《易》学文化的渊源属《易》学考古研究。《易》学考古是考古的一个分支。从不同的角度,可以把考古划分为不同的分支。从年代范围的角度,可以把考古划分为史前考古、历史考古;从方法手段的角度,可以把考古划分为田野考古、航空考古、水下考古;从研究对象的角度,则可把考古划分为天文考古、音乐考古、《易》学考古等。《易》学考古与天文考古、音乐考古等一样,同为考古的一个分支。其研究对象是与《易》学相关的物质文化遗存,其研究方法是从《易》学角度解读这些文化遗存。"《易》学考古就是通过对与《易》学相关的传世和出土文物的全面搜集整理,采取传世文献、考古发现和古文字资料相结合的科学方法,对《易》学的起源、形成、发展、演变及其对中华文明的深刻影响,进行深入研究的新兴学科。"④

天文考古研究的代表作为冯时先生的《中国天文考古学》。在《中国天文考古学》中,冯时先生从天文学角度对新石器时代礼器图像中的猪

---

① 苏秉琦:《华人·龙的传人·中国人——考古寻根记》,辽宁大学出版社1994年版。苏秉琦:《中国文明起源新探》,辽宁人民出版社2009年版;苏秉琦:《苏秉琦考古学论述选集》,文物出版社1984年版。
② 俞伟超:《本世纪中国考古学的一个里程碑》,苏秉琦《中国文明起源新探》,辽宁人民出版社1999年版,第164页。
③ 李伯谦:《关于精神领域的考古学研究》,《中国文物科学研究》2007年第3期,第5—7页。
④ 蔡运章:《易学考古导论》,《中国文物报》2006年11月3日。

母题、良渚文化立鸟图像、新石器时代骨笛、河南濮阳西水坡 45 号墓诸遗迹、红山文化三环石坛等进行了崭新的解读。音乐考古研究的代表作为王子初先生的《中国音乐考古学》。《中国音乐考古学》以叙述中国各个历史时期的音乐文物为主要表述方式，在其音乐考古学的总体框架下，按乐器的种类分别叙述，详注材料出处。末附对礼乐重器镈、晋侯苏钟、珠海郭氏藏西汉宗庙编磬、且末扎滚鲁克箜篌的深入研究。以上两部论著中所涉及的许多考古遗存皆可从《易》学文化角度解读，其研究方法与思路对《易》学考古研究也颇有启发。

《易》学考古研究迄今尚无代表作问世。相关专著主要有李学勤《周易溯源》、李零《中国方术正考》和《中国方术续考》、许钦彬《易与古文明》，以及陆思贤《周易考古解读》。

李学勤《周易溯源》（巴蜀书社 2006 年版）原名《周易经传溯源——从考古学、文献学看〈周易〉》（长春出版社 1992 年版）。顾名思义，该书主旨是探求《周易》经文与十翼的形成年代。作者在《重印附记》中说："这本小书所收各文，撰写过程有二十多年，目的只有一个，就是想通过以文献研究和考古学、古文字学互相配合的方法，论证《周易》经文与十翼的形成年代。这样考察问题的路径，似可说是对王国维先生倡导的'二重证据法'的学习和实践。"在本书第四章第三节《出土筮数与三易研究》和第四节《论战国简的卦画》中，李学勤先生提出了战国简唯有卦画，没有筮数的大胆猜测。该书的主要缺陷是对殷商筮数易卦材料未做深入考察，对与《易》学思想渊源有关的史前考古材料更是缺乏关注。

李零《中国方术考》（东方出版社 2000 年版）和《中国方术续考》（东方出版社 2001 年版）在学界享有盛誉。《中国方术考》2006 年由中华书局再版时更名《中国方术正考》。李零先生在新版《前言》中说："我写过十本书（不算与人合作的书），《中国方术考》（本次重版改名《中国方术正考》）和《中国方术续考》是我的两本代表作。不夸张地说，用考古材料填补空白，系统总结中国早期的方术知识（主要是战国秦汉的方术知识，或道教、佛教以前的方术知识），这是第一部。"书中"占卜体系与有关发现"、"式与中国古代的宇宙模式"、"早期卜筮的新发现"、"跳出《周易》看《周易》"等皆属《易》学考古研究范畴。

许钦彬《易与古文明》（社会科学文献出版社 2012 年版），洋洋 72

万余字，分上中下三编，从衣、食、住、行等方面系统论述了《易》与古文明之间的关联。是书最大的特点就是列举了大量考古材料，并将之与《易》学联系起来进行论述。这对我们开展本课题研究提供了极富便利的线索资源。其搜罗爬梳之功故在焉。

陆思贤《周易考古解读》（中央民族大学出版社2009年版）以一个考古工作者的视野，结合天文历算、考古发现、古文字研究，证以古史神话资料，对《周易》乾坤二卦做出了全新的解读。陆思贤认为《周易》的主题是讲天文历法。他运用丰富的考古材料完成了自圆其说的论证。是书绝大部分篇幅是在解读乾坤两卦，对《周易》乾、坤两卦的理解提供了另一蹊径，丰富了对乾、坤两卦的研究内容，故是书若更名为《〈周易〉乾坤考古解读》，更为恰当。

2004年洛阳大学东方文化研究院和洛阳市文物考古研究员联合北京大学、清华大学、山东大学等学术单位，聘请相关学者，共同编撰"易学考古与中华文明丛书"，研究计划中有筮数易卦研究、体现《易》学思想的各类文物研究等，可惜至今成果尚未问世。

三 本选题研究方法

本课题研究将在认知考古学方法论指导下，系统梳理与《易》学相关的考古资料，通过对考古文化遗存的深入解读，探究《易》学卜筮文化、阴阳观、尚中思想，以及八宫说、综卦说、文王八卦方位说等《易》学象数体系的渊源。

认知考古学"是通过考古遗存来研究人类的认知活动的一种理论和方法。……具体来说，就是根据物质文化遗存所凝聚的象征意义，来研究古人的思维方式和意识形态"。[1] 在考古学史上，原来有许多人认为，"'思想'是如此不可捉摸，而且无法从考古学记录来论证，以至于对它难以进行科学研究"，还有一些人认为，"像宗教和意识形态这样的认知领域是一种副现象，是与生存经济主要变量无关的从属变量，因此是意义不大和不值得研究的"。[2] 认知考古学的兴起，打破了这些认识误区。通

---

[1] 栾丰实、方辉、靳桂云：《考古学理论·方法·技术》，文物出版社2002年版，第186页。

[2] ［美］肯特·弗兰纳利、乔伊斯·马库斯撰，寻婧元译，陈淳校：《认知考古学》，《南方文物》2011年第2期，第175—181页。

过可见的物质文化遗存探讨不可见的思想观念,不仅是可能的,而且是很有意义的。正如陈淳所说:"面对许多考古现象和物质文化,不管描述罗列如何细致,如果不涉及这些材料背后的人类思想,这些研究的阐释和结论实际上将毫无意义。"①

本课题研究涉及宗教学、考古学、史学、易学、民俗学等多学科知识,故在研究过程中将尽量做到各学科研究方法的有机结合,多角度、多层面地展开研究。

四 本课题的创新之处

第一,将史前至商代的卜筮方法概括为龟甲数占和卜骨象占,大致得出数占早于象占的结论。

第二,通过对体现《易》学思想的各类考古遗迹、遗物的系统梳理、考察,指出:《易经》固有的阴阳观和尚中思想可溯源至史前,沉淀于后世民族思想意识中的《易》学思想源远流长。

第三,通过对商周筮数易卦材料的综述和专题研究,在前人相关成果的基础上,对文王八卦方位说、八宫说、综卦说、三才六爻说、伏羲六十四卦次序图等进行溯源研究,提出了自己的新见。

---

① 陈淳:《考古学研究入门》,北京大学出版社2009年版,第256页。

第一章 考古发现与《易》学卜筮文化溯源

第一节 《易》学卜筮文化概述

《周易》古经是一部大约成书于西周初年的卜筮用书,而其卦象构成、卦爻辞的内容以及各卦前后排列的次序等,显而易见地蕴含着丰富的哲理。

一 《易》学释义

《易》学有广狭之分。狭义的《易》学指《周易》问世以来历代学者对《周易》义理之阐发、象数之探究,以及文本之训诂等,是经学的重要组成部分之一。传统的学术归类亦将《易》类文献归于经部。朱伯崑先生在其独立完成的皇皇巨著《易学哲学史》中开宗明义:"易学是通过对《周易》的解释形成和发展起来的。"① 在其主编的《易学基础教程》中,朱先生将《周易》知识系统分为"《易经》、《易传》、《易》学"三部分,说:"易学是对《周易》经传所作的种种解释。它以《易经》为核心。《易传》对《易经》加以解释,历代易学又对《易传》再加解释。"② 以上对《易》学的界定皆属狭义定义,未将术数文化囊括其中。其实,《易》本卜筮之书,术数文化当为《易》学的重要组成部分之一。

宋儒朱熹极力主张:"《易》本为卜筮而作。"这一主张是朱熹在读《易》深思后提出的。他说:"此书近细读之,恐程《传》得之已多,但

---

① 朱伯崑:《易学哲学史》,昆仑出版社2009年版,第3页。
② 朱伯崑主编:《易学基础教程》,九州出版社2011年版,第2页。

不合全说作义理，不就卜筮上看，故其说有无顿著处耳。"① 朱熹之所以主张"《易》本为卜筮而作"，基于四个方面的考察，"一基于史实考辨，二基于逻辑质疑，三基于《周易》古经文本分析，四基于《易传》"。②

基于史实考辨，朱熹说："《易》只是为卜筮而作，故《周礼》分明言太卜掌三《易》，《连山》、《归藏》、《周易》，古人于卜筮之官立之，凡数人。秦去古未远，故《周易》亦以卜筮得不焚。"③ 又说："《易》自是别是一个道理，不是教人底书。故《记》中只说'先王崇四术，顺《诗》、《书》、礼、乐以造士'，不说《易》也。《语》、《孟》中亦不说《易》，至《左传》、《国语》方说，然亦只是卜筮尔。"④

基于逻辑质疑，朱熹说："圣人要说理，何不就理上直剖判说？何故恁地回互假托，教人不可晓？又何不别作一书？何故要假卜筮说？又何故说许多'吉凶悔吝'？"⑤ 又说："若果为义理作时，何不直述一件文字？"⑥

基于《周易》古经文本分析，朱熹说："《易》本为卜筮设。如曰'利涉大川'，是利于行舟也；'利有攸往'，是利于启行也。"⑦ 又说："如'利用祭祀'、'利用享祀'，只是卜祭则吉；'田获三狐'、'田获三品'，只是卜田则吉；'公用享于天子'，只是卜朝觐则吉；'利建侯'，只是卜立君则吉；'利用为依迁国'，只是卜迁国则吉；'利用侵伐'，只是卜侵伐则吉之类，但推之于事，或有如此说者耳。"⑧ 又说："何以见得《易》专为占筮之用？如'王用亨于岐山'、'于西山'，皆是'享'字。古字多通用。若卜人君欲祭祀山川，占得此即吉。'公用亨于天子'，若诸侯占得此卦，则利于近天子耳。"⑨

---

① （宋）朱熹：《晦庵文集》卷第四十四《答蔡季通》，朱杰人等主编《朱子全书》第二十二册，上海古籍出版社、安徽教育出版社2002年版，第1992页。
② 杨效雷：《诠释学视野下的易学》，华南理工大学出版社2015年版。按：下文对这个四个方面的分析皆借鉴于杨效雷师的著作。
③ （宋）黎靖德：《朱子语类》卷第一百零五，中华书局1986年版，第2625页。
④ （宋）黎靖德：《朱子语类》卷第六十七，中华书局1986年版，第1658页。
⑤ （宋）黎靖德：《朱子语类》卷第六十六，中华书局1986年版，第1623页。
⑥ （宋）黎靖德：《朱子语类》卷第六十六，中华书局1986年版，第1622页。
⑦ （宋）黎靖德：《朱子语类》卷第六十六，中华书局1986年版，第1633页。
⑧ （宋）朱熹：《晦庵文集》卷第三十三，朱杰人等主编《朱子全书》第21册，上海古籍出版社、安徽教育出版社2002年版，第1466页。
⑨ （宋）黎靖德：《朱子语类》卷第七十三，中华书局1986年版，第1853页。

基于《易传》，朱熹说："且如《易》之作，本只是为卜筮。如'极数知来之谓占'、'莫大乎蓍龟'、'是兴神物以前民用'、'动则观其变而玩其占'等语，皆见得是占筮之意。"① 又说："圣人分明说：'昔者圣人之作《易》，观象设卦，系辞焉以明吉凶。'几多分晓！某所以说《易》只是卜筮书者，此类可见。"② 又说："看《系辞》，须先看《易》。自"大衍之数"以下，皆是说卜筮。若不是卜筮，却是说一无底物。"③

《周礼·大卜》："（大卜）掌三易之法，一曰《连山》，二曰《归藏》，三曰《周易》。"④ 其中所提及的《连山》、《归藏》在汉唐书目里虽有著录，但久已亡佚，惟《周易》比较完整地传留至今。《周易》古经成书之前，卜筮文化必然存在一个很长时间的发生、发展过程。这是本章所要考察研究的对象。

以三《易》为代表的卜筮文化的渊源，可上溯史前的属于数占的龟甲和属于象占的骨卜。下文将有详细讨论。

二 卜筮释义

卜筮是龟卜（包括骨卜）和蓍筮的合称。龟卜（包括骨卜）对应于通过验看钻灼后的龟甲兆纹以断吉凶的占卜方法，属于象占；蓍筮是通过蓍草分合编排而得筮数，根据筮数判断吉凶，或由筮数组合而得卦象，再根据卦象判断吉凶的方法，属于数占。⑤

占卜用龟源于灵龟崇拜的观念。高广仁、邵望平曾搜集了8处史前墓葬中出土的龟甲材料，在分析了出土龟甲墓葬的随葬品，以及龟甲所摆放位置等特点后，认为史前"龟灵"观念出现很早。高、邵在文中总结道："我们认为海岱地区及长江流域史前文化中以龟随葬的文化现象及其所反映的'龟灵'观念，乃是商殷文化中'龟灵'、'龟卜'的渊源。也就是说在新石器时代晚期至夏、商时代初期，商人逐步接受了其东方与南方早已存在的龟灵观念，并从那里取的神龟（或以政治势力保证的贡品），与

---

① （宋）黎靖德：《朱子语类》卷第六十六，中华书局1986年版，第1621页。
② （宋）黎靖德：《朱子语类》卷第六十六，中华书局1986年版，第1629页。
③ （宋）黎靖德：《朱子语类》卷第六十六，中华书局1986年版，第1627页。
④ （汉）郑玄注，（唐）贾公彦疏：《周礼注疏》卷第二十四《春官·大卜》，北京大学出版社2000年版，第748页。
⑤ 按：《周易·说卦传》："观变于阴阳而立卦"韩康伯注云："蓍，数也。"《左传》云："龟，象也；筮，数也。"

先商文化原有的占卜习俗结合而产生了龟卜。大约是在商代后期，即殷墟文化的前期，龟卜才盛行起来。"① 高、邵两位先生对"龟灵"的论述是极有见地的，但他们认为"在商代后期，即殷墟文化的前期，龟卜才盛行起来"，却未必。史前卜甲的大量发现已确凿无疑地将龟卜的渊源上溯到贾湖文化时期，只不过史前卜甲属数占，而殷商龟卜属象占。这是需要强调说明的。

诚然，史前龟甲的出土集中发现在公元前4000—前3000年间，这与殷商龟卜盛行期之间有一千多年的缺环。在此断层缺环期间，卜甲出土甚少。我们认为，之所以存在这一现象，是因为，承担数占功能的龟甲到了龙山文化时代，让位于蓍草，而蓍草在地下埋藏易于腐烂无痕，故龙山时代少见卜甲出土，取而代之的是属于象占工具的卜骨材料的大量出土。

《礼记·礼运》云："何为四灵？鳞、凤、龟、龙，谓之四灵。"龟作为四灵之一被视为"大宝"。《尚书·禹贡》："九江纳锡大龟"，孔《传》注云："尺二寸曰大龟，出于九江水中，龟不常用，锡命而纳之。"② 夏王朝对龟的重视，是对之前灵龟崇拜观念的承接。《尚书·大诰》："宁王遗我大宝龟，绍天明即命。"③ 周人将龟称之为"大宝龟"，且与国家的命运相联系。

因为龟的长寿和旺盛的生命力，古人认为它能够通灵，故取以为占卜工具，用来预测未知。《史记·龟策列传》："神龟出于江水中，庐江郡常岁时生龟长尺二寸者二十枚输太卜官，太卜官因以吉日剔取其腹下甲。龟千岁乃满尺二寸。王者发军行将，必钻龟庙堂之上，以决吉凶。今高庙中有龟室，藏内以为神宝。"④《说文解字》段注引刘向曰："蓍之言耆，龟之言久，龟千岁而灵，蓍百年而神，以其长久，故能辨吉凶。"⑤《论衡·卜筮》："子路问孔子曰：'猪肩羊膊，可以得兆，藋苇藁芼，可以得数，

---

① 高广仁、邵望平：《中国史前时代的灵龟与犬牲》，《中国考古学研究——夏鼐先生考古五十年纪念论文集》，文物出版社1986年版，第63页。
② （汉）孔安国，（唐）孔颖达疏：《尚书正义》卷第六，北京大学出版社2000年版，第181页。
③ （汉）孔安国，（唐）孔颖达疏：《尚书正义》卷第十三，北京大学出版社2000年版，第405页。
④ （汉）司马迁：《史记》卷第一百二十八《龟策列传》，中华书局1959年版，第3227页。
⑤ （汉）许慎撰，（清）段玉裁注：《说文解字注》，浙江古籍出版社2006年版，第678页。

何必以蓍龟?'孔子曰:'不然。盖取其名也。夫蓍之为言'耆'也;龟之为言'旧'也。明狐疑之事,当问耆旧也。'"①

据《史记》记载:"蓍生满百茎者,其下必有神龟守之。"② 这段记载揭示了龟与蓍之间的关联。古人除以龟甲占卜,也把蓍草作为筮占的工具。

蓍草是一种多年生的草本植物,这异于"一岁一枯荣"的"离离原上草"。《文选·张衡〈思玄赋〉》"文君为我端蓍兮"旧注引刘向云:"蓍百年,而一本生百茎。"《说文·艸部》:"蓍,蒿属。生十岁,百茎。"《太平预览》卷七九七引《说文》作:"生千岁,三百茎。"段玉裁《说文解字》注同此。《艺文类聚》卷八二引《逸礼》云:"筮千岁,三百茎者,先知也。"

蓍与龟相似的特性——高龄,使先民们相信,蓍与龟一样,能够通灵,故亦取以为占卜的工具。《楚辞·九怀·匡机》"蓍蔡兮踊跃"王逸注引:"蓍,筮也。"《国语·晋语一》"爱疑决之以卜蓍"和《晋语四》"公子亲筮之"韦昭注云:"蓍曰筮。"《汉书·张禹传》"择日絜斋露蓍"颜师古注云:"蓍,草名,筮者所用也。"朱熹《诗集传》注《曹风·下泉》"冽彼下泉,浸彼苞蓍"云:"蓍,巫草也。"《系辞上》:"探赜索隐,钩深致远,以定天下之吉凶,成天下之亹亹者,莫大乎蓍龟。"《搜神记》卷三:"使者沉吟良久而悟,乃命取蓍筮之。"

《论衡·卜筮》:"子路问孔子曰:'诸肩羊膊,可以得兆,萑苇藁芼,可以得数,何必以蓍龟?'孔子曰:'不然,盖取其名也。夫蓍之为言耆也。龟之为言归也。明狐疑之事,当问耆旧也。'"③《礼记·曲礼上》"凡卜筮曰"孔颖达疏引刘向云:"蓍之言耆。"《广雅·释草》:"蓍,耆也。"以上记载都说明,古人以龟、蓍为卜筮工具的重要原因之一,便是它们的高龄。

古人取蓍草为卜筮工具的原因之二是:蓍草形异。

上述引文已提到蓍草外形之奇特。无论一株"百茎",还是"三百茎",都可以想见其郁郁苍苍。蓍草枝茎高崇,挺拔有序。《说文》"蓍"

---

① 黄晖:《论衡校释》卷第二十四《卜筮篇》,中华书局1990年版,第998—999页。
② (汉)司马迁:《史记》卷第一百二十八《龟策列传》,中华书局1959年版,第3226页。
③ 黄晖:《论衡校释》卷第二十四《卜筮篇》,中华书局1990年版,第998—999页。

条，许慎曾言："《易》以为数：天子蓍九尺，诸侯七尺，大夫五尺，士三尺。"①《仪礼·少牢馈食礼》"乃释韇立蓍"郑玄注云："卿大夫之蓍长五尺。"许慎、郑玄皆东汉人。汉制，一尺相当于现在的24厘米。若以周制，汉代八寸相当于周代一尺。②无论用汉制还是用周制换算，"九尺"之蓍，都达到了两米左右的高度。蓍草伟哉壮哉的外形之出众，自不容疑。

商周时期龟卜、筮占并行。《礼记·曲礼》云："龟曰卜，蓍曰筮。"在先秦文献记载中经常卜筮并用，如《尚书·君奭》云："故一人有事于四方，若卜筮，罔不是孚。"

《尚书·洪范》"九畴"条下有对卜筮并用以权衡形势占断决策的记载：

> 稽疑：择建立卜筮人，乃命卜筮。曰雨、曰霁、曰蒙、曰驿、曰克、曰贞、曰悔，凡七：卜五，占用二，衍忒。立时人作卜筮，三人占，则从二人之言。汝则有大疑，谋及乃心，谋及卿士，谋及庶人，谋及卜筮。汝则从，龟从，筮从，卿士从，庶民从，是之谓大同。身其康强，子孙其逢吉。汝则从，龟从，筮从，卿士逆，庶民逆，吉。卿士从，龟从，筮从，汝则逆，庶民逆，吉。庶民从，龟从，筮从，汝则逆，卿士逆，吉。汝则从，龟从，筮逆，卿士逆，庶民逆，作内吉，作外凶。龟筮共违于人，用静吉，用作凶。③

春秋时期，《易》的应用虽然义理化，但其占筮功能依然是主要的，《左传》、《国语》中的筮例可为证。④兹不赘述。

三　史前卜甲属于数占

商周以前用龟甲占卜的历史十分悠久。考古发现证明，至迟在距今

---

① （汉）许慎：《说文解字》，中华书局1963年版，第20页。
② 《论衡》云："周以八寸为尺。"见黄晖《论衡校释》卷第二十八《正说篇》，中华书局1990年版，第1135页。
③ （汉）孔安国，（唐）孔颖达疏：《尚书正义》卷第十二《洪范》，北京大学出版社2000年版，第371—372页。
④ 张金平、杨效雷：《〈左传〉、〈国语〉引〈易〉类析》，《辽东学院学报》（社会科学版）2014年第2期，第61—67页。

9000 年至 7000 年的贾湖文化中就有用于占卜的龟甲。然而，需要指出，史前卜甲不同于商周时的卜甲。对史前卜甲和商周卜甲，应首先区分其差异，摆脱将两者等同的思维定势，重新审视其不同的功能。

截至目前为止，收集到的史前龟甲单个数有 200 多个，出土地点有 15 个。其中，时代最早的舞阳贾湖就出土了 90 多个，其他有出土 20 个的，有出土 9 个的，最少的出土 1 个。从时间上看，舞阳贾湖遗址最早，其他的大多数集中在大汶口文化时代，最后一直延续到龙山文化晚期。

通过对史前卜甲的研究，可以发现，史前卜甲属于数占，而这不同于商周属于象占的卜甲。

史前卜甲属于数占的理由如下：

其一，史前卜甲与商周卜甲的形态不同。商周卜甲有钻、灼、凿的痕迹，而史前卜甲并无这些痕迹。

其二，史前时期，卜甲出土的同时，也有卜骨的出土。卜骨上有灼、钻、凿的痕迹。可见卜甲和卜骨担当着不同的职能。卜甲属于数占，卜骨属于象占。

其三，史前部分卜甲中有骨针、小石子，可以印证卜甲属于数占工具。林忠军先生认为："早期筮法不超过六位数，六个数在筮占中当与龟卜不同的兆纹一样具有不同的意义。筮者借助于某一工具，随机取数，依据筮占所获取的数，推断吉凶。"①

有学者认为史前发现的卜甲属于食用龟，不属于占卜龟，我们认为不妥。

其一，在发现的史前龟甲中，有的龟甲发现涂红，这无疑表明具有巫术内涵。在墓葬中发现撒红色粉末的现象最远可追溯到山顶洞人时代。有学者认为墓葬撒红色铁矿粉比较可信的解释为：红色象征血液，是生命必需之物，撒赤铁矿粉于死者身上及周围，有期望死者再生，或让逝者灵魂在彼岸长存的寓意。② 另外，史前出土的卜骨也发现有涂红的例子，可为佐证。

其二，史前龟甲大多有穿孔。其穿孔不像是为了穿绳悬挂的用途。若

---

① 林忠军：《试论易学象数起源与〈周易〉文本形成》，《哲学研究》2012 年第 10 期，第 46 页。

② 贾兰坡、甄朔南：《原始墓葬》，《史学月刊》1985 年第 1 期，第 16 页。

结合含山凌家滩发现的龟甲中所含的玉版四边上的穿孔,则穿孔当有巫术意味。

其三,龟甲出土位置多在墓主腰间。将龟甲放置腰间,是触手可及的位置,说明龟甲是墓主生前不离手的巫术用品。山东宁阳堡头遗址发掘的几个出土龟甲的墓葬,墓主手中执有大兽牙,发掘者将之断为巫术之物。①

1959 年江苏文物工作队对江苏省邳县新石器时代遗存进行发掘,发现墓葬 52 座,其中有 9 件穿孔龟甲出土。发堀报告发表者根据随葬品的多寡和墓葬在墓群的位置,推测墓主应为掌握着占筮及氏族权力的酋长。墓主的腰部或腿部放置龟甲,这类龟甲应属有巫术内涵的文化遗存。

将卜甲视为象占工具的观念忽视了数占在漫长的史前阶段演变发展的过程。只有抓住龟甲属于数占这一关键,方能将史前的龟甲数占与商周筮数易卦联系起来,收到探本溯源的效果。

四　史前卜骨属于象占

数占和象占是商周时典型的两种占断方法。象和数的区分及结合问题,学界论述颇多。追本溯源,数与象孰先孰后,至今莫衷一是。

《左传·僖公十五年》记载:"龟,象也;筮,数也。物生而后有象,象而后有滋,滋而后有数。"其观点为:象先于数,数源于象。西晋杜预注云:"言龟以象示,筮以数告,象数相因而生,然后有占。"在这里,杜预没有明确表明"象"与"数"孰先孰后,只是说"象数相因而生",而且值得注意的是,杜预指出,象与数不可或缺。孔颖达疏云:"谓象生而后有数,是数因象而生也。若《易》之卦象则因数而生,故先揲蓍而后得卦。是象从数生也。"② 孔颖达折衷"象本论"和"数本论",认为从不同的角度来看,"象本论"和"数本论"各有道理。

商周时,用甲骨占卜,用蓍草占筮。占卜以象断,占筮以数判。也就是说,象占的功能由卜甲承担,数占的功能由蓍草承担。但是,在史前时期,数占的功能由卜甲承担,而象占的功能由卜骨承担。

---

① 杨子范:《山东宁阳县堡头遗址清理简报》,《文物》1959 年第 10 期,第 64 页。
② (周)左丘明注,(晋)杜预注,(唐)孔颖达正义:《春秋左传正义》卷第十三《僖公十五年》,北京大学出版社 2000 年版,第 439 页。

我们认定史前卜骨属象占的主要理由是，大部分卜骨上都有灼、钻等痕迹。少量卜骨（姑且称之为卜骨）上无灼、钻等痕迹，估计是尚未付诸实用的待用品。另外，史前时期发现的卜骨，早期灼、钻痕迹少，晚期灼、钻痕迹多，而且愈到晚期，从形态上看，与商周时期的卜骨愈接近。这也是我们认定卜骨属象占的理由之一。

这里有一个事实需要澄清，史前属于数占的龟甲并不是到了商代才突然变成了象占工具。如，山东禹城邢寨汪龙山文化晚期出土卜甲、卜骨十余片，卜甲、卜骨均有凿、有灼。① 此例说明，在史前时期，龟甲也偶尔和卜骨一样作为象占工具使用，发展到殷商时期，取代卜骨，成为主要的象占工具。

殷商以后，提及象占，人们首先想到的是卜甲。其实，根据民俗学材料，在史前时期，卜骨应十分流行。司马迁云："三王不同龟，四夷各异卜，然各以决吉凶。"② 对于"四夷"占卜的情况，宋兆麟等先生曾做过详细的调查："我国少数民族地区有许许多多占卜方法，如苦聪人实行草卜、鸡蛋卜；佤族实行牛肝卜、鸡骨卜、手卜；黎族实行鸡卜、石卜、泥包卜；景颇族流行竹卜；傈僳族实行刀卜、贝壳卜、竹卜；彝族流行羊肩胛骨卜、木卜、鸡卜、竹卜、鸡蛋卜；羌族有鸡蛋卜、羊毛绒卜；等等。原始占卜方法很多，千差万别。"③ 以上所涉及的千差万别的占卜方法中便有用骨占卜。

骨卜虽见之于民俗学材料，但文献记载中的确罕见，以至于陈梦家先生曾做出如下判断："中国古代的文献中，除了述及边裔或少数民族风俗，从来没有记载骨卜的。"④ 考古发现弥补了文献记载的不足。迄今为止，考古发现的最早的卜骨出现在仰韶文化晚期，如内蒙古巴林左旗富河沟门出土的富河文化卜骨⑤、武山傅家门遗址出土的卜骨⑥、淅川下王岗

---

① 德州地区文物工作队：《山东禹城县邢寨汪遗址的调查与试掘》，《考古》1983年第11期，第972页。
② （汉）司马迁：《史记》卷第一百三十《太史公自序》，中华书局1959年版，第3318页。
③ 宋兆麟、黎家芳、杜耀西：《中国原始社会史》，文物出版社1983年版，第494页。
④ 陈梦家：《殷墟卜辞综述》，中华书局1988年版，第9页。
⑤ 中国社会科学院考古所内蒙古工作队：《内蒙古巴林左旗富河沟门遗址发掘简报》，《考古》1964年第1期，第3页。
⑥ 中国社会科学院考古研究所甘青考察队：《甘肃武山傅家门史前文化遗址发掘简报》，《考古》1995年第4期，第293页。

卜骨①。龙山时代出土的卜骨渐多，山东、河南、陕西、河北、辽宁、内蒙古等地皆有发现。张忠培先生说："从龙山时代始，骨卜成了中国的普化宗教，至今，我们虽不知骨卜宗教普化的具体过程及其出现的原因，却应指出的是，骨卜宗教的普化，是影响深及商周文化具有重大意义的宗教革命。"②

第二节　考古发现的卜甲和卜骨

殷商、西周盛行龟卜、蓍筮的巫术活动。此两种活动在殷商之前，即史前时代的起源发展情况，值得探究。众所周知，商周时期流行卜筮文化。在远古漫长的历史长河中，巫术信仰等思想观念是逐渐形成的。受文献材料制约，欲探究某一思想形成的源点，虽无可能，但通过对考古材料的梳理，还是有助于我们看到某思想观念发生、发展、演变的历史过程。探究卜筮文化的渊源，在考古学的视野下，一个重要的切入点就是搜集整理卜筮工具的考古发现资料。兹将相关资料考述于下。

一　考古发现的卜甲考述

（一）贾湖文化

舞阳贾湖

1979 年舞阳贾湖遗址被发现后，考古工作者起初将之作为裴李岗文化遗址③，后来认为其文化遗存是有别于裴李岗文化的一种新石器时代早期的文化，故而将之命名为贾湖文化。④ 1983 年河南省文物研究所进行了试掘，在 T1 的三个墓葬中皆发现龟壳，龟壳内含许多小石子。在贾湖文化中，发现龟壳随葬这一习俗是第一次。⑤ 1984 年至 1987 年，河南省文物研究所对贾湖又进行了五次发掘，此次发现的龟甲往往成组出现，龟甲内仍然装有数量、大小、颜色、形状皆不同的小石子，并且在发现的龟

---

① 河南省文物研究所、长江流域规划办公室考古队河南分队：《淅川下王岗》，文物出版社 1989 年版，第 200 页。
② 张忠培：《窥探凌家滩墓地》，《文物》2000 年第 9 期，第 57 页。
③ 朱帜：《舞阳贾湖遗址调查简报》，《中原文物》1983 年第 1 期，第 13—14 页。
④ 河南省文物考古研究所：《舞阳贾湖》，科学出版社 1999 年版。
⑤ 河南省文物研究所：《舞阳贾湖遗址的试掘》，《华夏考古》1988 年第 2 期，第 4、5、12 页。

甲、骨器或者石器上有刻划符号。①（见图 1-1）

2001 年中国科技大学、河南省文物考古研究院等单位对贾湖进行了第七次发掘，未言是否有龟甲出土。② 2013 年进行了第八次发掘，M55 脚下有 4 个内装石子的骨甲。M90 墓主胫骨两侧置有多个龟甲。M68 墓主头部有一副龟甲。③

贾湖遗址发掘了 300 多座墓葬，墓葬中发现 100 多副随葬龟甲，有的龟甲出土时已经破碎成片，完整者皆背甲、腹甲共出，由此可推知，腹甲、背甲成组应为定制。

其中 M344 发现龟甲 8 个，龟腹内有小石子。腹甲 M344：18 上刻符号"⊙"；腹甲碎片 M335：15 上刻符号"日"；背甲碎片 M387：4 上刻符号"关"；另外腹甲碎片 M335：8 上有两圆形穿孔。

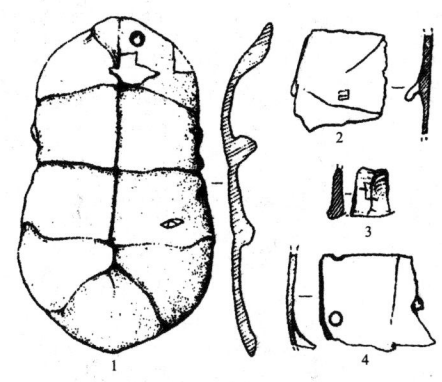

图 1-1 贾湖出土龟甲

1. 刻符龟甲 M344:18；2、3. 刻符龟甲碎片 M335:15、M387:4；4. 钻孔龟甲碎片 M335:8

以前在大汶口文化遗址中发现有龟甲随葬习俗，张居中先生认为："贾湖以成组龟甲随葬现象的发现，使人们对于这种葬俗的认识提前了两

---

① 河南省文物研究所：《河南舞阳贾湖新石器时代遗址第二至六次发掘简报》，《文物》1989 年第 1 期，第 4、5 页；图二九。
② 中国科学技术大学科技史与科技考古系等：《河南舞阳贾湖遗址 2001 年春发掘简报》，《华夏考古》2012 年第 2 期，第 14—30 页。
③ 蓝万里、张居中、杨玉、魏兴涛：《舞阳贾湖遗址第八次发掘取得重要成果》，《中国文物报》2014 年 1 月 17 日第 8 版。

千多年，并且在地域上把大汶口文化和下王岗早期文化联系起来了，为研究龟灵崇拜的渊源和发布提供了新资料。"①

（二）仰韶文化

1. 淅川下王岗

1971年至1974年河南省博物馆文物工作队和长江流域规划办公室考古队河南分队对淅川下王岗遗址进行了发掘，在仰韶文化一期出土9副龟甲。M112墓主左侧腰间有龟1件，另外左脚旁还有殉狗一只。M281有龟2件，M381有龟1件，M441有龟2件，M454墓主为老年男性，人骨架上有一层浅红色细砂覆盖，细砂上还有一层薄而均匀的草木灰，骨架左臂内侧放置1块黄铁矿、1块锰铁矿、1个石球；右臂内侧除了放置龟骨1件外，还有兽牙、兽骨和3件水晶球。M478有龟2件。报告对龟甲介绍太简，故无法对之有更多的了解，查看其摹图当为龟背甲、腹甲共出。②

2. 南郑龙岗寺

1983年至1984年，陕西省考古研究所汉水考古队对南郑县龙岗寺遗址进行发掘。在仰韶文化半坡类型中出土了背甲和腹甲20多件，主要出土于H77内。在半坡类型遗址出土3副龟甲。分别出土于M102、M118、M145，都位于人骨架的下腹外侧。③

（三）大汶口文化

1. 泰安大汶口

大汶口遗址地处汶河两岸，岸南属宁阳县堡头镇，故始发现时称作堡头遗址，岸北属泰安县大汶口镇，后来将两处总称大汶口遗址。1959年山东省文物管理处等单位对此进行了发掘。在发掘的133座墓葬中有11座墓葬出土了20件龟甲。④ 原报告人对随葬的龟甲没有足够的重视，只在文后续表中交代件数和在墓葬中的位置，对龟甲的细节情况没有注意。早于此的《山东宁阳县堡头遗址清理简报》描述M47、M26中的龟甲皆

---

① 张居中：《试论贾湖类型的特征及与周围文化的关系》，《文物》1989年第1期，第20页。

② 河南省文物研究所、长江流域规划办公室考古队河南分队：《淅川下王岗》，文物出版社1989年版，第26、342—348页。

③ 陕西省考古研究所：《龙岗寺——新石器时代发掘报告》，文物出版社1990年版，第41、70、161页。

④ 山东省文物管理处、济南市博物馆：《大汶口——新石器时代墓葬发掘报告》，文物出版社1974年版，第136—155页。

上涂红色。① 龟甲涂红现象正是我们研究龟甲的用途时应该重视的，这正是龟甲作为巫术工具的明证。发掘报告的整理者称："这里发现龟甲，而不见卜骨，每具骨架手中执长大兽牙，这些东西，应是一种迷信的产物。"② 受时代影响，因将龟甲视为"迷信"之物，而未作详细描述，令人遗憾。

2. 兖州王因

1975年—1978年中国科学院考古研究所山东工作队先后组织了十多个单位对山东兖州王因遗址进行了多次发掘，先后在3座墓葬中发现3副背甲、腹甲。M2151为男性单人葬，"墓中随葬品共16件：右侧置龟腹甲与背甲各一件，内盛Ⅵ式骨锥7枚"。③ M2301为男性二人合葬墓，出土龟甲一套（图1-2）、Ⅴ式骨锥11枚。M2514男性五人合葬墓中3号胸前有龟背腹甲及8枚Ⅴ式骨锥，另外1号腰部有13枚Ⅴ式骨锥、4号腰部有4枚Ⅴ式骨锥。三副龟甲均有穿孔，三墓均开口于第②层下。其文化面貌与江苏邳县刘林墓地及大墩子遗址的早期墓葬相当，为大汶口文化早期遗存，绝对年代的下限当在公元前3500年前后。

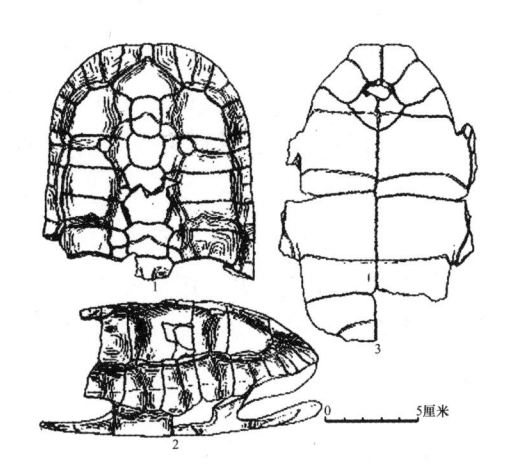

图1-2　王因墓葬出土的龟壳

1、2. M2301:25；3. M2301:26

---

① 杨子范：《山东宁阳县堡头遗址清理简报》，《文物》1959年第10期，第62页。
② 杨子范：《山东宁阳县堡头遗址清理简报》，《文物》1959年第10期，第64页。
③ 中国社会科学院考古研究所：《山东王因——新石器时代遗址发掘报告》，科学出版社2000年版，第181、191、193、288页；图二三七。

3．邹县野店

1971 年—1972 年山东省博物馆组织相关部门对山东邹县野店遗址进行发掘，M88 出土背甲、腹甲一套。龟甲被切割穿孔，置于死者腰部旁，属第三期。M84 出土一件龟背甲，属第五期。野店遗址的绝对年代应距今 6170—4640 年之间。①

4．茌平尚庄

1975 年山东省文物考古研究所对山东茌平尚庄进行发掘，尚庄第一期文化有五座墓葬规模较大，随葬品亦较多，并在 M25 墓主骨盆旁发现一副龟甲。② 尚庄第一期文化属于大汶口文化系统，其年代与《大汶口》报告墓葬的中期相当。M25 墓主为约 25 岁男性，有已碳化的木棺痕迹，随葬品有 16 件，种类有石斧、石铲、骨镞、陶杯、尊形器、陶鼎、骨锥和蚌匙等。③

5．邳县刘林

（1）1960 年江苏省文物工作队对位于江苏邳县西北约 30 公里的刘林遗址进行了第一次发掘。在墓葬中发现 9 副穿孔龟甲，出土时大部分基本完整，龟甲最大的长 25.5 厘米，小的长 11 厘米。每副龟甲皆有穿孔，"在背甲尾部的边沿上，有圆形穿孔十二个或二个。在背甲的下半部，还有穿孔四个，布置成方形。在腹甲中部左右两边沿上，各有一对穿孔，但也有未穿孔的。"④ 另外，腹甲头部也有锯去一片的。灰土层中也发现许多穿孔的、或不穿孔的龟甲碎片。

发现有龟甲的墓葬举例：M2 墓主骨架右侧发现一龟甲。M7 墓主头骨右侧有一龟甲，右胫骨右侧有二龟甲（图 1 - 3）。M18 墓主右胸前有一龟甲。M25 墓主的腰部下有一龟甲。⑤

---

① 山东省博物院、山东省文物考古研究所：《邹县野店》，文物出版社 1985 年版，第 32、169、178、179 页。
② 山东省博物馆、聊城地区文化局、茌平县文化馆：《山东茌平县尚庄遗址第一次发掘简报》，《文物》1978 年第 4 期，第 35 页。
③ 山东省文物考古研究所：《茌平尚庄新石器时代遗址》，《考古学报》1985 年第 4 期，第 471 页。
④ 江苏文物工作队：《江苏邳县刘林新石器时代遗址第一次发掘》，《考古学报》1962 年第 1 期，第 90 页；图版陆（Ⅵ）：6。
⑤ 江苏文物工作队：《江苏邳县刘林新石器时代遗址第一次发掘》，《考古学报》1962 年第 1 期，第 86—87 页。

含有龟甲的墓葬随葬品比较多,这是比较引人注意的。原发表者没有从龟甲的有无上分析墓葬的内涵。"有穿孔石斧的墓,随葬物特别的多,像 M18 及 M25",墓主们都"在墓群的中央,而且都有狗随葬。是否可以说,它们是这个氏族的酋长的墓呢?"这种猜测是很有启发性的,考虑到龟甲可能含有占筮作用,如此,墓主掌握着占筮或者祭祀方面的权力,其有较多随葬品也就能得到合理的解释。

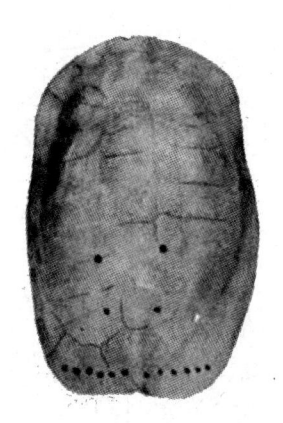

图 1 – 3　穿孔龟甲
（M7）

（2）1964 年南京博物院对刘林遗址进行了第二次发掘①,出土了 6 副龟甲,皆为背甲、腹甲共出,出土时皆已破碎。有些背甲上发现有若干小圆穿孔。其中在 M182 中发现的两副龟甲皆内装若干小石子。

6. 邳县大墩子

1963 年南京博物院探掘了江苏邳县四户镇大墩子遗址,在属于新石器时代刘林类型的 M21 和 M44 中出土了三副龟甲。这三副龟甲皆为腹甲、背甲共出。

M21 出土了一副龟甲,套在墓主的右肱骨上,内有若干小石子,背甲上穿孔。M44 出土了两副龟甲,分置墓主腹部左右,左边一副 M44：26 内有六根骨锥,背甲上部和下部分别有四个穿孔,呈方形分布,腹甲上部

---

① 按：江苏文物工作队曾于 1960 年对刘林遗址进行过第一次发掘,并发表了报告。见江苏文物工作队《江苏邳县刘林新石器时代遗址第一次发掘》,《考古学报》1962 年第 1 期,第 81—102 页。

和下部留有绳索磨痕，为"×"形（图1-4）。右边一副M21：13内有六根骨针，背甲下部亦有四个穿孔，呈方形分布，腹甲有5个环形磨痕，腹甲下端有"∧"磨痕。原报告者认为："当时龟甲可能用绳索捆扎，故遗有绳索磨痕。至于环形，可能为一种饰品的磨痕。"① 龟甲内盛的6枚骨针或骨锥，我们认为与数占有关，而且可由此深思传世和出土的玉锥形器的性质。

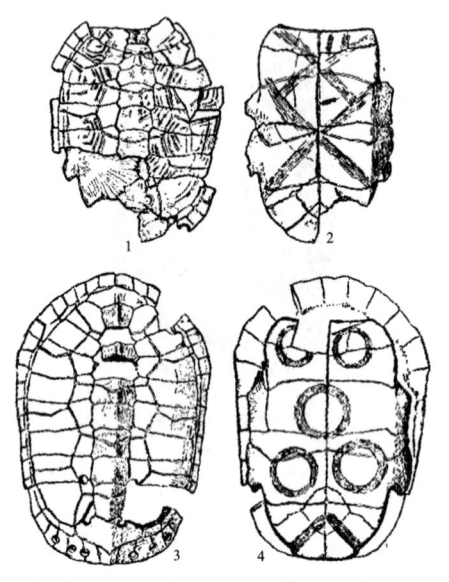

图1-4 穿孔及磨痕龟甲
1、2. 大 M44：26；3、4. 大 M44：13

（五）大溪文化

巫山大溪镇

1975年四川省博物馆等单位对四川巫山大溪遗址进行了第三次发掘。在大溪文化早期的三个墓葬中各发现一个龟甲。M204墓主性别和年龄难以确定，M81、M199皆为小孩墓，M199中也发现石子若干，可佐证龟甲

---

① 南京博物院：《江苏邳县四户镇大墩子遗址探掘报告》，《考古学报》1964年第2期，第19、29—30页；图二二。

的数占性质。① 原报告对龟甲的情况介绍太简，缺乏描述，难以对西南地区的这一习俗有较多的研究。

（六）凌家滩文化

含山凌家滩

1987 年安徽省文物考古研究所对含山长岗乡凌家滩新石器时代墓地进行发掘。② 凌家滩遗址出土 1 副龟甲，该龟甲的特别之处在于：背、腹甲中夹着一块含义十分丰富的玉版，因此而受到学界的格外关注。

（七）马家浜文化

常州圩墩

1972 年常州市博物馆对江苏圩墩遗址马家浜文化遗址进行试掘。遗址 M19 人骨右臂处发现 1 副龟甲碎片③，圩墩村墓葬与马家浜新石器时代墓葬相似，不同于苏北的刘林类型和花厅类型。

（八）龙山文化

1. 邯郸涧沟

1957 年北京大学和河北省文化局联合对邯郸地区进行考古调查。对隶属邯郸县的涧沟村进行了发掘，出土了穿孔龟甲，同时还有卜骨。④ 卜骨与龟甲同出当为象、数并重的实物例证。卜骨属象占，龟甲属数占。

2. 临潼康家

1990 年陕西考古研究所对临潼县康家龙山时期的遗址进行了发掘。在 H71 中发现了一副龟甲（图 1-5），已残，背甲和腹甲属于同一个体，腹甲上涂有红色颜料。⑤ 腹甲涂红现象在山东大汶口遗址发现的龟甲中曾见。

---

① 四川省博物馆：《巫山大溪遗址第三次发掘》，《考古学报》1981 年第 4 期，第 4461、486—490 页；图五。

② 安徽省文物考古研究所：《安徽含山凌家滩新石器时代墓地发掘简报》，《文物》1989 年第 4 期，第 1—9 页转 30 页。

③ 常州市博物馆：《江苏常州圩墩村新石器时代遗址的调查和试掘》，《考古》1974 年第 2 期，第 112 页。

④ 北京大学、河北省文化局邯郸考古发掘队：《1957 年邯郸发掘简报》，《考古》1959 年第 10 期，第 532 页。

⑤ 刘莉、阎毓民、秦小丽：《陕西临潼康家龙山文化遗址 1990 年发掘动物遗存》，《华夏考古》2001 年第 1 期，第 11 页；图一、6。

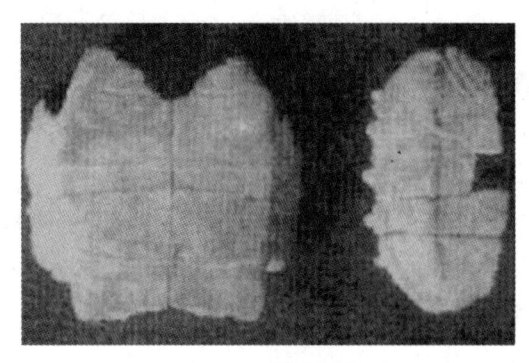

图 1-5　康家龟甲
(H71: B137)

二　考古发现的卜骨考述

（一）渭水流域、豫西和晋南地区

1. 襄汾陶寺

1978 年中国社科院考古所山西工作队和临汾地区文化局联合对襄汾县陶寺遗址进行了两次发掘。在晚期文化遗存中发现了 1 块卜骨Ⅲ301：1（图 1-6），系猪肩胛骨，未经整治，有灼无钻。陶寺晚期时代当与河南龙山文化三里桥类型相近。①

图 1-6　陶寺卜骨

---

①　中国社会科学院考古研究所山西工作队、临汾地区文化局：《山西襄汾县陶寺遗址发掘简报》，《考古》1980 年第 1 期，第 25 页；图九，5。

2. 夏县东下冯

1975年—1977年、1980年中国社会科学院考古所山西工作队等单位对夏县东下冯遗址进行了两次发掘。东下冯遗址出土有1块卜骨T209③:9（图1-7），羊肩胛骨，其上有八个灼点，呈对称排列，无钻无凿。① 二里头文化可划分为两个类型，"豫西地区以二里头遗址为代表的遗存为二里头类型，晋南地区以东下冯遗址为代表的遗存称东下冯类型"。② 晋南古有"夏墟"之称，东下冯遗址的发掘有助于夏文化研究无疑。

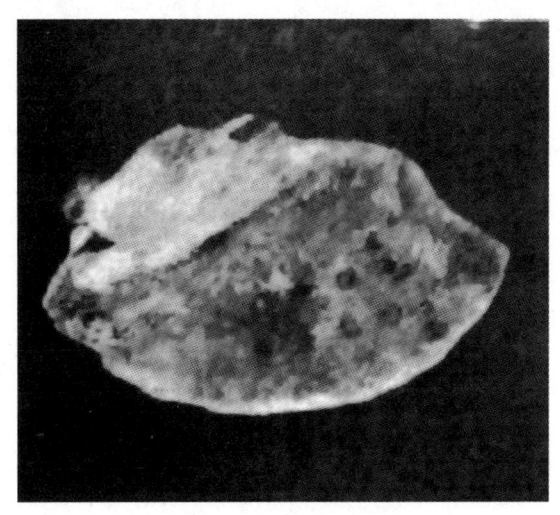

图1-7 东下冯卜骨

3. 忻州游邀

1987年忻州考古队对忻州市游邀遗址进行发掘，在早期遗存里发现1块卜骨H194:6（图1-8），系猪肩胛骨，骨脊和周缘稍经削磨，有3组6灼对称分布在骨脊两侧，灼痕皆透穿背面，兆痕清晰，长19.5厘米。在晚期遗存里发现1块卜骨H2:41（图1-9），系羊肩胛骨，周缘稍作削磨，有两个钻孔，上部的钻孔还有灼痕。长约18厘米。早期属龙山期。

---

① 中国社会科学院考古研究所、中国历史博物馆、山西省文物工作委员会东下冯考古队：《山西夏县东下冯龙山文化遗址》，《考古学报》1983年第1期，第75、88页，见图版拾柒，4。

② 张之恒主编：《中国考古通论》，南京大学出版社2009年版，第274页。

晚期文化当属夏代纪年的最早遗存。①

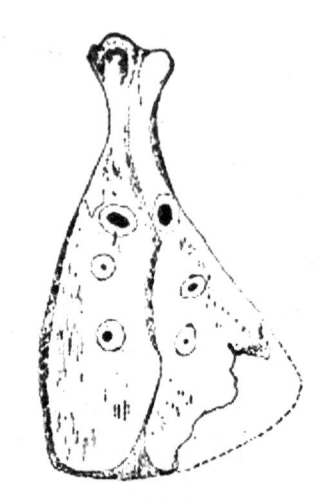

图1-8 忻州游邀早期卜骨　　图1-9 忻州游邀晚期卜骨

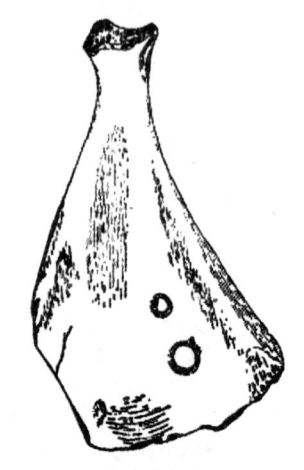

（二）豫中及周围地区

1. 郾城郝家台

1986年、1987年河南省文物研究所等单位对郝家台遗址进行了两次发掘。在属于龙山文化的郝家台三期、四期和属于二里头文化的七期、八期遗存中皆有卜骨出土。三期文化中的卜骨系猪肩胛骨，已残，残存3个灼痕，无钻。四期、七期、八期文化中的卜骨数及特点，发掘报告未提。②

2. 孟津小潘沟

1976年对小潘沟遗址进行了发掘，出土1件卜骨T5H42:3（图1-10），系牛肩胛骨，先钻后灼。③ 小潘沟遗址属于龙山文化晚期，遗址中发现的较晚的器物，已在二里头文化第一期中找到了类似点，文化过渡明显。

---

① 忻州考古队：《山西忻州市游邀遗址发掘简报》，《考古》1989年第4期，第292、298页；图七，1，图一五，1。
② 河南省文物研究所、郾城县许慎纪念馆：《郾城郝家台遗址的发掘》，《华夏考古》1992年第3期，第76、79、87、90页。
③ 洛阳博物馆：《孟津小潘沟遗址发掘简报》，《考古》1978年第4期，第255页；图一一。

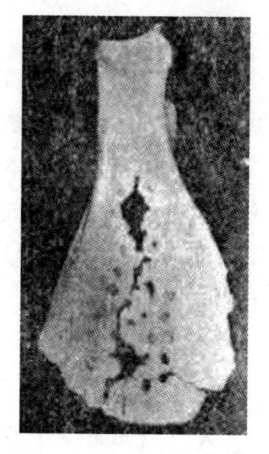

第一章 考古发现与《易》学卜筮文化溯源 31

图 1 - 10 小潘沟卜骨

3. 新密古城寨

1998 年至 2000 年对新密古城寨进行了三次发掘，出土 1 件卜骨Ⅳ T38（11）:2（图 1 - 11），已残，尚存四个灼痕，残长 10.5 厘米。① 古城寨遗址属王湾三期文化。

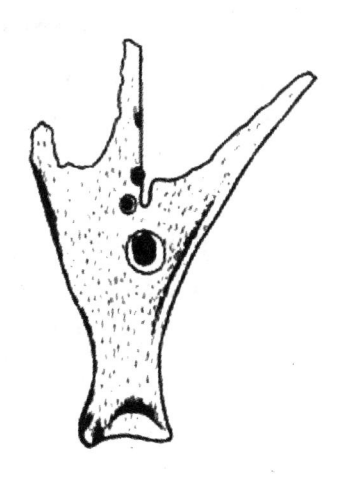

图 1 - 11 古城寨卜骨
Ⅳ T38（11）:2

---

① 河南省文物考古研究所、新密市炎黄历史文化研究会：《河南新密市古城寨龙山文化城址发掘简报》，《华夏考古》2002 年第 2 期，第 65 页；图一二，6。

4. 杞县鹿台岗

1989—1990年郑州大学文博学院、开封市博物馆对豫东杞县鹿台岗遗址进行发掘。鹿台岗遗址出土3件卜骨，皆系肩胛骨制成。标本H74：4一面有圆形黑褐色灼痕，灼痕分内外两层。标本H75：90，长21.6厘米，骨面上有多处灼痕，上有关节面，下部经切割成齐面，上面有多道浅细刻划痕，可能是占卜之用（图1－12）。标本T5⑥：40有黄褐色椭圆形或圆形灼痕。鹿台岗遗址相当于王湾三期文化。①

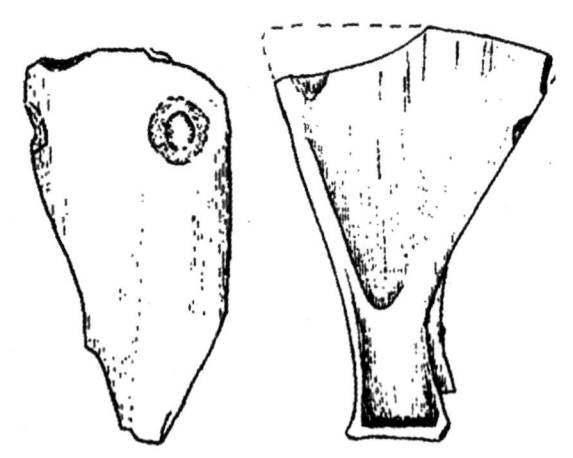

图1－12 鹿台岗卜骨
左．H74：4；右．H75：90

5. 淅川下王岗

（1）淅川下王岗出土仰韶文化卜骨一件

1971年至1974年河南省博物馆文物工作队和长江流域规划办公室考古队河南分队对淅川下王岗遗址进行了发掘。淅川下王岗出土卜骨T14⑤：102（图1－13）一件，为羊肩胛骨，上有烧灼痕。②"下王岗仰韶文化三期是遗址中仰韶文化的晚期文化遗存，即标准探方的第5文化层"。③

---

① 郑州大学文博学院、开封市文物工作队：《豫东杞县发掘报告》，科学出版社2000年版，第75、253页；图四五，2，9。

② 河南省文物研究所、长江流域规划办公室考古队河南分队：《淅川下王岗》，文物出版社1989年版，第200页。

③ 河南省文物研究所、长江流域规划办公室考古队河南分队：《淅川下王岗》，文物出版社1989年版，第164页；图版五三：8。

图 1-13　下王岗仰韶文化三期卜骨

（2）淅川下王岗出土龙山文化时代卜骨3件

遗址出土龙山文化时代卜骨3件，两个为羊肩胛骨，一个为猪肩胛骨T15③:42（图1-14），上有很多火灼的痕迹，但不见钻凿痕迹，同时伴有陶祖三件出土，对理解民俗信仰提供了资料。①

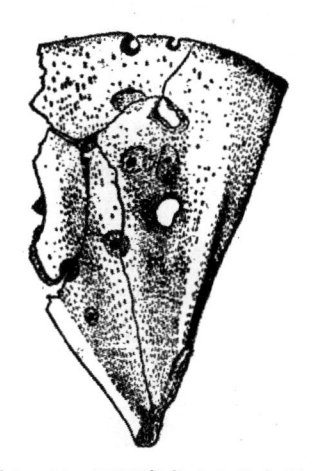

图 1-14　下王岗龙山文化卜骨

（3）淅川下王岗出土二里头文化卜骨5件

淅川下王岗二里头文化一期的遗存中有卜骨4件。4件卜骨均残，系鹿和羊的肩胛骨，带有灼痕。如标本 H248:34 系鹿肩胛骨；标本 H248:12 为

---

① 河南省文物研究所、长江流域规划办公室考古队河南分队：《淅川下王岗》，文物出版社1989年版，第263页；图二五六，3。

羊肩胛骨（图1-16）。① 在属于二里头文化三期的遗存中有卜骨 H245:2 一件（图1-17），系猪的肩胛骨，上有烧灼的痕迹。②

图1-16　下王岗二里头文化一期卜骨

左. H248:34；右. H248:12

图1-17　下王岗二里头三期文化卜骨

7. 登封程窑

1979年河南省文物研究所对登封程窑遗址进行了试掘，出土了2块

---

①　河南省文物研究所、长江流域规划办公室考古队河南分队：《淅川下王岗》，文物出版社1989年版，第285页；图版一〇〇，1；2。

②　河南省文物研究所、长江流域规划办公室考古队河南分队：《淅川下王岗》，文物出版社1989年版，第306页；图版一〇九，16。

卜骨。在第三文化层遗存中发现 1 件卜骨（T2H6：9），前部已残，背面磨光，有刀砍痕迹。第四文化层遗存中发现 1 件卜骨（T2H15：22），已残，系猪肩胛骨，骨面上有两个烧灼的痕迹。程窑遗址第三、第四文化层属于"河南龙山文化"晚期。第三文化层晚于临汝煤山一期，早于二里头一期。第四文化层和煤山一期相当。①

8. 禹州瓦店

1997 年河南省文物考古研究所在对禹州市瓦店遗址的发掘中，发现卜骨 6 件。1 件为牛肩胛骨（VT1H17：3），一面有 40 多个烧灼痕。此卜骨长 34 厘米、最宽处 19 厘米。其余 5 件为羊肩胛骨。② 瓦店遗址年代相当于王湾三期文化的晚期。史志记载的夏王朝都城阳翟即在禹州地界。《史记·夏本纪》张守节《正义》引《帝王纪》："禹受封为夏伯，在豫州外方之南，今河南阳翟是也。"③《史记·周本纪》裴骃《集解》引徐广云："夏居河南，初在阳城，后居阳翟。"④《水经注》颍水条："颍水自竭东迳阳翟故城北，夏禹始封于此为夏国。"⑤ 瓦店遗存和夏文化衔接，和早夏文化当有相应联系。

8. 密县新砦

1981 年，中国社会科学院考古研究所河南二队试掘新砦遗址，发现卜骨较多，皆有灼痕，形体较大，可能是牛肩胛骨，如 H7：15，残长 30.4 厘米、宽 18.9 厘米。较小者可能是鹿、羊肩胛骨，如 H3：24，长 13.5 厘米（图 1-18）。⑥ 1999 年对新砦遗址重新发掘，出土的卜骨有大小两种，均为牛、羊肩胛骨，大卜骨周边略加修整，小卜骨未经修治。有灼无钻，灼痕在骨面上的分布，或疏或密，似有一定规律。⑦ 新砦遗址的年代

---

① 赵会军、曾晓敏：《河南登封程窑试掘简报》，《中原文物》1982 年第 2 期，第 9—13 页。
② 河南省文物考古研究所：《河南禹州市瓦店龙山文化遗址 1997 年的发掘》，《考古》2000 年第 2 期，第 21、25 页。
③ （汉）司马迁：《史记》卷第二《夏本纪》，中华书局 1959 年版，第 49 页。
④ （汉）司马迁：《史记》卷第四《周本纪》，中华书局 1959 年版，第 130 页。
⑤ （北魏）郦道元：《水经注》卷第二十五《泗水注》，《文渊阁四库全书》第 573 册，（台湾）商务印书馆 1986 影印本。
⑥ 中国社会科学院考古研究所河南二队：《河南密县新砦遗址的试掘》，《考古》1981 年第 5 期，第 407 页；图八，5，11。
⑦ 北京大学考古文博院、郑州市文物考古研究所：《河南新密市新砦遗址 1999 年试掘简报》，《华夏考古》2000 年第 4 期，第 7 页。按：新砦遗址初掘曾出土二里头文化卜骨，见下文。

在龙山时代和夏文化之间,在考古学上称为新砦期,也有学者提出了新砦文化这一概念。①

图 1-18　新砦二里头文化卜骨

左. H3:24; 右. H7:15

（三）豫北、冀南和冀中地区

1. 蔚县筛子绫罗

1979 年,对蔚县筛子绫罗遗址进行了发掘,出土了很多卜骨,系牛羊肩胛骨,有的已加工整治,有灼,无钻无凿。同时还出土了陶祖。② 综合考虑,有助于社会形态和发展阶段的探讨。筛子绫罗的考古年代早于河北下潘汪后岗二期文化。

2. 邯郸涧沟和龟台

1957 年北京大学考古专业五年级同学与河北省文化局组成考察队对邯郸地区进行考古调查,对隶属邯郸县的涧沟和龟台进行了发掘,在两地龙山文化遗物中均发现了卜骨。

（1）涧沟遗址卜骨和穿孔龟甲共存。同地商代文化遗物中亦发现卜骨、卜甲共存现象。商文化分为早晚两期,早期约与郑州二里岗下层的商

---

① 参见杜金鹏《新砦文化与二里头文化——夏文化再探讨随笔》,《三代考古》(一),科学出版社 2004 年版,第 66—72 页。

② 张家口考古队:《一九七九年蔚县新石器时代考古的主要收获》,《考古》1981 年第 2 期,第 104 页。

文化相当，或者稍早。晚期约与安阳殷墟文化早期近似。

（2）龟台遗址出土1件卜骨。龟台是位于涧沟西北沁河南岸的一个黄土台子。在龟台龙山文化遗物中出土了1件卜骨。①

3. 永年台口村

1960年河北省文物工作队发现了永年县台口村遗址，随后作了发掘，在台口第二期文化中出土1件卜骨〔T24（2）：2〕，系牛肩胛骨，骨脊未削，骨臼已残，有灼，无钻凿，与邯郸涧沟、唐山大城山出土的卜骨的制法相同。"台口第二期文化应属于河南龙山文化范畴，具体早晚应相当于后岗第二期文化类型"。②

4. 任丘哑叭庄

1989年、1990年河北省文物研究所和沧州地区文管所对任丘哑叭庄遗址进行了两次发掘，在早期龙山文化遗存中出土了3件卜骨，已残，骨脊、骨臼未经修整，仅有灼痕。H106：2系牛肩胛骨，长34.4厘米。H80：14系羊肩胛骨，残长9.7厘米（图1-19）。③ 在晚期夏家店下层文化遗存中也出土了1件卜骨，残甚。④

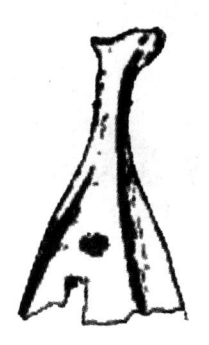

图1-19　哑叭庄卜骨
左．H80：14；右．H106：2

---

① 北京大学、河北省文化局邯郸考古发掘队：《1957年邯郸发掘简报》，《考古》1959年第10期，第532、534页。
② 河北省文物局文物工作队：《河北永年县台口村遗址发掘简报》，《考古》1962年第12期，第645页。
③ 河北省文物研究所、沧州地区文物管理所：《河北省任丘市哑叭庄遗址发掘报告》，《文物春秋》1992年增刊，第197、210页；图三五，4，7。
④ 河北省文物研究所、沧州地区文物管理所：《河北省任丘市哑叭庄遗址发掘报告》，《文物春秋》1992年增刊，第206页。

5. 唐山大城山

1955年河北省文化局对唐山大城山遗址进行了发掘，出土了4块卜骨，3块系牛肩胛骨，1块系鹿肩胛骨。骨面有灼无钻，灼痕多位于肩胛骨的背面，一般分布较密集但无规律。其中1件卜骨3②：60完整，上有7个灼痕，骨脊、骨臼均削去且打磨光滑，并将骨臼对称的一边削磨成偏刃形。另外3块（9②：287、8②：193、9②：305）仅将骨脊削去一半，略加刮治（图1-20）。①

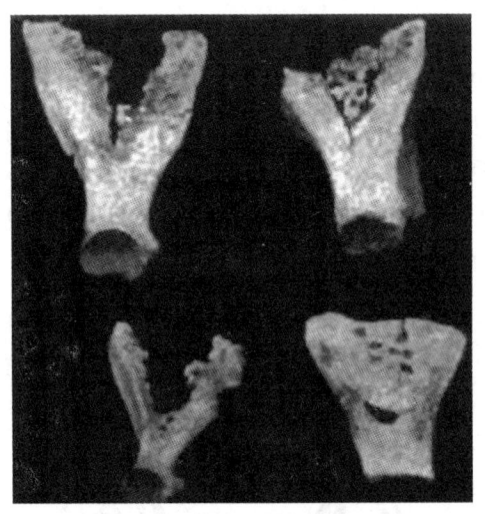

图1-20　大城子卜骨
9②:287；8②:193；9②:305；3②:60

6. 磁县下潘汪

1959年河北省文化局文物工作管理对对磁县下潘汪遗址进行发掘，在龙山文化遗物中发现了1件卜骨，系鹿（或羊）肩胛骨，骨脊、骨臼均不切割，有灼无钻。下潘汪出土的蚌刀的绝对年代为4040±95年（公元前2100±95年）。②

---

① 河北省文物管理委员会：《河北唐山市大城山遗址发掘报告》，《考古学报》1959年第3期，第32、33页，图版捌，4。

② 河北省文物管理处：《磁县下潘汪遗址发掘报告》，《考古学报》1975年第1期，第98页。

7. 离石乔家沟、娄烦河家庄

1982年和1983年山西晋中考古队对山西娄烦、离石、柳林三县进行考古调查，在离石县乔家沟遗址和娄烦县河家庄遗址均发现了卜骨。① 其时代当在龙山晚期甚至更晚。

（四）黄河上游地区

1. 武山傅家门

1991年至1993年甘肃省武山县傅家门史前文化遗址的正式发掘中②，在马家窑文化石岭下类型的房址和窖穴内出土了6件有阴刻符号的卜骨，分别为羊、牛和猪的肩胛骨。其中房址F11出土卜骨5块，如F11:6为猪的肩胛骨，上有阴刻符号"＝"，F11:8为牛的肩胛骨，上有阴刻符号"S"，F11:12为羊的肩胛骨，上有灼痕；T25的窖穴出土一块卜骨T25H1:25，为羊的肩胛骨，上有灼痕，且有阴刻符号"｜"（图1-21）。T25灰坑H1所采木炭的年轮校正时代为公元前3352年至前3036年。③

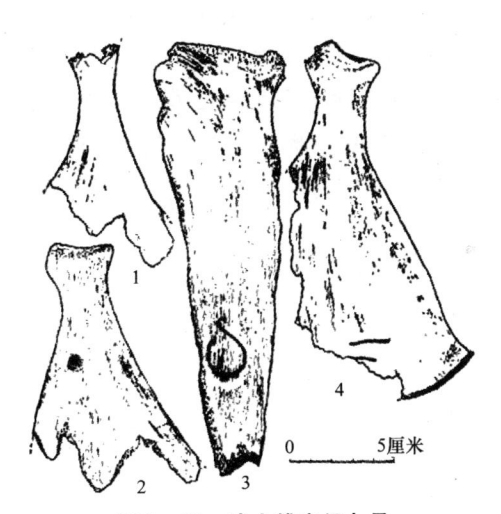

图1-21 武山傅家门卜骨
1. 92KWF11:12；2. 92KWF25H1:25；3. 92KWF11:8；4. 92KWF11:6

---

① 晋中考古队：《山西娄烦、离石、柳林三县考古调查》，《文物》1989年第4期，34、37页。

② 中国社会科学院考古研究所甘青考察队：《甘肃武山傅家门史前文化遗址发掘简报》，《考古》1995年第4期，第293页。

③ 中国社会科学院考古研究所实验室：《放射性碳素测定年代报告》（二二），《考古》1995年第7期，第659页。

2. 武威皇娘娘台

1959年甘肃省博物馆等单位对武威县皇娘娘台齐家文化遗址进行了第二次、第三次发掘。在墓葬、窖穴、灰层内出土了很多卜骨。其中有26片经过占卜用过的肩胛骨，皆有灼痕，但是无钻无凿，略有刮痕。还有10多片出自灰层、窖穴，有刮削痕迹，但无灼痕。如有的羊肩胛骨的中心有钻穿的圆孔，牛肩胛骨有"二联钻"。钻孔周缘皆甚是光滑，胛骨周围皆经刮削整治。在使用过的26片卜骨中，牛肩胛骨1块、羊肩胛骨21片、猪肩胛骨4片。三种卜骨整治方法有异。①

1975年甘肃省博物馆等单位对皇娘娘台遗址进行了第四次发掘。出土了13件卜骨。其中4件猪肩胛骨，其余皆为羊肩胛骨。均未加修治，有灼，无钻无凿。②

3. 永靖大何庄

1959年，对临夏县③大何庄齐家文化遗址进行了两次发掘，发现了14块卜骨，均系羊肩胛骨，未经整治，有灼，无钻无凿。其中有的多达24处灼痕，少的仅有2处。标本T35：4已残，灼痕16处，长约16厘米。标本T45：2灼痕24处，长20厘米（图1-22）。④ 在永靖大何庄和秦魏家大批墓葬中人骨架上遗留了约为赭石粉末痕迹，其与埋葬习俗和意识形态有关。

---

① 甘肃省博物馆：《甘肃武威皇娘娘台遗址发掘报告》，《考古学报》1960年第2期，第58、59页，图版叁。

② 甘肃省博物馆：《武威皇娘娘台遗址第四次发掘》，《考古学报》1978年第4期，第442页。

③ 按：1958年10月20日永靖县并于临夏市，1961年12月15日，永靖县恢复建制。

④ 中国科学院考古研究所甘肃工作队：《永靖大何庄遗址发掘报告》，《考古学报》1974年第2期，第55页；图版柒1、2。按：原发掘简报称："大何庄齐家文化遗址进行了两次发掘，发现了约9块卜骨。"见黄河水库考古队甘肃分队《临夏大何庄、秦魏家两处齐家文化遗址发掘简报》，《考古》1960年第3期，第11页。

图 1-22　大何庄卜骨

左. T45:2；右. T35:4

4. 永靖秦魏家

1959年、1960年，黄河水库考古队甘肃分队对临夏秦魏家（后属永靖县）齐家文化遗址进行了两次发掘，发现了3块卜骨，皆为羊肩胛骨，只灼，无钻无凿。灼痕2至4处不等。其中M23:6，有4处灼痕（2处已残破），长12.2厘米。出自高领双耳罐M23:2内（图1-23）。[①] 齐家文化的绝对年代，"平均值距今为3775±95年，即公元前1710±95年。树轮校正年代为公元前2000年左右"。[②]

---

① 谢端琚：《甘肃永靖秦魏家齐家文化墓地》，《考古学报》1975年第2期，第87—88页；图二三。参见黄河水库考古队甘肃分队《临夏大何庄、秦魏家两处齐家文化遗址发掘简报》，《考古》1960年第3期，第11页。

② 谢端琚：《论大何庄与秦魏家齐家文化的分期》，《考古》1980年第3期，第253页。

42 考古发现与《易》学溯源研究

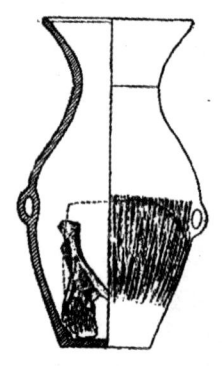

图 1-23 秦魏家放在高领双耳罐的卜骨

5. 民乐东灰山

1987年甘肃省文物考古研究所等单位对民乐东灰山四坝文化遗址进行发掘。遗址中发现了少量卜骨，均系羊肩胛骨，骨脊稍加削磨，上存圆灼孔（图1-24）。① 四坝文化约与中原地区的夏代晚期相当。

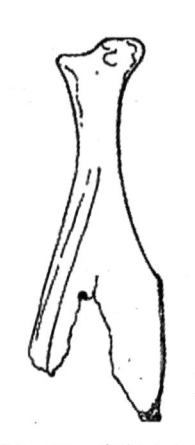

图 1-24 东灰山卜骨

6. 卓尼苊儿

1982年、1988年甘南藏族自治州博物馆对卓尼县苊儿遗址先进行了试掘，又做了复查。出土卜骨8件，其中1件是牛胛骨，7件为羊胛骨。牛胛骨（H1

---

① 甘肃省文物考古研究所、吉林大学考古学系：《甘肃民乐县东灰山遗址发掘纪要》，《考古》1995年第12期，第1062页；图九，2。

:63）已残，背面中脊磨平，1处施灼，残长11.3厘米。羊胛骨有4件较完整，骨面未经修治。有灼，少者有1处灼痕，多者有85处之多。① 卓尼苊儿遗址属寺洼文化。寺洼文化年代"约当公元前14—前11世纪"。②

（五）黄河下游地区

1. 茌平尚庄

1975年茌平尚庄遗址初掘在尚庄第三期文化遗物中出土了卜骨，"它与其他山东龙山文化遗址中所出的卜骨相同，也是只经烧灼，无钻无凿。""尚庄第三期文化仍具有较浓厚的山东龙山文化因素。"③（图1-25）1976年进行了第二次发掘，连同第一次发掘共发现卜骨五件，皆为牛、羊肩胛骨，其特征一样。④

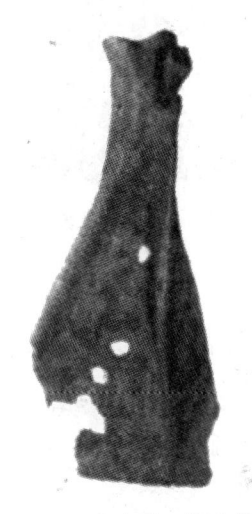

图1-25　尚庄第三期文化卜骨

H75:63

---

① 甘南藏族自治州博物馆：《甘肃卓尼苊儿遗址试掘简报》，《考古》1994年第1期，第21—22页。

② 中国大百科全书编辑委员会：《中国大百科全书·考古学》，中国大百科全书出版社1986年版，第485页。

③ 山东省博物馆、聊城地区文化局、茌平县文化馆：《山东茌平县尚庄遗址第一次发掘简报》，《文物》1978年第4期，第37页；图一二，2。

④ 山东省文物考古研究所：《茌平尚庄新石器时代遗址》，《考古学报》1985年第4期，第500页。

2. 曹县莘冢集

1976年菏泽地区文物工作队对曹县莘冢集龙山文化遗址进行发掘。遗址出土卜骨1件（图1-26），属牛的肩胛骨，有灼有钻，中间已破碎，一角缺损。①

图1-26 曹县莘冢集卜骨

3. 禹城邢寨汪

1978年德州地区文物工作队对禹城县邢寨汪遗址进行发掘。遗址出土了卜甲、卜骨十余片，均残，卜骨骨脊磨平，卜甲、卜骨均有凿、有灼，但无钻。② 邢寨汪遗址发掘遗存属于龙山文化晚期。

4. 安阳南岗

1965年中国社会科学院考古研究所安阳队对安阳大寒村南岗龙山文化遗址进行发掘。遗址出土了8件卜骨，2件为牛肩胛骨，4件为猪肩胛骨，另外2件已成碎片，材料难辨。卜骨特点是有灼，无钻无凿。有的一面灼，有的两面灼，无次序可循。如H16:16为牛的肩胛骨，两面施灼。③

---

① 菏泽地区文物工作队：《山东曹县莘冢集遗址试掘简报》，《考古》1980年第5期，第389页；图五，18。

② 德州地区文物工作队：《山东禹城县邢寨汪遗址的调查与试掘》，《考古》1983年第11期，第972页。

③ 中国社会科学院考古研究所安阳队：《安阳大寒村南岗遗址》，《考古学报》1990年第1期，第63页。

5. 汤阴白营

1976年至1978年安阳地区文物管理委员会对安阳汤阴白营遗址进行了三次发掘。在龙山文化遗址的早中晚三期皆有卜骨发现。在龙山早期文化遗存中发现2块卜骨，系猪肩胛骨，未经加工，直接在骨面上灼。在龙山文化中期发现卜骨2块。在龙山晚期文化遗存中发现8块卜骨，均为牛肩胛骨，特点是未经加工，仅施灼。① 中国社会科学院考古研究所^{14}C实验室测定早期T4⑦F55（三）的木炭标本的距今年代为4110±80年；测定晚期T5②H31的木炭标本的距今年代为3760±100年。②

（六）内蒙古地区

1. 凉城老虎山

内蒙古凉城县老虎山出土卜骨T509③：11一件（图1-27），系猪的左肩胛骨。残存2个圆孔，背部灼钻，现存黑褐色灼痕，残长11.5厘米。③ 老虎山文化的绝对年代大约距今4500—4300年。

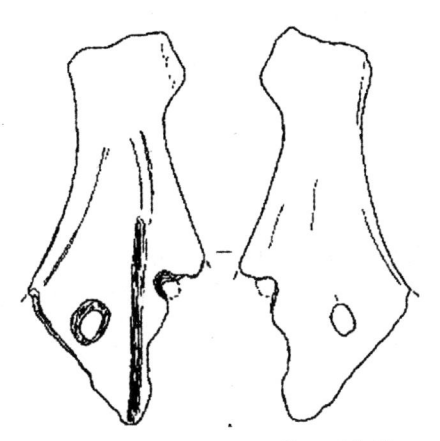

图1-27 老虎山Ⅴ区第三层卜骨

---

① 河南省安阳地区文物管理委员会：《汤阴白营河南龙山文化村落遗址发掘报告》，《考古学集刊》第3集，中国社会科学出版社1983年版，第22、37、46页。按：发掘报告在文中述及龙山文化早期、晚期出土卜骨数，对中期卜骨情况未介绍。而在文后灰坑统计表中言及中期灰坑H139出土卜骨2块，故作2块计，有漏收可能，因为龙山文化早期出土卜骨2块，表中只介绍H129出土卜骨1块。

② 安阳地区文物管理委员会：《河南汤阴白营龙山文化遗址》，《考古》1980年第3期，第202页。

③ 内蒙古文物考古研究所：《岱海考古（一）——老虎山文化遗址发掘报告集》，科学出版社2000年版，第258页；图二二五，1。

2. 鄂尔多斯市（伊克昭盟）朱开沟

1977年、1980年、1983年和1984年内蒙古考古研究所对内蒙古鄂尔多斯市（伊克昭盟）伊金霍洛旗朱开沟遗址进行发掘。在龙山晚期遗存中发现了卜骨，"均采用未加整治的牛羊肩胛骨"，有灼无钻。报告未言及卜骨数。另外在夏代中期、晚期和早商遗存中也都发现了卜骨。夏代中期卜骨"开始经加工整治"，有灼无钻。夏代晚期卜骨，多用经过整治的动物肩胛骨，有灼亦有钻。早商卜骨，"均经整治"，有灼有钻。钻孔深圆，底平，排列整齐，兆纹清晰。[①] 黄蕴平在《内蒙古朱开沟遗址兽骨的鉴定与研究》一文中曾对朱开沟遗址出土的卜骨材料做过统计："观察的残卜骨共计51件。制作卜骨的原材料是牛、鹿、羊、猪、骆驼和熊的左、右侧肩胛骨，其中牛的肩胛骨32件，占总数的62.7%，鹿的肩胛骨11件，占总数的21.6%，猪的肩胛骨4件，占7.8%，羊的肩胛骨2件，占3.9%，骆驼和熊的肩胛骨各1件，分别占总数的2%。"[②]

（七）辽河流域

1. 巴林左旗富河沟

1964年内蒙古巴林左旗富河沟门出土的属富河文化的卜骨，原简报称"发现一些卜骨"，只提供了卜骨H3:24的图版（图1-28），将此卜骨的材料疑猜为鹿或羊的肩胛骨，特点是未经修整，仅有灼迹而无钻痕。[③] 随后的文章凡论及富河沟门遗址卜骨者皆言鹿骨一块，或仅言鹿骨不及块数。此小讹误特指出者，因富河卜骨是迄今发现的最早的卜骨之一。该地出土的桦树皮的年轮校正年代为公元前3510年至前3107年[④]，属于仰韶时代晚期。

---

① 内蒙古文物考古研究所：《内蒙古朱开沟遗址》，《考古学报》1988年第3期，第306、317、322、328页。

② 黄蕴平：《内蒙古朱开沟遗址兽骨的鉴定与研究》，《考古学报》1996年第4期，第533、534页。

③ 中国社会科学院考古所内蒙古工作队：《内蒙古巴林左旗富河沟门遗址发掘简报》，《考古》1964年第1期，第3页；图版壹。

④ 中国社会科学院考古研究所：《中国考古学中碳十四年代数据集1965—1991》，文物出版社1992年版，第55页。

图 1-28　富河沟卜骨

2. 赤峰范杖子

1982 年内蒙古文物工作队对昭盟敖汉旗范杖子夏家店下层文化古墓葬进行发掘，发现有卜骨。① 具体细节原发掘简报未报道。

3. 赤峰大甸子

1976 年至 1983 年中国社会科学院考古研究所对赤峰大甸子遗址进行了几次发掘，发现了 4 块卜骨，皆残破，系肩胛骨，周缘和骨突已修整。钻痕在右肩胛岗面，钻穴密集，有的互有钻破。较大的一块卜骨 T5A：2 有 19 处钻痕（图 1-29）。有的钻穴灼有卜兆。② 大甸子遗址的年代约为公元前 1600 年左右。

---

① 内蒙古文物工作队：《敖汉旗范仗子古墓群发掘简报》，《内蒙古文物考古》1984 年第 3 期，第 23 页。

② 中国社会科学院考古研究所：《大甸子——夏家店下层文化遗址与墓地发掘报告》，科学出版社 1996 年版，第 33 页；图三一，15；图版三，9。

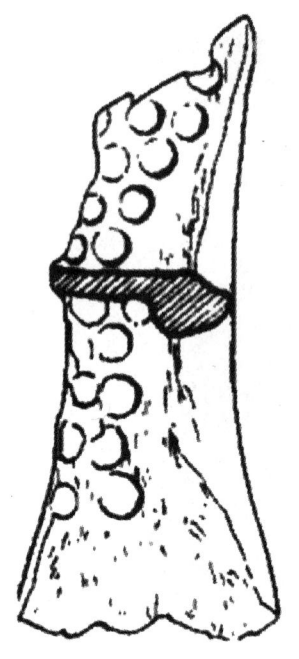

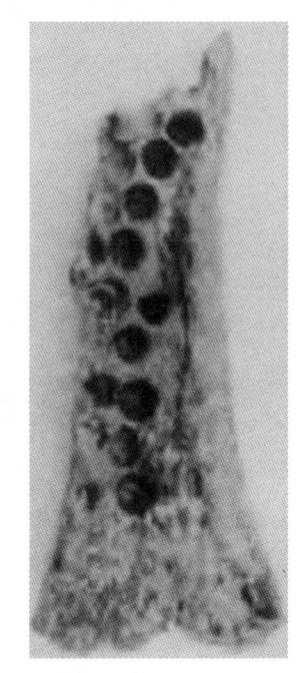

图 1-29　大甸子卜骨

5. 赤峰药王庙、夏家店

1960年，中国科学院考古研究所内蒙古发掘队对赤峰药王庙、夏家店遗址进行发掘。这两处遗址同属夏家店下层文化。在药王庙遗址出土了1件卜骨F2：10（图1-30），系猪肩胛骨，一面先钻后灼，另一面有兆纹。在夏家店遗址下层文化中发现了1件卜骨H2：1（图1-31），已残，系动物肩胛骨，一面是先钻后灼，另一面有兆纹。在夏家店上层文化中发现了卜骨5件，皆为动物肩胛骨，未经修治，一面有灼痕。标本H5：8（图1-32）较完整，系猪的肩胛骨。①

---

①　中国科学院考古研究所内蒙古工作队：《赤峰药王庙、夏家店遗址试掘报告》，《考古学报》1974年第1期，第120、第127页，135页；图版肆，10；图版捌，16；图版壹叁，14。参见中国科学院考古研究所内蒙古发掘队《赤峰药王庙、夏家店遗址试掘简报》，《考古》1961年第2期，第77—81页。

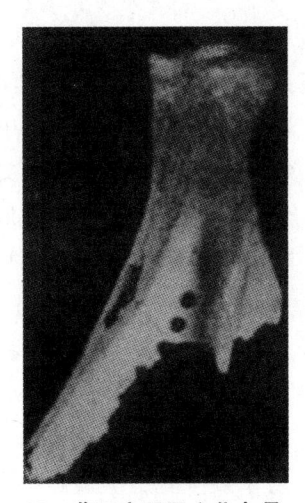

图 1-30　药王庙下层文化卜骨 　　图 1-31　夏家店遗址下层文化卜骨

图 1-32　夏家店上层文化卜骨

综上所述，在舞阳贾湖、淅川下王岗、南郑县龙岗寺、泰安大汶口、兖州王因、邹县野店、茌平尚庄、邳县刘林、邳县大墩子、四川大溪、含山凌家滩、江苏圩墩村、邯郸涧沟、临潼康家等遗址都有卜甲的发现。舞阳贾湖、淅川下王岗、南郑县龙岗寺、邯郸涧沟、临潼康家，属苏秉琦在

《中国文明起源新探》①中所总结的"以关中、晋南、豫西为中心的中原"地区；泰安大汶口、兖州王因、邹县野店、茌平尚庄、邳县刘林、邳县大墩子，属苏秉琦在《关于考古学文化的区系类型问题》中所总结的"山东为中心的东方"地区；四川大溪，属苏秉琦在《中国文明起源新探》中所总结的"以环洞庭湖与四川盆地为中心的西南部"地区；含山凌家滩、江苏圩墩村，属苏秉琦在《中国文明起源新探》中所总结的"以环太湖为中心的东南部"地区。这些地区都有适合于龟鳖的生活环境。俞伟超说："不同的人们共同体集团，如果处在大致相同的社会发展水平和相似的自然条件下，会产生类似的文化面貌。"②史前卜甲发现的空间分布规律，可佐证这一考古学理论。

从见诸报道的卜骨选材的角度考察，有羊肩胛骨、牛肩胛骨、猪肩胛骨和鹿肩胛骨等，但据民俗学材料在占卜文化中占据重要地位的鸡骨③，未见报道。或许发掘者未留意鸡骨与人类占卜文化之间的关联，而未将鸡骨作为发掘时采集的文化遗物对象。

从卜骨的整治、灼钻等角度考察，可明显看到卜骨发展演变的历史轨迹。如，内蒙古朱开沟遗址龙山晚期卜骨"均采用未加整治的牛羊肩胛骨"，有灼无钻；夏代中期卜骨"开始经加工整治"，有灼无钻；夏代晚期卜骨，多用经过整治的动物肩胛骨，有灼亦有钻；早商卜骨"均经整治"，有灼有钻，且有清晰兆纹。④清晰地呈现了卜骨从龙山晚期至早商不同阶段的连续发展。黄蕴平曾将卜骨类型概括为四种：第一种，卜骨不加修整，只在骨面的内侧面和外侧面钻灼；第二种，削去关节骨，作成骨板，再将肩胛岗和后缘刮平，在骨板的内侧面和外侧面钻灼；第三种，削去肩胛骨外侧面的关节颈、肩胛骨、后缘，再磨成整齐的骨板，在骨板的

---

① 苏秉琦：《中国文明起源新探》，辽宁人民出版社2011年版，第33—100页。
② 俞伟超：《关于"考古类型学"的问题》，水涛、何云翔编著《考古学与博物馆学研究导引》（上），南京大学出版社2011年版，第73页。
③ 参见黄懿陆《安阳殷墟出土易卦卜甲上的鸡卦符号解读——从壮族及其先民鸡卦看〈易〉之起源》（《广西民族研究》2006年第3期）。另，历史文献中多有关于鸡卜的记载。如，《史记·孝武帝本纪》：越巫"祠天神、上帝、百鬼，而以鸡卜。"（唐）柳宗元《柳州峒氓》诗："鹅毛御腊缝山罽，鸡骨占年拜水神。"（宋）苏轼《雷州》诗之一："呻吟殊未央，更把鸡骨灼。"
④ 内蒙古文物考古研究所：《内蒙古朱开沟遗址》，《考古学报》1988年第3期，第306、317、322、328页。

内侧面和外侧面钻灼；第四种，从肩胛骨版上切得骨片，然后在骨片上钻灼。① 以上总结，忽视了有灼无钻的情况。有灼无钻的卜骨当为一独立的型或式。

最后需要指出，在长江流域无一例卜骨发现。这说明以黄河流域为中心的北方和长江中下游为中心的南方，可能有着不同的占卜习俗。黄河流域数占、象占并重，而长江流域仅流行数占。

---

① 黄蕴平：《内蒙古朱开沟遗址兽骨的鉴定与研究》，《考古学报》1996年第4期，第533、534页。

第二章　考古发现与《易》学阴阳观

第一节　《易》学阴阳观概述

"阴阳"是中国哲学的基本范畴。在先秦典籍中和"阴阳"联系最密切的就是《周易》了，正如庄子所言："《易》以道阴阳。"阴阳思想作为一个思想体系虽最终定型于战国中晚期，但成书于西周初年的《易经》早已蕴含了丰富的阴阳观念。

一　《易经》中的阴阳观

自庄子对《易经》作出"《易》以道阴阳"这个"一言以蔽之"的定性评价后，这几乎成为了对《易经》的一个终结性的评价，后世的研究者一直如此认知。庞朴先生说："'阴阳'是中国哲学的最基本范畴。古往今来，人们常用'阴阳'来解释种种事情，判断各种行为。它似乎与中国文化的方方面面都有联系。"① 让人感到困惑的是，《易经》文本中并无"阴阳"一词的使用。《易经》中"阴"只出现过一次，即中孚卦九二爻辞"鸣鹤在阴，其子和之"，然而，这里的"阴"是树阴之义。

"《易》以道阴阳"，但《易经》中却无"阴阳"一词的使用。这应如何理解？其实，是否有"阴阳"一词的使用与是否有阴阳观念是两个不同的问题，其间并无必然关联。观念的产生与文字的出现是不同步的，以文字的出现来判断观念产生的上限是错误的逻辑。

西周之前，先民们早已有了阴阳的观念，只不过这种观念并不是用"阴阳"二字来表示的。阴阳是先民对自然、社会、人事等长期感受观察而得出的认识，包括天地、日月、男女、雄雌、昼夜、热寒、光明与黑

---

① 庞朴：《中国文化十一讲》，中华书局 2008 年版，第 31 页。

暗、温暖与寒冷、刚强与阴柔、向上与向下、运动与静止等相对立的事物和概念。庄子的"《易》以道阴阳",一语道破天机。阴阳观的确是《易经》的最基本的思想之一。

《易经》由卦象和卦爻辞两部分组成。组成卦象的基本要素是阴爻（__）和阳爻（__）。① 这两个符号构成了一对互相依存又互相对立的关系。阴爻、阳爻符号首先组成三爻经卦,三爻经卦再两两组合就得到六十四别卦。

至于为什么首先要用阴爻、阳爻符号组成三爻的经卦? 周振甫先生猜测:可能在获取筮数的过程中需要卜筮三次,故得三个筮数,结果就得到一个由三爻构成的经卦。②《老子》云:"道生一,一生二,二生三,三生万物。"③ "三生万物"的观念的产生,也应当很早。

阴爻、阳爻的变化组成了不同的八卦,最终组成了六十四卦,用以象征万事万物。《系辞上》:"爻也者,言乎变者也。"阴爻、阳爻缺一不可,即《系辞上》所言:"一阴一阳之谓道。"

《易经》的阴阳观还体现在卦序的排列上。唐孔颖达将《易经》卦序排列规律总结为:"二二相耦,非覆即变。"相邻两卦组成一个小单元,其卦象的关系或为综卦,或为错卦。综卦指卦象上下颠倒,如屯䷂与蒙䷃互为综卦。综卦又称覆卦。错卦,指两卦的阴、阳爻互易。如,乾䷀与坤䷁互为错卦。错卦又称变卦。每两卦之间,体现了阴阳的交易和转换关系。

一些相连成对的卦名明显形成阴阳对立关系。如,乾坤、泰否、剥复、坎离、损益、既济未济等。另外,不相连的卦名中,如小畜与大畜、小过与大过等,也体现了"小"与"大"的阴阳对立关系。

卦爻辞中也有大量的阴阳对立的词语。如,乾卦九五"飞龙在天"、九二"见龙在田",反映了"天"与"地"的阴阳对立;泰卦六二"包承,小人吉,大人否",反映了"小人"与"大人"的阴阳对立;泰卦卦辞"小往大来"和否卦卦辞"大往小来",既反映了"小"与"大"的阴阳对立,又反映了"往"与"来"的阴阳对立;观卦六三"观我生,

---

① 按:《易经》卦象中爻符原始意义,在本书第四章第二节《殷墟易卦卜甲与〈周易〉关系研究》列举了学界三个有代表性观点,可参阅,兹不赘述。
② 周振甫:《周易译注·前言》,中华书局1991年版,第6页。
③ 高亨:《老子注译》,清华大学出版社2010年版,第74页。

进退"，反映了"进"与"退"的阴阳对立；复卦卦辞"出入无疾"，反映了"出"与"入"的阴阳对立；坤卦卦辞"西南得朋，东北丧朋"和蹇卦卦辞"利西南，不利东北"，反映了"西南"与"东北"的阴阳对立等。此外，"吉"与"凶"、"利"与"不利"等无一不是阴阳观的体现。

《易经》的六十四卦由八卦重叠组成，每卦就具有了上下关系、内外关系、前后关系。每卦由六爻组成，六爻就有了从下到上的六个位次。一、三、五奇数位与二、四、六偶数位，也形成了阴阳对立的关系。

二 《易传》中的阴阳观

在《易经》的基础上，《易传》明确地提出了"一阴一阳之谓道"的哲学思想。"道"是指自然、社会和人类生活存在、变化、发展的规律。"一阴一阳"是指在规律支配下运动的事物互存互立的双方。具体表现为天与地、男与女、刚与柔等。

"一阴一阳"的关系首先表现为阴阳交易观。阴阳交易感通是事物产生、发展的动因。天地的交易产生了人类所依赖的生存环境。《序卦》曰："有天地然后有万物。"《系辞下》："天地絪缊，万物化醇。"坤卦《文言》："天地变化，草木蕃。"乾卦《彖》："天道下济而光明，地道卑而上行。"泰卦《彖》："天地交而万物通也。"咸卦《彖》："天地感而万物化生。"姤卦《彖》："天地相遇，品物咸章也。"革卦《彖》："天地革而四时成。"否则，天地不相交易，就不会产生万物，或不利万物的生长。坤卦《文言》曰："天地闭，贤人隐。"否卦《彖》："天地不交而万物不通也。"归妹卦《彖》："天地不交而万物不兴。"阴阳交易还表现为上下的交易。泰卦《彖》曰："上下交而其志同也。"否卦《彖》："上下不交而天下无邦也。"阴阳交易还表现为刚柔交易。《系辞下》曰："上下无常，刚柔相易。"又曰："刚柔相推。"屯卦《彖》："屯，刚柔始交而难生。"贲卦《彖》："刚柔交错，天文也。"阴阳交易表现为日月往来，寒来暑往的自然现象。《系辞上》："日月运行，一寒一暑。"《系辞下》："日往则月来，月往则日来，日月相推而明生焉。寒往则暑来，暑往则寒来，寒暑相推而岁成焉。往者屈也，来者信也，屈信相感而利生焉。"阴阳交易还表现为男女的阴阳交易。《序卦》："有万物然后有男女，有男女然后有夫妇，有夫妇然后有父子，有父子然后有君臣，有君臣然后有上下，有上下然后礼义有所错。"《系辞下》："男女构精，万物化生。"自然万物都可归类于相互对待的阴阳两个方面。《说卦》："天地定位，山泽通气，雷风相薄，水火不相射，八卦相错。"

《易传》既强调阴阳交易观，同时也重视阴阳分判观，即"阴阳各归其类"。阴、阳有所区分，才能识别事物的不同性质。同人卦《象》辞曰："同人，君子以类族辨物。"《系辞上》曰："乾道成男，坤道成女。"又曰："方以类聚，物以群分。"《说卦》曰："分阴分阳，迭用柔刚。"在《易传》作者的观念里，"君子以类族辨物"的标准是"声"、"气"相同。《文言》曰："同声相应，同气相求。水流湿，火就燥，云从龙，风从虎，圣人作而万物睹。本乎天者亲上，本乎地者亲下，则各从其类也。"《系辞上》："君子居其室，出其言善，则千里之外应之，况其迩者乎？居其室，出其言不善，则千里之外违之，况其迩者乎？"这种阴阳分判的观念更是体现在《说卦》对乾坤生六子的表述中："乾，天也，故称乎父。坤，地也，故称乎母。震一索而得男，故谓之长男。巽一索而得女，故谓之长女。坎再索而得男。故谓之中男。离谓之中男。离再索而得女，故谓之中女。艮三索而得男，故谓之少男。兑三索而得女，故谓之少女。"

如上所述，《易传》强调阴阳交易是万事万物产生的原因，同时也强调阴阳分判的观点。阴阳分判，言其异也；阴阳交易，言其同也。睽卦《象》曰："君子以同而异。"荀悦曰："《易》曰有天道焉，有地道焉，有人道焉。言其异也；兼三才而两之，言其同也。故天人之道有同有异。"① 中国传统的礼乐文化就反映了"同而异"的《易》学思想。《礼记·乐记》："乐者为同，礼者为异。""樂者，天地之和也；禮者，天地之序也。"

阴阳分判观将阴阳两性分类，便于把握事物各自不同的属性。《易传》在阴阳交易和阴阳分判的辩证关系下，虽然肯定阴、阳两方缺一不可，但是以阳刚一方为主。如，乾卦《彖》曰"大哉乾元，万物滋始，乃统天"，坤卦《彖》曰"至哉坤元，万物滋生，乃顺承天"，乾坤并建，缺一不可，但乾《彖》言"统"，坤《彖》言"承"，主次轻重关系十分

---

① （汉）荀悦：《汉纪·高后纪卷第六》，张烈点校《两汉纪》，中华书局2002年版，第85页。按："天人之道"，《文渊阁四库全书》本作"天地之道"。

明显。《系辞上》"天尊地卑,乾坤定矣",直陈尊卑关系。《杂卦》曰"乾刚坤柔",而夬《象》曰"刚决柔也"。《易传》以阳为大,阴为小,阳比君子,阴比小人。泰卦卦辞"小往大来",《象》传:"内阳而外阴,内健而外顺,内君子而外小人,君子道长,小人道消也。"泰䷊内卦为阳,外卦为阴,由外而内称"来",由内而外称"往",故云"小往大来";"小"比小人,"大"比君子,故云"君子道长,小人道消"。否卦卦象和泰卦相反,故卦辞云"大往小来",《象》曰"内阴而外阳,内柔而外刚,内小人而外君子,小人道长,君子道消也"。《易传》尚阳观,为后世所继承。宋儒朱熹说:"虽是一阴一阳,《易》中之辞,大抵阳吉而阴凶。"① "《易》则是个尊阳抑阴,进君子而退小人,明消长盈虚之理。"②

第二节　考古遗物与《易》学阴阳观

一　玉璇玑与《易》学阴阳观

玉璇玑,亦作璿玑,作为玉的一种形制,在文献中多有记载著录。从新石器时代至西周皆发现出土的玉璇玑。其中以大汶口文化、龙山文化、红山文化出土的玉璇玑最为集中,出土地点主要在黄河中下游和东北地区。时至今日,各地出土收藏渐多,可以作为一种典型性的玉器分析其文化内涵

（一）大汶口文化

1. 胶县三里河

1977年,山东胶县三里河发掘大汶口文化后期阶段的墓葬时出土了玉璇玑3件（图2-1）。发掘者将之称为璇玑形玉环。"环的外侧等距离的有着三个齿轮形,其形象有似后代的所谓璇玑,不过这种玉环出土时,多在死者的胸部,可能是一种衣饰或装饰品"。③ 其中,标本M273:1,三个牙轮方向发现不一致,直径为6.4厘米。标本M113:1,三个牙轮方向

---

① （宋）黎靖德:《朱子语类》卷第六十五,中华书局1986年版,第1067页。
② （宋）黎靖德:《朱子语类》卷第六十七,中华书局1986年版,第1659页。
③ 昌潍地区艺术馆、考古研究所山东队:《山东胶县三里河遗址发掘简报》,《考古》1977年第4期,第265页。

一致，直径 4.5 厘米。标本 M259：21，三个牙轮方向一致，其中一个牙轮已残。① 三里河大汶口文化的绝对年代，约距今 4500 年左右。

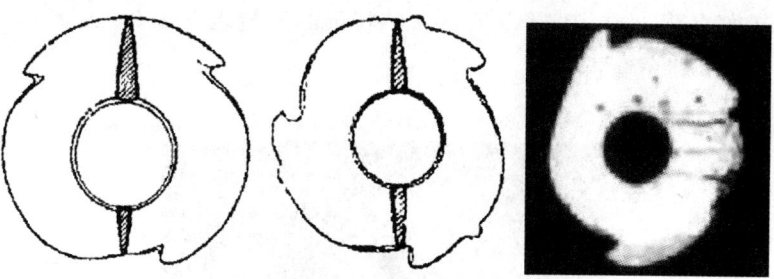

图 2-1 三里河玉璇玑
左．M273：1；中．M113：1；右．M259：21

2. 天津文化局

现藏天津市文化局文物处玉璇玑一件（图 2-2），径 4.3 厘米，最厚 0.4 厘米。白色玉质，周边有三个顺向旋转的宽齿，中间有一椭圆形孔。此器无明确出土的地点，"但器形与山东胶县三里河龙山文化遗址出土的三牙玉璧相近，应属同一时代"。② 而三里河遗址被认定为大汶口文化，故知天津市文化局所藏玉璇玑时代应归属大汶口文化。

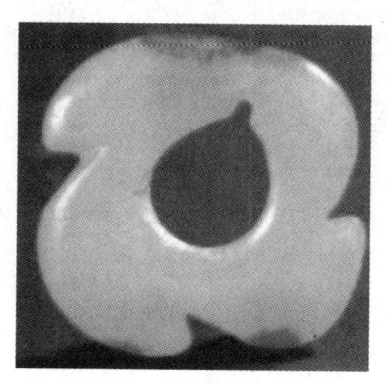

图 2-2 天津市文化局藏玉璇玑

---

① 中国社会科学院考古研究所：《胶县三里河》，文物出版社 1988 年版，第 44 页；图 2，图版一六。

② 杨伯达主编：《中国玉器全集》，河北美术出版社 2005 年版，第 35 页；图五〇。

（二）红山文化

红山文化中出土了很多类型的玉器，其中亦有玉璇玑类型的玉器出土，但是论著中对此类玉器重视不够，著录介绍不够详细。下面我们列举几个在柳冬青《红山文化》①一书中收录的玉璇玑（图2-3，图2-4，图2-5），以便分析研究。

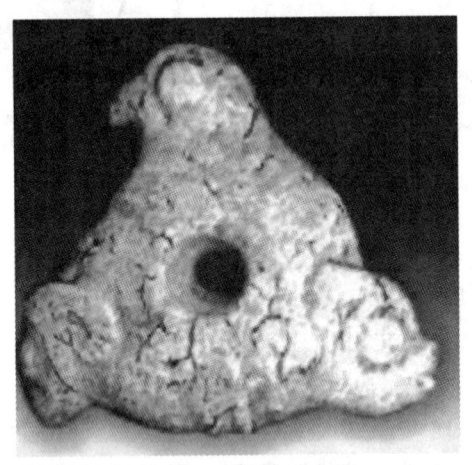

图 2-3　兽首形璿玑②

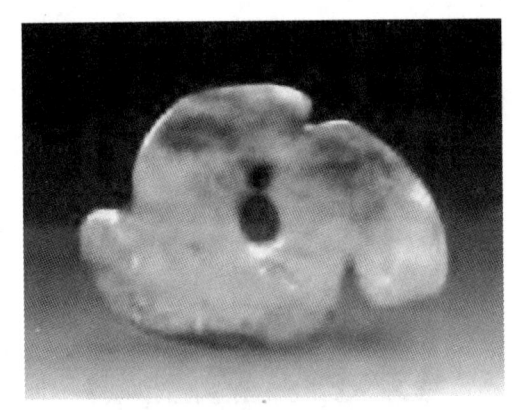

图 2-4　辽宁省博物馆藏玉璇玑③

---

① 柳冬青：《红山文化》，内蒙古大学出版社 2002 年版。
② 柳冬青：《红山文化》，内蒙古大学出版社 2002 年版，第 185 页。
③ 柳冬青：《红山文化》，内蒙古大学出版社 2002 年版，第 245 页。

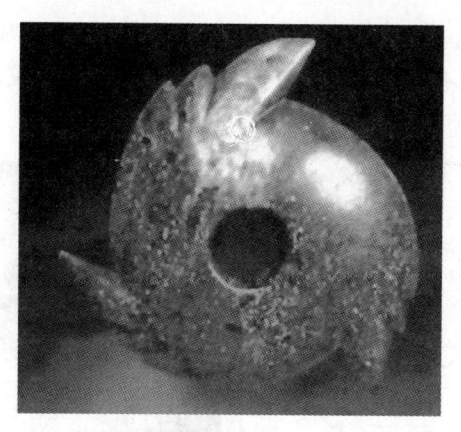

图 2-5　内蒙古奈曼旗乌力吉出土大型玉璇玑①

（三）龙山文化

1. 大连四平山

1941 年在辽宁大连营城子四平山龙山文化晚期的积石冢中亦出土了玉璇玑 3 件（图 2-6）。②

图 2-6　营城子四平山玉璇玑

M36

2. 滕县庄里

1978 年山东藤县庄里村村西的城顶龙山文化遗址（即庄里西遗址）出

---

①　柳冬青：《红山文化》，内蒙古大学出版社 2002 年版，第 189 页。
②　摹图转自夏鼐《所谓玉琯玑不会是天文仪器》，《考古学报》1984 年第 4 期，第 406 页。三件玉璇玑现存日本京都大学，见《世界考古学大系》（日文）卷第五，1966 年。

土玉璇玑一件（图2-7），最大直径约8厘米，为"形似璿玑状的残玉环一件。磨光精致，带有光泽，全器有三组凹齿形纹，每组长约4.2厘米"。①

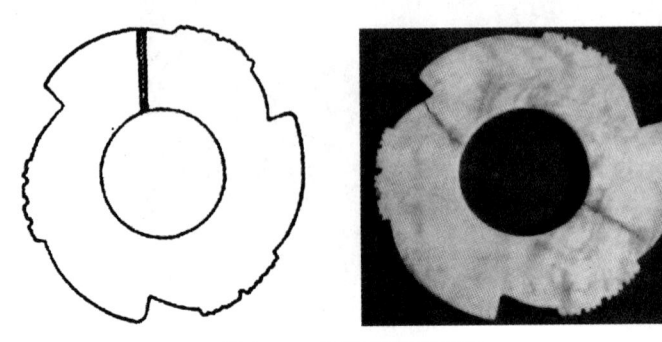

图2-7 滕县庄里玉璇玑

左为摹图，右为实物彩图

3. 五莲丹土

1976年，山东五莲县潮河镇丹土村耕地时发现玉璇玑一件（图2-8），玉质浅灰，带绿色沁斑，内圆，外有三齿，其中两齿有阑齿。② 现藏于五莲县博物馆。

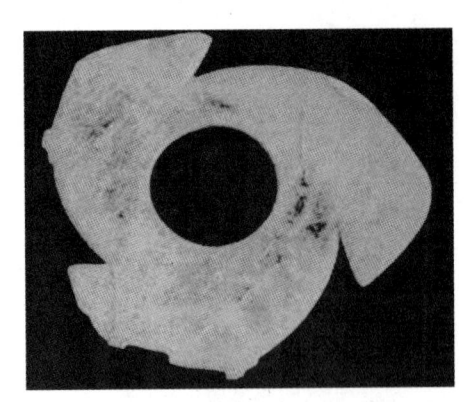

图2-8 五莲丹土玉璇玑

---

① 中国社会科学院考古研究所山东队等：《山东滕县古遗址调查简报》，《考古》1980年第1期，第36页。原简报未附图，左图转自夏鼐《所谓玉璿玑不会是天文仪器》，《考古学报》1984年第4期，第408页；右图采自杨伯达主编《中国玉器全集》，河北美术出版社2005年版，第33页，图四二。按：该图文字介绍云"滕县里庄出土"，误，应为"庄里"。

② 古方主编：《中国出土玉器全集》第4卷《山东》，科学出版社2005年版，第30页。

4. 海阳司马台

山东省海阳市司马台龙山文化遗址出土玉璇玑一件（图2-9），中间孔较大，外缘有三个不规则的牙突。① 现存海阳市博物馆。

图2-9 海阳司马台玉璇玑

5. 神木石峁

1976年陕西神木石峁龙山文化遗迹中采集到多数精致玉器中有两件是玉璇玑（图2-10），对于该遗迹出土的玉器时代，原调查报告认为可能属于龙山文化，亦可能属于殷商时代。②

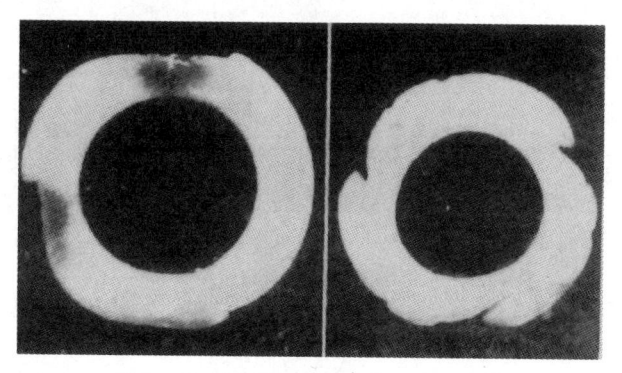

图2-10 神木石峁遗迹出土的玉璇玑

---

① 古方主编：《中国出土玉器全集》第4卷《山东》，科学出版社2005年版，第35页。
② 戴应新：《陕西神木县石峁龙山文化遗址调查》，《考古》1977年第3期，第157页；图版肆。

(四) 庙底沟二期文化

芮城清凉寺

芮城县清凉寺墓地 M100 出土玉璇玑一件（图 2-11），材料为青玉，中间为大孔，平面为方形，故有四牙边。① 现藏于山西省考古研究所。

图 2-11 芮城清凉寺玉璇玑

(五) 殷周时期

1. 安阳殷墟

（1）殷墟妇好墓出土一件玉璇玑，"绿色，近圆形，边缘有三个机牙，向同一方向回旋，中有近似心形的孔。两面抛光。周缘长径 6.1 厘米、孔径 2.3 厘米、厚 0.3 厘米。类似的璇玑，我们在小屯的一座小孩墓中，也发现了一件，放在人架胸部右侧，似作装饰品用"。②

---

① 古方主编：《中国出土玉器全集》第 3 卷《山西》，科学出版社 2005 年版，第 3 页。
② 中国社会科学院考古研究所：《殷虚妇好墓》，文物出版社 1980 年版，第 119 页；图版八六，4。

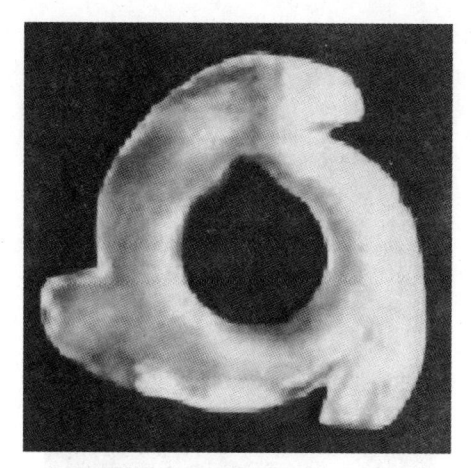

图 2-12 妇好墓出土的玉璇玑

（2）安阳殷墟出土一件玉璇玑（图 2-13），直径 3.55 厘米，淡青色，外缘加工出四个均匀间隔的同向尖牙，状如涡轮叶片，中间对钻小孔。① 现藏于中国社会科学院考古研究所。

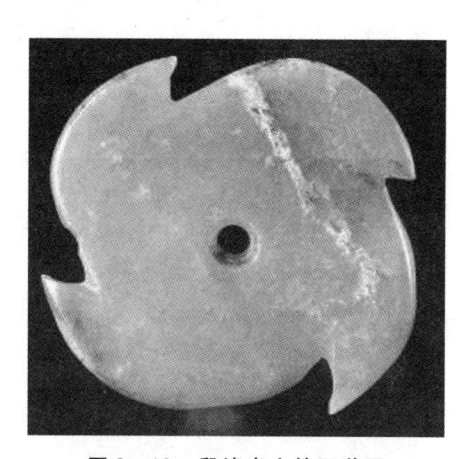

图 2-13 殷墟出土的玉璇玑

2. 淮阳冯塘

淮阳冯塘乡冯塘村出土玉璇玑一件（图 2-14），青玉，直径 4.5 厘

---

① 古方主编：《中国出土玉器全集》第 5 卷《河南》，科学出版社 2005 年版，第 53 页。

米，外缘有三个同一方向旋转凸起尖牙，尖牙之间各有三个齿为一组的突出。① 现藏于河南博物院。

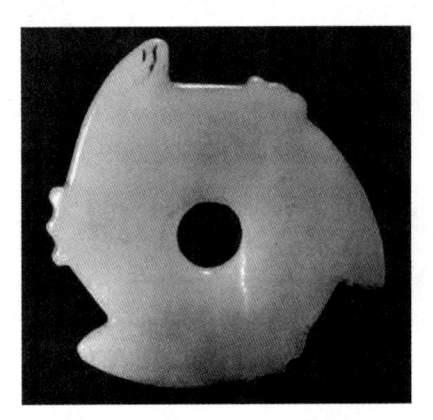

图 2-14　淮阳冯塘出土的玉璇玑

3. 藁城台西村

1972年10月在河北藁城台西村商代的墓葬中采集到玉璇玑一件（图2-15），现藏于河北省文物研究所，"圆形，直径7.4厘米。周围有三个斜倚的齿"。②

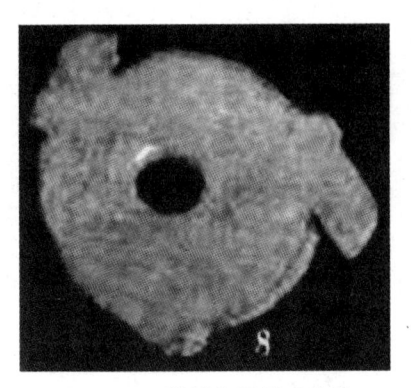

图 2-15　藁城台西村玉璇玑

---

① 古方主编：《中国出土玉器全集》第5卷《河南》，科学出版社2005年版，第133页。
② 河北省博物馆等：《河北藁城台西村的商代遗址》，《考古》1973年第5期，第269页；图一，8。是图见古方主编《中国出土玉器全集》第1卷《北京、天津、河北》，科学出版社2005年版，第123页。

第二章 考古发现与《易》学阴阳观　　65

4. 滕州前掌大

山东滕州前掌大商代晚期 M120 出土玉璇玑一件，直径 2.92 厘米、孔径 0.3 厘米—0.5 厘米，外缘有四个牙，每牙上出四齿。现藏于中国社会科学院考古研究所。

5. 成都金沙

（1）四川成都金沙遗址出土的商代晚期至西周早期的"有领玉璧"（图 2 - 16），直径 26.4 厘米、孔径 5.5 厘米、领高 2.3 厘米。其独特性在于玉璧周缘凿出四组齿状突起，每组各有齿状的突起五个。① 现藏于成都文物考古研究所。

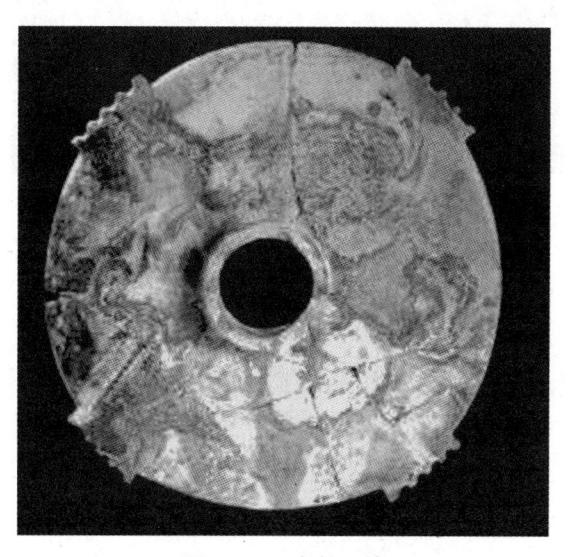

图 2 - 16　有领玉璧

（2）四川成都金沙遗址出土商代晚期至西周早期的玉璇玑，直径 3.8 厘米、孔径 0.2 厘米（图 2 - 18）。墨绿色质，器孔极小，壁面较宽，璧外沿等距分布有四组突起，每一突起有三个齿状，制作规整。② 特别值得

---

① 古方主编：《中国出土玉器全集》第 13 卷《四川、重庆》，科学出版社 2005 年版，第 64 页。

② 古方主编：《中国出土玉器全集》第 13 卷《四川、重庆》，科学出版社 2005 年版，第 64 页。

注意是该器有四个同向的斜牙，就该器的圆形材料顺势加工而成，属于玉璇玑斜牙的变体无疑。现藏于成都文物考古研究所。

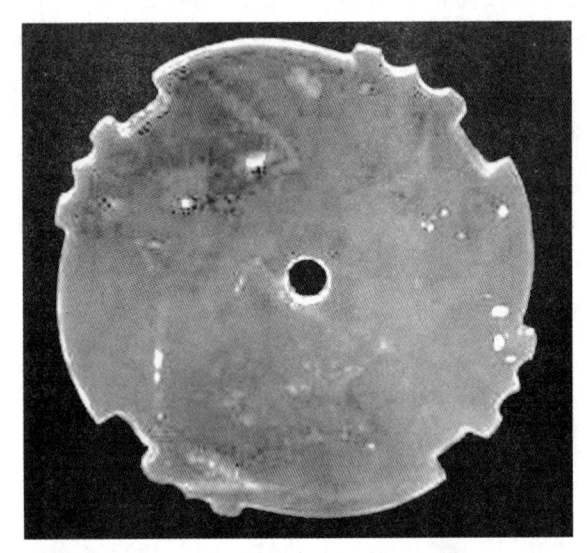

图 2-18　金沙遗址出土的玉璇玑

6. 延安芦山峁

1967年，陕西延安芦山峁遗址采集到二十多件玉器，其中一件为玉璇玑，直径 10.3、孔径 6.2 厘米。玉呈青黄色，圆环形，较厚。外缘雕琢出四个对称的缺口，每个缺口长 2.3 厘米，深 0.3 厘米。原调查报告称："观察过这批玉器的专家们倾向于认为，这批玉器是西周的遗物。"①原调查报告撰文者姬乃军后来将此器改称玉琮形器。②

---

① 姬乃军：《延安市发现的古代玉器》，《文物》1984 年第 2 期，第 84—87 页，图四。又是图见古方主编《中国出土玉器全集》第 14 卷《陕西》，科学出版社 2005 年版，第 20 页。但是将这件玉璇玑时代定为龙山晚期，是读姬乃军原报告误读所致，原报告称："在附近，我们采集到一些细绳纹、粗绳纹、刻划纹陶片，还发现了相当龙山文化晚期的居住面、灰坑、石刀、石斧等。"将这批玉器混为龙山文化晚期了，当改。但是遗憾的是原报告人姬乃军后来撰文又将此器的时代定为龙山文化之物，这一结论一无早晚期之分，是失之宽泛；二和自己在原报告中所定时代相悖，而无解释理由，是为自误。故本书时代仍采原报告的说法，为西周时代。

② 杨伯达主编：《中国玉器全集》，河北美术出版社 2005 年版，第 33 页，图四四。

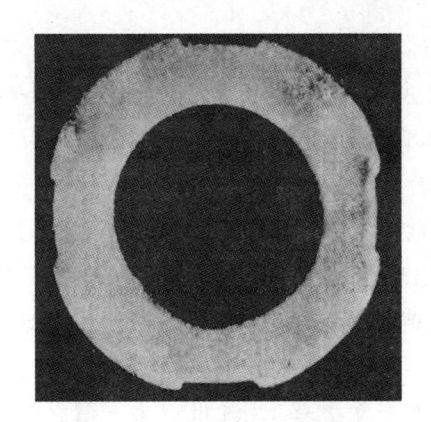

第二章 考古发现与《易》学阴阳观　67

图 2 - 17　芦山峁出土玉璇玑

7. 黄陂鲁东山

1977 年至 1978 年，湖北黄陂鲁东山西周墓葬出土了玉璇玑一件，标本 M36:18（图 2 - 19）。"形似环，周边有三个对称的钩状机牙。灰褐斑色。外径 9 厘米，内孔径 5.4 厘米"。①

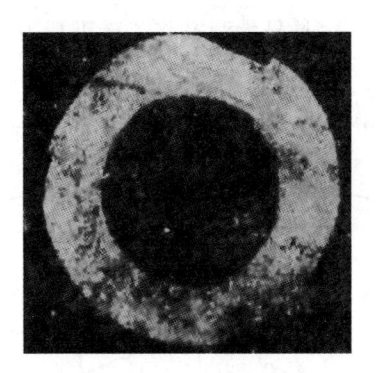

图 2 - 19　黄陂鲁东山西周墓葬出土的玉璇玑

以上是从史前大汶口文化至西周时期发掘采集的几件玉璇玑，材料来源限于有明确著录者。总之，玉璇玑的出土已经不是个案，可以进行深入的研究了。分析上面收集到的玉璇玑，可以知道，第一，玉璇玑呈圆形，中间有空，而空之大小，尚无定制，至于《尔雅》所言"肉倍好谓之璧，

---

①　黄陂县文化馆等：《湖北黄陂鲁台山两周遗址和墓葬》，《江汉考古》1982 年第 2 期，第 50 页；图版五，23。

好倍肉谓之瑗,肉好若一谓之环",当为后来制度。将之归于玉璧一类是可以的,正如夏鼐先生所云:"这种玉器实际上是玉璧的一种。"① 第二,其与常见玉璧之异处,玉璇玑外缘有三个外突的牙轮,两两之间为等距离,且几乎为同一倾斜方向。第三,玉璇玑多出自墓葬中墓主的胸前(采集的除外),原发掘报告多将之猜测为装饰品,而我们认为其具有宗教祭祀意义。

璇玑一词最早出现在《尚书·舜典》"在璇玑玉衡,以齐七政",孔安国《传》云:"璇,美玉。玑、衡,王②者正天地之器,可运转者。"孔颖达《正义》云:"玑衡者,玑为转运,衡为横箫,运玑使动,于下以衡望之,是'王者正天文之器'。汉世以来,谓之浑天仪者是也。马融云:'浑天仪可旋转,故曰玑。衡,其横箫,所以视星宿也。以璇为玑,以玉为衡,盖贵天象也。'"《舜典》中璇玑一词,意义未明。自汉代至唐以为是天文仪器,与浑天仪有关。

清末吴大澂《古玉图考》收录了两个玉璇玑的摹图(图2-20),描述道:"是玉外郭有机牙三节,每节有小机括六,若可钤物使之运转者,疑是浑天仪中所用之机轮。今失其传,不知何所设施,虽非虞夏之物,审其制作,去古不远也。"③ 是吴大澂亦将玉璇玑视为天文仪器。

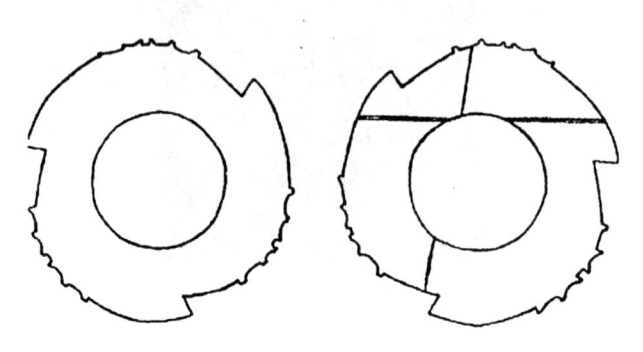

图 2-20 玉璇玑④

---

① 夏鼐:《所谓玉璇玑不是天文仪器》,《考古学报》1984年第4期,第405页。
② 王,原作玉,阮元《十三经校勘记》云:"岳本、闽本、《纂传》'玉'作'王',是也。"
③ (清)吴大澂:《古玉图考》,《续修四库全书》第1107册,上海古籍出版社2002年版,第30页。
④ (清)吴大澂:《古玉图考》,《续修四库全书》第1107册,上海古籍出版社2002年版,第50页。

吴大澂在《古玉图考》中又介绍了"夷玉",或称璧流离。对比吴大澂所摹玉璿玑图和夷玉图(图 2 – 21),几无不同。吴氏称夷玉"制作与璿玑同","或曰此古之璧流离也"。

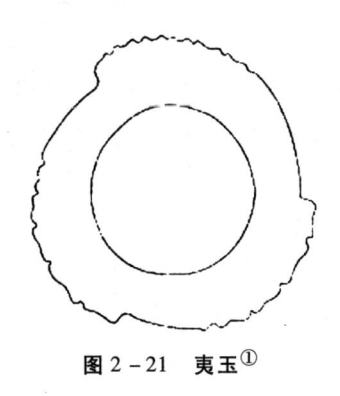

图 2 – 21　夷玉①

吴大澂将之视为璧流离为我们探讨玉璿玑的性质提供了启发。璧流离,或省作流离,在《汉书》中凡三见,皆指玉器。《地理志》云:"有译长,属黄门,与应募者俱入海市明珠、璧流离、奇石异物,赍黄金,杂缯而往。"②《西域传》云:"(罽宾国)出封牛、水牛、象、大狗、沐猴、孔爵、珠玑、珊瑚、琥珀、璧流离。它畜与诸国同。"③扬雄《羽猎赋》云:"方椎夜光之流离,剖明月之珠胎。"④

段玉裁注《说文》时曾论及璧流离。《说文》:"㺓,石之有光者,璧㺓也。"段玉裁注云:"璧㺓即璧流离也。……璧流离三字为名,胡语也。"又补充云:"汉武梁祠堂画有璧流离,曰王者不隐过则至。吴国山碑纪符瑞亦曰璧流离青色如玉。"又云:"今人省言之曰流离,改其字为瑠璃,古人省言之璧㺓。"⑤段玉裁论断璧㺓为璧流离的省称,可谓精辟,但将之视为夷语是不解流离原义所致。

流离一词在古代有多义。在现能看到的文献材料中,汉代时流离指玉

---

① (清)吴大澂:《古玉图考》,《续修四库全书》第 1107 册,上海古籍出版社 2002 年版,第 52 页。
② (汉)班固:《汉书》卷二十八下《地理志下》,中华书局 1964 年版,第 1671 页。
③ (汉)班固:《汉书》卷九十六上《西域传上》,中华书局 1964 年版,第 3885 页。
④ (汉)班固:《汉书》卷八十七上《扬雄传上》,中华书局 1964 年版,第 3550 页。
⑤ (汉)许慎撰,〔清〕段玉裁注:《说文解字注》,浙江古籍出版社 2006 年版,第 19 页。

的用法已经少见，多指流转离散，其义引申已远。而先秦典籍《诗经》所用义最为原始，且与我们解决问题有关。《诗经·邶风·旄丘》："琐兮尾兮，流离之子。"陆玑《毛诗草木鸟兽虫鱼疏》："流离，枭也。自关而西谓枭为流离。"流离是一种大鸟，这一称呼到了清代尚存。恽敬《鸲鹆说》："鹆如鸠，一名鹏，一名流离是也。土鹆食母，一名枭鸲是也。"

那么，流离为何是一种鸟的名称？我们再从出土的玉璇玑即璧流离里探求因缘。夏鼐先生认为玉璇玑是属于玉璧的一种，并非传统意义上的天文仪器。① 我们同意这一观点。但是夏先生没有论及玉璇玑的内涵功用。我们将玉璇玑外缘有三个牙轮和流离是鸟这两个材料综合起来考察，问题就得到了合理的解决。首先，有三个牙轮的玉璇玑，给人一种动感，像是一个运动的圆盘。这个圆盘为何名之以鸟呢？因为这是一只太阳鸟，也就是三足乌。三牙玉璇玑是一个三足乌的形象。这是太阳崇拜的反映，玉璇玑是太阳崇拜祭祀的神器。这就容易合理地解释为什么在墓葬中出土的玉璇玑总是发现在墓主的胸前。第二，大汶口文化和红山文化在史前都有太阳崇拜的习俗。这一习俗在史前流布地域扩展到江浙一带的良渚文化。第三，据《周易·说卦》，离为日、为火。《史记·周本纪》："有火自上复于下，至于王屋，流为乌。"裴骃《集解》引马融曰："流者，行也。""流离"即运行的大火，也就是太阳。《诗经·七月》中的"七月流火"的释义，历来争讼纷纭。朱彦民先生认为："'七月流火'应该是指炎热的天气。"② 由此可见《说卦》中"离为火，为日"的象征产生之早。

另外，在出土的玉璇玑中，有三牙的，也有四牙的。如上所述，四川金沙遗址出土玉璇玑即为四牙，该遗址出土的四鸟环日金箔，已被认定为太阳的象征，同出的四牙玉璇玑也应是太阳的象征。那么三、四存在着怎样的关联呢？《说卦》云"帝出乎震"，张舜徽先生认为帝就是太阳，他说："帝，日也。甲文帝字有作✸者，象光芒四射状。……日字古读本在舌头，与帝音近。《易》曰'帝出于震'，即指日也。"③ "帝出于震"即太阳出自震，震即东方。太阳，即离卦，在先天卦中对应的数是三，震对应的数是四。因此，三牙玉璇玑和四牙玉璇玑是有内在关联的。

---

① 夏鼐：《所谓玉璇玑不是天文仪器》，《考古学报》1984年第4期，第405页。
② 朱彦民：《"七月流火"之我见》，《中国文化》2007年第3期，第137页。
③ 张舜徽：《郑学丛著·演释名》，齐鲁书社1984年版，第429页。

总之，我们认为，玉璇玑非观测天象的实用器，实为太阳之象征，应是远古先民太阳崇拜的体现，反映了《易》学尚阳观。

二　良渚文化玉琮、玉鸟与《易》学阴阳观

《周礼·春官·大宗伯》："以玉作六器，以礼天地四方。以苍璧礼天，以黄琮礼地，以青圭礼东方，以赤璋礼南方，以白琥礼西方，以玄璜礼北方。"① 良渚文化出土了大量的玉琮，引起学界的关注。对此类礼器的功能研究，聚讼纷纭。本书只选取几件有代表性的玉琮作为关照对象，在《易》学阴阳观的视野下探究其形制及图案的内涵。

玉琮内圆外方，有学者认为，该形制体现了远古先民天圆地方的宇宙观；另有学者认为，玉琮的形制是男根、女阴的组合；还有学者以此探讨"蓍之德圆而神，卦之德方以智"的思想渊源。无论哪种观点，无疑都体现了《易》学阴阳交易观。

良渚文化反山墓地出土的一件玉琮 M12:98 重达 6.5 公斤，被视为"琮王"。琮王上有神人兽面图案（图 2-22），原发掘报告将之称为"神徽"。

图 2-22　甲型玉琮（神人兽面纹饰）
反山 M12:98

吴汝祚先生认为：以上神人兽面图案"有可能是表示天地之神，也

---

① （汉）郑玄注，（唐）贾公彦疏：《周礼注疏》卷第十八，北京大学出版社 2000 年版，第 561—562 页。

可说是天地贯穿于一体"。①

《淮南子·精神训》云：

> 古未有天地之时，惟像无形，窈窈冥冥，芒芠漠闵，澒濛鸿洞，莫知其门。有二神混生，经天营地，孔乎莫知其所终极，滔乎莫知其所止息。于是乃别为阴阳，离为八极，刚柔相成，万物乃形，烦气为虫，精气为人。是故精神天之有也，而骨骸者地之有也；精神入其门，而骨骸反其根，我尚何存？是故圣人法天顺情，不拘于俗，不诱于人。以天为父，以地为母，阴阳为纲，四时为纪。②

吴汝祚先生后撰文将这个"神徽"之像释为上为太阳神、下为土地神的合体形象，认为神像头部戴的冠是天的象征，冠上呈放射性的线条应是象征光芒四射的太阳，所以"神徽"图案上部的神应是给人们光明和温暖的太阳神。③

琮王上的"神徽"无疑反映了当时人的宗教精神。钱穆先生云："在中国人思想，相信此整个宇宙，应该有一个内有当然之道在遵循着，也应该有一个主宰，这一个主宰，虽为人类智识之所不可知，而人类仍可就其所知而上通于此不可知，而使此二者之合一而相通，这便是中国人的宗教精神之所在。"④

这个"神徽"之冠的中央是一个突起尖角，其冠的整体造型好像一个展开的鸟的翅膀，再联想到这个"神徽"两足是三爪鸟足，因此可以大胆地假设这个"神徽"的外部整体形象就是一个鸟的象征。而鸟的形象在良渚文化遗址中多次出现。

如，与琮王同墓出土的玉钺 M12:100（图 2-23）两面刃部上角皆刻有和琮王上相同形象的神徽浅浮雕，且两面刃部下角皆刻有一"神鸟"浮雕。同时出土的玉璜 M23:67（图 2-24）正面中间有兽面纹的浅浮雕，两角各

---

① 吴汝祚：《试析浙江余杭反山、瑶山良渚文化墓地的几个问题》，《华夏考古》1991 年第 4 期，第 84 页。
② 何宁：《淮南子集释》卷第七《精神训》，中华书局 1998 年版，第 503—504 页。
③ 吴汝祚：《余杭反山良渚文化玉琮的神像形纹新释》，《中原文物》1996 年第 4 期，第 36 页。
④ 钱穆：《中国思想通俗讲话》，生活·读书·新知三联书店 2002 年版，第 19 页。

刻有一个"神鸟"。Ⅰ式冠状饰 M17：8 正面琢刻一简式"神徽"（图 2-25），用阴纹刻有神人蹲踞状的下肢和鸟足。Ⅱ式三叉形冠状饰 M14：135 正面中间用阴线刻有一简式"神徽"（图 2-26），左右两叉上端用阴线各刻有一个"神鸟"。[①] 同时反山 M14、M15、M16、M17 还有几件玉鸟出土。原发掘报告只提供了 M14：259（图 2-27）和 M17：60（图 2-28）的图版，而另外两件和这两件的实物图片皆著录于《中国玉器全集》。[②]

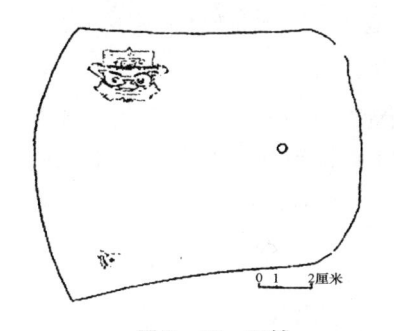

图 2-23　玉钺
反山 M12：100

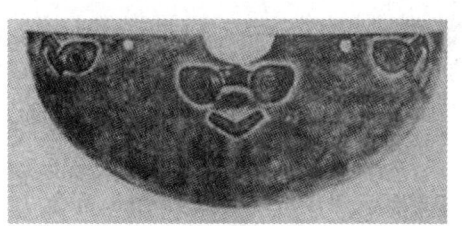

图 2-24　玉璜
反山 M23：67

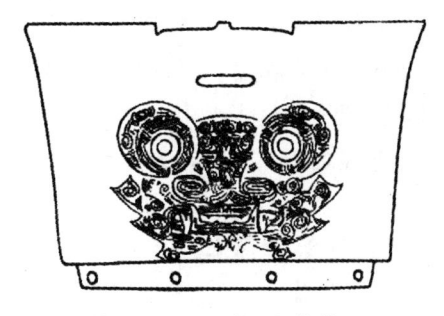

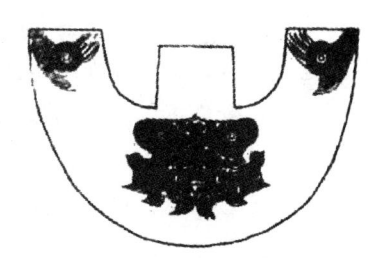

图 2-25　Ⅰ式玉冠状饰

图 2-26　Ⅱ式玉三叉形冠状饰

[①] 浙江省文物考古研究所反山考古队：《浙江余杭反山良渚墓地发掘简报》，《文物》1988 年第 1 期，第 10—20 页；图二〇，玉琮（M12：98）神人兽面纹饰；图二六，玉钺（M12：100）；图二九，玉璜（M23：67）摹图；图三〇，玉璜（M23：67）；图三九，Ⅰ式玉冠状饰（M17：8）；图四六，Ⅱ式三叉形冠状饰（M14：135）图版贰，玉鸟（M17：60）；图版三，玉鸟（M14：259）。

[②] 杨伯达主编：《中国玉器全集》，河北美术出版社 2005 年版，第 86—87 页，图一九九，图二〇〇，图二〇一，图二〇二。

图 2-27　反山出土玉鸟　　图 2-28　反山出土玉鸟

杜金鹏先生说:"鸟可作为太阳的象征,'鸟负日'是古人对太阳的另一种表述方式……良渚文化居民也是太阳神的崇拜者,只是他们所描述的太阳神,是以鸟与太阳为主题。"① 太阳崇拜是《易》学尚阳观的体现。

三　含山凌家滩玉龟、玉片与《易》学阴阳观

1987 年安徽文物考古研究所等单位对含山县长岗乡凌家滩遗址进行发掘。遗址出土大量的陶、石、玉器,其中玉器有 96 件。玉器中最为典型的是一件玉龟和长方形玉片。② 玉龟由背甲 M4:35 和腹甲 M4:29 组成(图 2-28)。背甲两边缘各钻有两个圆孔,正好和腹甲两边各钻的两个圆孔间距对应一致,是为穿绳绑定之用。而腹甲的后半部中央位置,还钻有四个圆孔,位置成正方形,其作用绝非穿绳之用,或有定方正位之效,亦未可知。玉龟腹甲、背甲之间夹着一个引人注目的长方形玉片 M4:30(图 2-29)。玉片呈长方形,长 11 厘米,宽 8.2 厘米。

---

①　杜金鹏:《关于大汶口文化与良渚文化的几个问题》,《考古》1992 年第 10 期,第 921—922 页。
②　安徽省文物考古研究所:《安徽含山凌家滩新石器时代墓地发掘简报》,《文物》1989 年第 4 期,第 6 页;图版壹。

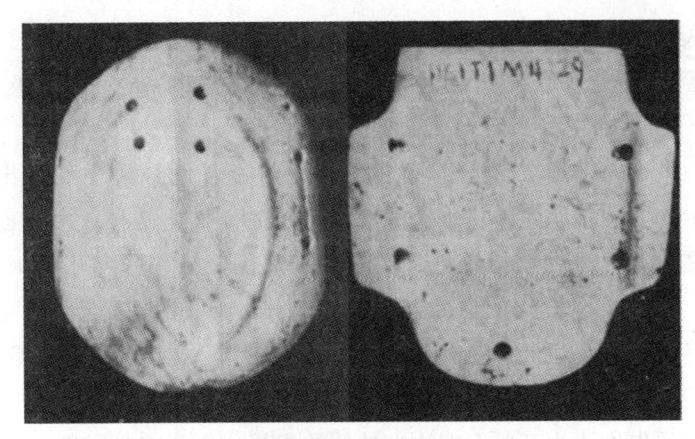

第二章 考古发现与《易》学阴阳观 75

图 2-28 凌家滩出土玉龟背甲和玉龟腹甲
左. M4:29 右. M4:35

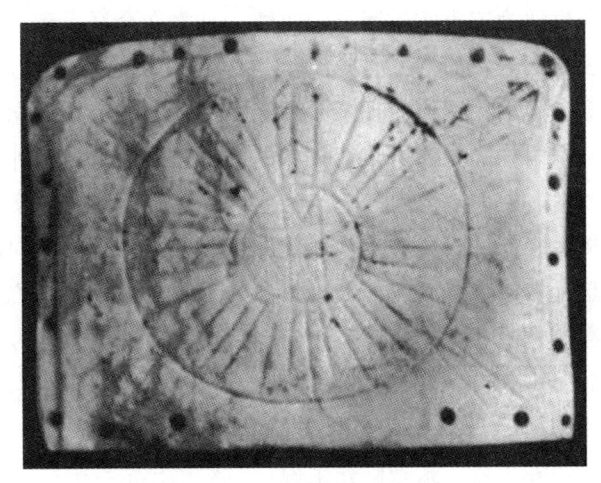

图 2-29 凌家滩长方形玉片
M4:30

凌家滩玉龟属于史前数占遗存。与之共出的长方形玉版上的图案和四边钻孔极引人注目，不少学者从《易》学角度对之加以解读。兹将有关观点综述于下。

（一）八方及河洛数理

玉版上所刻两个同心圆之间的八个箭头形图案正好处于被直线分割的八个等分位置，呈对称对应状，明确地表明了四正、四隅的四方八向的含义。陈久金、张敬国、饶宗颐、李学勤等先生各从不同角度解释了玉版上八方内涵，与河洛数理结合起来加以探讨。观点各异，但都极具启发意义。

陈久金、张敬国二位先生将玉版的八方和《说卦》中"帝出于震"节所表示的方位相联系，将玉版的图案认定为日晷类仪器，并将玉版中四边钻孔之数和河洛之数相排比，认为"玉片的八方图形与中心太阳的图形相配，符合我国古代的原始八卦理论，玉片四周的四、五、九、五之数，与洛书'太一下行八卦之宫每四乃还中央'相合，根据古籍中八卦源于河图、洛书的记载，玉片图形表现的内容应为原始八卦。"①

饶宗颐先生认为玉版上四边上的钻孔数当与河洛之数有别，应该是另一套数理系列。这不同的两个系列皆能分辨生数与成数为不同类型，然后再重新组合排列。②

李学勤先生认为凌家滩玉版上的图纹，见之必会联系到八卦，因为图纹显然是在表现八方，而八卦被认为同八方有关，是自古以来就有的事。又认为长方形玉版上刻圆形表现了天圆地方的古老的宇宙观念。③

玉版上所刻内外圆中的八个箭头状的图案表示八方，圆外指向四角的四个箭头状图案表示四隅方向，这当为明确无疑的。这种图案式的空间表达是在未有文字之前的唯一的直观表达，明白而简洁。图案中的双圆显然是太阳，这是远古时代普遍流行太阳崇拜的反映。太阳和八方的图案表示当时人们已经有阴阳意识，《淮南子·精神训》："于是乃别为阴阳，离为八极。"太阳照射八方有暖有寒的阴阳对比是极为容易感觉到的。

也有学者将太阳图案和八方图案联系起来探讨"八方"这个空间概念的时间含义。陈久金、张敬国先生说："含山玉片当中恰刻一太阳。因此，我们就有理由把玉片大圆所分刻出的八个方位看成与季节有关的图形。""玉片图形中的四方和八方，正与以上四象和八卦的概念相合。太极又称天一，在天文历法的概念上，指的是天球上的北极，古人给它以至高无上的地位。四象和八卦，在季节上的概念，就相当于农历的四时八

---

① 陈久金、张敬国：《含山出土玉片图形试考》，《文物》1989年第4期，第17页。
② 饶宗颐：《未有文字以前表示"方位"与"数理关系"的玉版——含山出土玉版小考》，宋镇豪主编《甲骨文献集成》第30册，四川大学出版社2001年版，第452页。原载《文物研究》第六辑，黄山书社1990年版。
③ 李学勤：《论含山凌家滩玉龟、玉版》，《中国文化》1992年第1期，第146页。

节。四象又称少阳、太阳、少阴、太阴，相当于农历上的春夏秋冬，只是八卦属于五时制，与农历的四季不完全相同而已。从季节概念上说，它是四象的再分裂。"①

（二）巫术与信仰

长方形玉版和玉龟同出，这易于让人将之和古人的巫术信仰联系起来。俞伟超先生认为："在五千年前出现的这批玉器，尤其是其中的玉龟、玉牌等物，显然不是日常的生活用品，也不像是装饰物，放在当时所允许的人们普遍具有的意识形态的条件中来考虑，理应是一些原始信仰的用物。"②

如前所论，玉龟属于数占工具。而玉龟中间夹着这个涵义丰富的玉版，又包含了什么样的意蕴呢？俞伟超先生认为玉龟由背甲和腹甲组成，可以上下穿线固定起来，若想分开，解开绳子即可。之所以这样，当为可以多次在玉龟的腹内放取某种物品的需要。其龟卜之法当是在玉龟中放入占卜之物，摇晃玉龟后，解开玉龟，倒出前所放入占卜之物，视其形状以断吉凶。总之，俞先生对玉龟、玉版的探讨涉及原始信仰活动的精神领域，确实是有见地的判断。至于具体的龟卜之法究竟如何，是需要进一步探讨的。

四 八角星纹与《易》学阴阳观

大汶口文化、大溪文化、凌家滩文化、马家浜文化、崧泽文化、良渚文化、小河沿文化等遗址中出土的陶器上皆发现有八角星纹图案。八角星纹出土地主要集中在山东和江浙地区，而山东和江浙地区处于顾颉刚先生所说的流行鸟图腾崇拜的地区。凌家滩出土的玉鹰上的八角星纹，不少学者已指出其与太阳的关联。许钦彬说："玉鹰表现出了中国易学文化体系中将太阳形象思维拟人化地比喻成太阳鸟的观念，也表现出了太阳从日出到日中天再到日落的运动状态过程。内外两个圆圈和八角星纹则更明确地表现出了中国易学文化体系早期的核心——八卦，也表现出了那时的人们就具有了以崇尚先天大自然、崇尚太阳、崇尚八卦

---

① 陈久金、张敬国：《含山出土玉片图形试考》，《文物》1989年第4期，第15页。
② 俞伟超：《含山凌家滩玉器反映的信仰状况》，《古史的考古学探究》，文物出版社2002年版，第90页。

为核心的自然宗教的文明观念。"① 因此，可以从《易》学尚阳观的角度对八角星纹进行探讨。

（一）大汶口文化

1. 兖州王因

1975年—1978年中国社会科学院考古所山东队等单位对兖州县王因遗址进行了七次发掘。山东王因出土了带有八角星纹的彩陶盆两件。ⅢB式彩陶盆M188:2（图2-30）出自第②层墓，腹部有一周宽约三分之二的红褐色花纹带，在花纹带里绘有四个八角形纹，呈对称状，八角形纹中心有一近似正方形图纹。ⅢA式彩陶盆M2514:9（图2-31）出土自第②层墓，上腹部有一周很宽的黑彩，以三条竖短线分成三组，每组内绘有三个太阳纹。王因第②层的绝对年代的下限当在公元前3500年前后。②

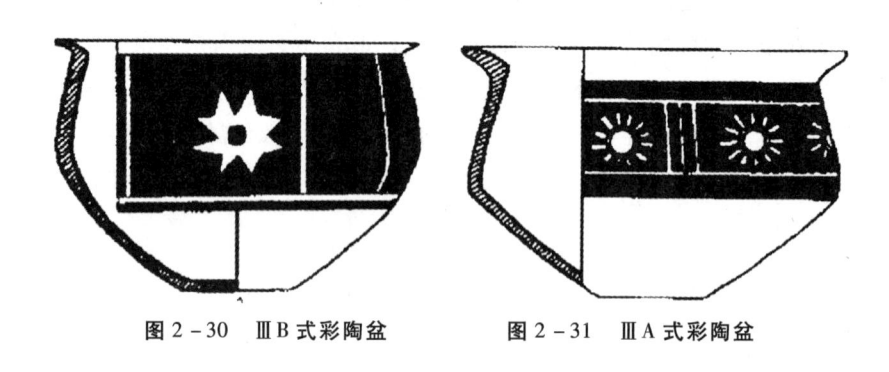

图2-30　ⅢB式彩陶盆　　　　图2-31　ⅢA式彩陶盆

2. 邳县大墩子

1963年南京博物院对邳县大墩子遗址进行了发掘。遗址出土了刻有八角星纹的陶器有两件。一件是从T3的上文化层出土的中上文化层的泥质灰陶纺轮（图2-32）；一件是出自墓葬的彩陶盆（图2-33）。这两件器物都属新石器刘林类型。陶纺轮（大T3:1），其形制为"扁平圆饼形，弧边，中有穿孔"。陶盆的腹部先施红衣为底，再用白彩绘制七个八角形纹，星纹中心有正方形。③

---

① 许钦彬：《易与古文明》，社会科学文献出版社2012年版，第66页。
② 中国社会科学院考古研究所：《山东王因——新石器时代遗址发掘报告》，科学出版社2000年版，第260—261页。
③ 南京博物院：《江苏邳县四户镇大墩子遗址探掘报告》，《考古学报》1964年第2期，第18、34页；图八，3，图二六，4，图二七，4。

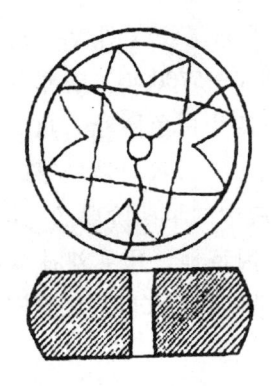

第二章 考古发现与《易》学阴阳观　79

图 2-32　大墩子陶纺轮　　　　图 2-33　大墩子彩陶盆

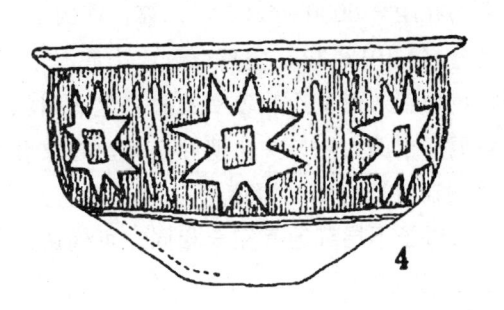

另外，在大墩子刘林类型墓葬出土的陶纺轮中，一夹砂红陶纺轮（图2-34）刻有辐射状纹，形似太阳光线的四射，这有助于理解八角星纹所体现的太阳崇拜的内涵。①

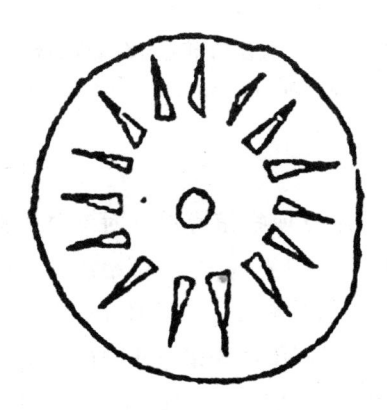

图 2-34　大墩子陶纺轮
大 M25：1

3. 泰安大汶口

1974年、1978年山东省文物考古所对大汶口遗址分别进行了第二次、

---

① 南京博物院：《江苏邳县四户镇大墩子遗址探掘报告》，《考古学报》1964年第2期，第38页；图三二。

第三次发掘。出土的大汶口文化第三期 M2005、M1014、M1013 随葬陶豆和大汶口文化第二期 M1018 随葬陶盆上皆绘有八角星纹（图 2-35），第二期约在距今 6000—5800 年，第三期约距今 5800—5700 年。随葬 B 型 I 式陶盆（M1018:32）腹部以红衣为底，上绘有四个白色圆心八角纹，并用褐色勾勒八角星边和填实圆心，呈太阳状图案。"大汶口遗址第二、三次发掘出土的大汶口文化遗存是大汶口文化发展中的早期阶段。"其出土的"陶器特征与邹县野店第一至三期、兖州王因墓地、邳县刘林墓地和邳县大墩子下层墓地等完全相同。可确认此类遗存属大汶口文化早期阶段的遗存"。①

图 2-35 大汶口出土的陶豆和陶盆
陶豆（左. M2005:49；中. M1013:1）及陶盆（M1018:32）

4. 邹县野店

1971 年—1972 年山东省博物馆等单位对邹县野店遗址进行了发掘。大汶口文化彩陶盆 M35:2（图 2-36）腹部绘满彩色图案，图案分上中下三部分，上下部分绘有白色斜栅纹，中间部分等距离地绘有白彩方心八角星纹，每两个八角星纹以椭圆图案相接，椭圆内又绘有四个白彩圆圈，整个画面繁缛可观。② M35:2 陶器属于野店大汶口文化五期墓葬中的第四期，年代约距今 5500—5000 年。

---

① 山东省文物考古所：《大汶口续集——大汶口第二、三次发掘报告》，科学出版社 1997 年版，第 162、167、199—200 页；图一一八，图一二一。
② 山东省博物馆、山东省文物考古研究所：《邹县野店》，文物出版社 1985 年版，第 63 页；图四〇。

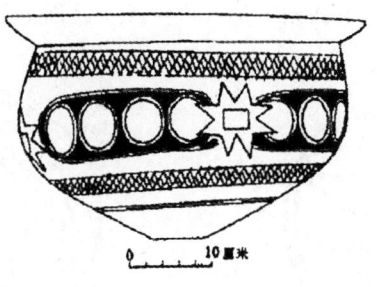

图 2-36　野店彩陶盆

(二) 大溪文化

1978 年湖南省博物馆对安乡汤家岗新石器遗址进行了试掘。早期墓葬中出土Ⅰ式白陶盘，其中的标本 M1:1，口径 18.5 厘米、高 7.5 厘米。口沿和圈足上印有 X 纹、三角纹、圆圈纹，盘底印八角星纹图案，非常对称规整（图 2-37）。① 原报告认为，汤家岗遗址出土的印纹陶的器形在大溪文化各遗址中是常见的。

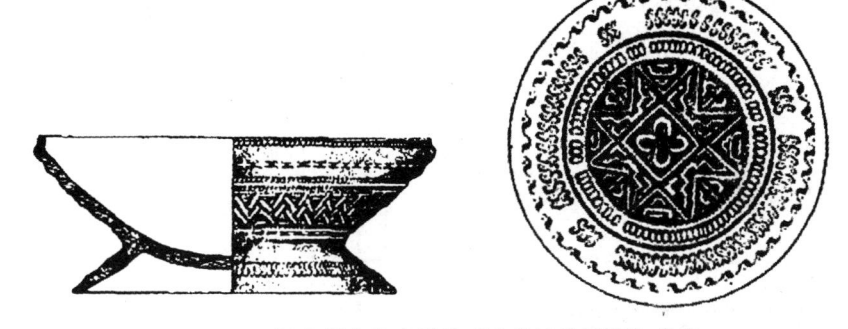

图 2-37　汤家岗白陶盘及带"八角星纹图案"盘底

(三) 马家浜文化

1977 年江苏武进县文化馆和常州市博物馆对武进潘家塘遗址进行了试掘。遗址中马家浜文化类型陶器里有一件刻纹纺轮（图 2-38），呈扁平鼓

---

① 湖南省博物馆：《湖南安乡县汤家岗新石器时代遗址》，《考古》1982 年第 4 期，第 347 页；图六，10，图九，1。

形状，两面均有刻纹，上面刻的是八角星纹，底面刻的是双线山座形纹。①

图 2-38　武进县潘家塘陶纺轮
左. 正面；右. 底面

（四）崧泽文化

1. 青浦崧泽

1961、1976 年上海市文物保管会和上海博物馆联合对上海青浦崧泽遗址进行了两次发掘。遗址中层出土很多盆形豆，其中 F 型 T2∶7，口径 28 厘米、高 13.9 厘米，豆把上刻划一圈"※"形图案（图 2-39）。中层二期ⅢC 陶壶 M33∶4 底部刻划有八角星纹图案（图 2-40），口径 7.6 厘米、高 19.2 厘米。② 青浦崧泽之崧泽文化，绝对年代在距今 5800—5100 年之间。

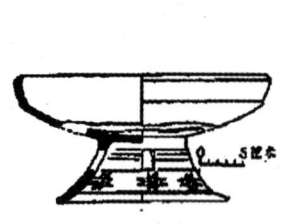

图 2-39　崧泽盆形豆
T2∶7

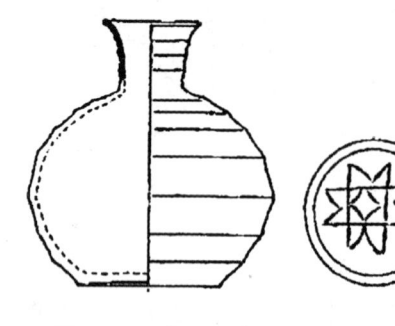

图 2-40　崧泽陶壶及壶底八角星纹

---

① 武进县文化馆、常州市博物馆：《江苏武进潘家塘新石器时代遗址调查与试掘》《考古》1979 年第 5 期，第 406 页；图一，12，18，第 405 页。

② 上海市文物保管委员会：《崧泽——新石器时代遗址发掘报告》，文物出版社 1987 年版，第 54、70、71 页；图四二，2，图五四，7。

2. 海安青墩

1978年、1979年南京博物院等单位对江苏海安青墩遗址进行了两次发掘。在遗址中期墓葬M17中出土了两个Ⅱ型陶纺轮（图2-41）。陶纺轮标本M17：5和标本M17：3皆刻划有八角星纹图案，显然M17：5上的图案也是接近完成的八角星纹。①

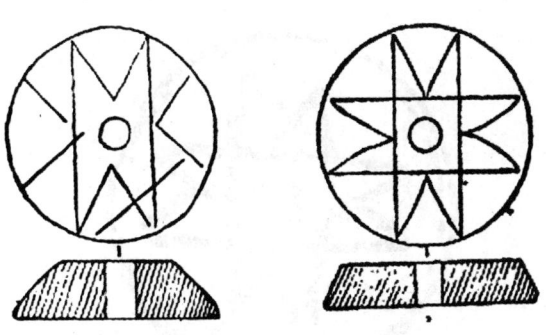

图2-41 青墩陶纺轮
左. M17：5；右. M17：3

（五）良渚文化

1. 吴县澄湖古井群

1974年南京博物院等单位对江苏吴县澄湖古井群遗址进行了发掘。在良渚文化遗存的鱼篓形陶罐上发现有刻划符号，符号中有八角星纹✦。原报告并没有介绍该八角形纹，只是提及八角形纹右侧的"尹"、"㐅"、"个"。② 李学勤先生则将陶罐上的四个符号释为古文字，将最左边的八角形纹释为"巫"，将四个符号释为"巫戌五俞"，读作"巫钺五偶"，意思为五对巫使用的钺。③ 我们认为，以上释读并没有充分的理由。"巫"字甲骨文作"⊕"（《甲骨文合集》二六八片），金文作"⊕"（齐巫姜

---

① 南京博物院：《江苏海安青墩遗址》，《考古学报》1983年第2期，第178页；图二八，2。

② 南京博物院、吴县文管会：《江苏吴县澄湖古井群的发掘》，《文物资料丛刊》第9辑，文物出版社1985年版，第8页。

③ 李学勤：《良渚文化的多字陶文》，《苏州大学学报》吴学研究专辑，1992年；又参见李学勤《论含山凌家滩玉龟、玉版》，《中国文化》1992年第6期，第147—148页。

篮），与"✳"相去甚远。证之以凌家滩等遗址所出土的八角星纹，"✳"必非文字，而为象征太阳的图案。

2. 靖安郑家坳

1983年江西文省物工作队等单位对江西靖安郑家坳遗址进行了发掘。在遗址二期文化的墓葬中出土了带八角星纹的陶纺轮T2M8:2（图2-42）。① 郑家坳遗址距今约5500—5000年。

图2-42 郑家坳陶纺轮

（六）小河沿文化

1974年，内蒙古昭乌达盟文物工作站等单位对内蒙古敖汉旗小河沿南台地遗址进行了发掘。一些小河沿文化遗址出土了一些彩陶器，其中彩陶器座（F4:3）绘有四个八角星纹图案的，该器口沿花纹中四组三个相毗邻的三角形成对称分布，其内口沿和每三个三角形所留白部分构成一个内圆外八角的图案（图2-43）。同地所出的彩陶尊（F4:1）的内口沿，在俯视的时，可以得到同样的图案（图2-44）。② 从年代、主要器形、器表装饰等方面综合分析，赵宾福先生认为："小河沿文化晚于赵宝沟文化……小河沿文化是从赵宝沟文化发展而来的。"③

---

① 江西省文物工作队、靖安县博物馆：《江西靖安郑家坳新石器时代墓葬清理简报》，《东南文化》1989年第4—5期合刊，第4页；图五，17。

② 辽宁省博物馆、昭乌达盟文物工作站、敖汉旗文化馆：《辽宁敖汉旗小河沿三种原始文化的发现》，《文物》1977年第12期，第6页；图二六，二八。

③ 赵宾福：《关于小河沿文化的几点认识》，《文物》2005年第7期，第65页。

图 2-43　小河沿彩陶器座及内口俯视图案

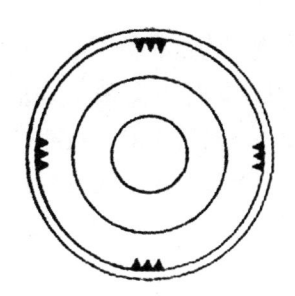

图 2-44　小河沿彩陶尊内口俯视图案

综上所述，考古发现的八角星纹主要出土在大汶口文化、大溪文化、马家浜文化、崧泽文化、良渚文化和小河沿文化中。安徽凌家滩出土的玉版上的八角星纹，从视觉效果上看，极似太阳图案，参考同出的凌家滩玉鹰上的八角星纹，结合前人论述，将八角星纹与太阳相关联应该是没有疑问的。山东王因和邳县大墩子等遗址中，都有八角星纹与太阳纹共存的现象，亦可将八角星纹的内涵指向太阳。太阳崇拜可从《易》学尚阳观的角度解读。

五　陶祖与《易》学阴阳观

赵国华先生说："在原始社会中，人类始则崇拜女性生殖器，注意其构造，寻找其象征物，继则崇拜男性生殖器，注意其构造，寻找其象征物，又进而运用文化手段给予写实式地再现和抽象化地表现，包括再现和表现男女结合的情景，恰恰是历史的必然。"[①] 在史前遗址中发现了许多陶祖，这对认识和研究史前祖先崇拜的宗教思想以及父系在社会中的尊崇

---

① 赵国华：《生殖崇拜文化略论》，《中国社会科学》1988 年第 1 期，第 135 页。

地位提供了较早的实物证据,并可据以探究"大哉乾元,万物资始"的思想渊源。兹将相关材料列举如下。

(一) 仰韶文化

1973年西安半坡博物馆对陕西铜川李家沟仰韶文化晚期遗址进行发掘,遗址出土陶祖一件,上下端均残,表面不平整,中间有一空,残上8.2厘米。①

(二) 龙山文化

1. 淅川下王岗

1971年至1974年河南省博物馆文物工作队和长江流域规划办公室考古队河南分队对淅川下王岗遗址进行了发掘。在遗址龙山文化中出土3件陶祖(图2-45)。标本H72:1,泥质灰陶,根部残缺,残长6.9厘米。标本T23③:2,根部有一穿孔,当为系绳用,残长5.5厘米。标本H38:2,棕陶,略歪曲,残长4.6厘米。②

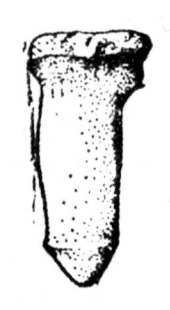

图2-45 下王岗陶祖
左. H72:1;中. H38:2;右. T23③:2)

2. 新密古城寨

1998年—2000年新密古城寨出土了陶祖(城北T1上:4),泥质黑陶,磨光,圆柱体。已残,直径2厘米,残高5厘米(图2-46)。城北T1上层为古城寨龙山文化第二期后段的代表之一。龙山文化第二期相当

---

① 西安半坡博物馆:《铜川李家沟新石器时代遗址发掘报告》,《考古与文物》1984年第1期,第5—32页。
② 河南省文物研究所、长江流域规划办公室考古队河南分队:《淅川下王岗》,文物出版社1989年版,第263页;图二五六,1,2;图版八三,11。

于王城岗第三期。①

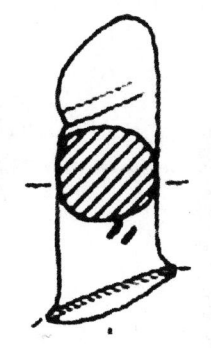

图 2-46　古城寨陶祖

3. 潍县鲁家口

1973 年—1974 年潍县鲁家口龙山文化晚期遗存发现了一件陶祖（T306③：17），夹砂红陶，根端已残，"陶祖一般被认为是对男性崇拜的一种信物，应是父权制得到确认的一种象征，这在典型的龙山文化中还是首次发现"，鲁家口遗址龙山文化晚期的测定年代的树轮校正值为公元前 2035±115 年。②

4. 万荣荆村

1931 年山西万荣（旧称万泉）荆村新石器时代遗址出土了一件陶祖③，时代属于龙山文化④。

（二）屈家岭文化

湖北京山县屈家岭遗址新石器时代早期文化遗存中出土一件陶祖标本 T117：5A（1），长 7.7 厘米、茎 1.5 厘米—2.5 厘米，上下端略残。⑤

---

① 河南省文物考古研究所、新密市炎黄历史文化研究会：《河南新密市古城寨龙山文化城址发掘简报》，《华夏考古》2002 年第 2 期，第 80 页；图一〇，2。
② 中国社会科学院考古所山东工作队、山东省潍坊地区艺术馆：《潍县鲁家口新石器时代遗址》，《考古学报》1985 年第 3 期，第 348 页。
③ 董光忠：《本校与山西图书馆美国福利尔艺术陈列馆发掘山西万泉石器时代遗址之经过》，《师大月刊》1931 年第 3 期。
④ 杨建芳：《仰韶时期已进入父系氏族社会了吗?》，《考古》1962 年第 1 期，第 593 页。
⑤ 中国科学院考古研究所：《京山屈家岭》，科学出版社 1965 年版，第 21 页；图版拾叁，17。

(三) 客省庄第二期文化

1955 年在西安客省庄居住遗址的客省庄第二期文化层中发现陶祖，为男性生殖器的象形，如标本 H167：7（图 2-47）。①

图 2-47　客省庄出土陶祖

左为正视、右为侧视

(四) 商周时代

1. 郑州二里岗

1952 年河南郑州二里岗殷代文化遗址出土陶祖塑像（T1A：012）一件，"泥质黑陶，表面磨光，上端作尖堆形，中央穿有圆孔，然后折成凸棱，周壁作中空的圆筒形，下端残缺。残长 10.6 厘米，茎 3.4 厘米，壁厚 0.6 厘米"。②

2. 施甸团山窝

1987 年在云南施甸团山窝遗址采集陶祖八件，团山窝遗址的年代"大致在我国商周交替时代"。③

总之，考古发现的陶祖，在时间上，最早可上溯至仰韶晚期，经龙山时代，直到商周皆有发现。在地域上，集中在以河南为中心的中原地区和黄河下游的山东地区。陶祖是男性生殖器的象征是没有什么疑问的。这是

---

① 中国科学院考古研究所：《沣西发掘报告》，文物出版社 1963 年版，第 68 页；图版叁肆，9、10。
② 安志敏：《一九五二年秋季郑州二里岗发掘记》，《考古学报》第八册，1954 年，第 84 页；图 9。
③ 耿德铭：《施甸陶祖和古代男性生殖崇拜》，《云南师范大学学报》（哲学社会科学版）1990 年第 2 期，第 32 页。

祖先崇拜信仰的遗迹，也是《易》学尚阳观的体现。

六　鱼鸟图与《易》学阴阳观

将鱼的形象和女性以及配偶联系在一起，在文献记载中是有传统的。最早的文献可以追溯到《周易》。

《周易》剥卦六五爻："贯鱼，以宫人宠，无不利。"李鼎祚《周易集解》引何妥云："夫剥之为卦，下比五阴，骈头相次，似'贯鱼'也。鱼为阴物，以喻众阴也。夫'宫人'者，后夫人嫔妾，各有次序，不相渎乱。此则贵贱有章，宠御有序。六五既为众阴之主，能有贯鱼之次第，故得'无不利'矣。"① 程颐注："五，群阴之主也。鱼，阴物，故以为象。五能使群阴顺序，如贯鱼然。"② 闻一多先生说："贯鱼是一连串的鱼群，宫人是个集体名词，包括后、夫人、嫔妇、御女等整群的女性，'贯鱼'是宫人之象，因为鱼是代表匹偶的隐语。依《易经》体例说'以宫人宠'是解释'贯鱼'的象义的。"③

闻一多先生撰写的《说鱼》一文，搜罗材料从西周到当下，材料甚丰，结论可信。该文雄辩地论述了鱼的形象和女性相联系的传统。这种传统可以追溯到新石器时代。将新石器时代遗物上鱼的形象与女性联系起来分析，这应该是一把打开未知之门的密钥。正如有的学者所说："半坡人以鱼象征女性生殖器，实行女性生殖器崇拜，故使用绘有鱼纹的九件彩陶为神器，举行盛大的祭祀活动，以娱'鱼'神，祈求多多生育，人口兴旺，尤其是女性人口的兴旺。"④

（一）临潼姜寨陶盆人、鱼、蛙纹临潼姜寨一期出土的深腹陶盆上有人面纹和鱼纹

标本Ⅵ式 T254W162∶1 陶盆内壁彩绘对称的人面纹和两条鱼纹，人眯眼、鱼游水，形象生动。标本Ⅵ式 T254W156∶1 陶盆内壁彩绘两个对称的人面纹和一条小鱼（图 2－48）。根据下文提到的二期出土的人面纹图案

---

① （清）李清平撰，潘雨廷点校：《周易集解纂疏》，中华书局 1994 年版，第 258 页。
② （宋）程颐，王孝鱼点校：《周易程氏传》，中华书局 2011 年版，第 131 页。
③ 闻一多：《说鱼》，《闻一多全集》第 3 册《诗经编上》，湖南人民出版社 1993 年版，第 233 页。
④ 赵国华：《八卦符号与半坡鱼纹——从印度的六字真言说起》，载苏秉琦主编《考古学文化论集》（二），文物出版社 1987 年版，第 330 页。

可知，人面中的胡须皆为两条对鱼，鱼头集中在人的嘴、下巴周围。①

图 2-48 陶盆人鱼纹
左．T254W162：1；右．T16W63：1

标本Ⅸ式 T276M159：2 陶盆内壁绘有五条作游水状的小鱼（图 2-49）。数量五属阳，鱼属阴，这个图案当为原始画家有意表示阴阳结合，形象生动的五条小鱼或许另有深意，参见第三章相关论述。②

标本Ⅹ式 T16W63：1 陶盆内壁彩绘对称两只青蛙，四条鱼，鱼蛙皆游水状，且四条鱼呈两条鱼一组对称分布，每两条鱼皆首尾同向，腹部相对留有空隙（图 2-50）。③ 审视双鱼形象，巧妙地形成一个模拟女阴图案，构思十分精巧。两个青蛙形象，背上有均匀分布的黑点，和后世的蟾蜍形象接近，作为宜子属阴的青蛙形象，此为已知最早的。若将之与女祖崇拜、女娲以及后来的月亮中的蟾蜍形象的综合起来理解，后世许多神话传说都能于此找到渊薮。

---

① 西安半坡博物馆、陕西省考古研究所、临潼县博物馆：《临潼姜寨——新石器时代遗址发掘报告》，文物出版社 1988 年版，第 113 页；图九〇，4、5。
② 西安半坡博物馆、陕西省考古研究所、临潼县博物馆：《临潼姜寨——新石器时代遗址发掘报告》，文物出版社 1988 年版，第 113 页；图九一，3。
③ 西安半坡博物馆、陕西省考古研究所、临潼县博物馆：《临潼姜寨——新石器时代遗址发掘报告》，文物出版社 1988 年版，第 114 页；图九一，6。

第二章 考古发现与《易》学阴阳观   91

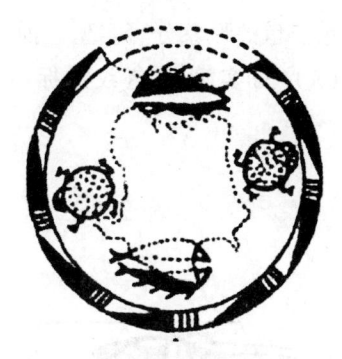

图 2-49 深腹陶盆鱼纹   图 2-50 陶盆彩绘鱼蛙纹

临潼姜寨出土的第二期彩陶器上动植物形象的纹样有人面纹、鱼纹、鸟纹、猪形纹等，其中以鱼纹为最多。

(1) 人面纹：人面纹陶器发现两件（图 2-51）。标本 ZHT37H493∶32 尖底器口沿突饰之下绘有人面纹，人耳两侧向外平伸后向上弯曲，曲端各连一条小鱼，下颌两侧各有一条变形的鱼纹。标本 T252F84∶14 彩盆内壁绘有人面纹，其人面形象与上件标本略同。①

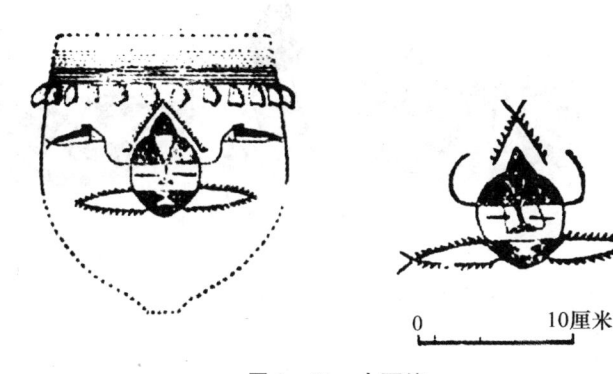

图 2-51 人面纹
左．ZHT37H493∶32；右．T252F84∶14

(2) 鱼纹：鱼纹数量最多，且多见于葫芦瓶上。鱼纹皆以黑彩绘出，黑色代表阴性，和鱼的形象表示阴性相符合，反映了《易》学阴阳分判

---

① 西安半坡博物馆、陕西省考古研究所、临潼县博物馆：《临潼姜寨——新石器时代遗址发掘报告》，文物出版社 1988 年版，第 254 页；图一八一，1、2。

的思想。鱼的形象分写实型、抽象化、图案化三种。

（A）写实型的鱼纹：标本 ZHT8⑤：2；ZHT12M238：4（图2-52）。①

图2-52 鱼纹
左．ZHT8⑤：2；右．ZHT12M238：4

（B）抽象化的鱼纹：标本 ZHT8M168：3，标本 ZHT11⑤：60（图2-53）。②

图2-53 抽象鱼纹
左．ZHT8M168：3；右．ZHT11⑤：60

（C）图案化的鱼纹：标本 ZHT14H467：1；标本 ZHT5M76：10（图2-54）。③

---

① 西安半坡博物馆、陕西省考古研究所、临潼县博物馆：《临潼姜寨——新石器时代遗址发掘报告》，文物出版社1988年版，第254页；图一八一，3、4、5。
② 西安半坡博物馆、陕西省考古研究所、临潼县博物馆：《临潼姜寨——新石器时代遗址发掘报告》，文物出版社1988年版，第254页；图一八二，1、2、3、4。
③ 西安半坡博物馆、陕西省考古研究所、临潼县博物馆：《临潼姜寨——新石器时代遗址发掘报告》，文物出版社1988年版，第254页；图一八三，1、2、3。

第二章 考古发现与《易》学阴阳观　　93

图 2-54　图案化鱼纹
左．ZHT14H467：1；右．ZHT5M76：10

　　人面纹和鱼纹的组合，当反映了《易》学阴阳交易观。据《周易》八卦万物类象，乾为人，代表阳。李鼎祚《周易集解》在履卦卦辞、谦卦《象》辞、贲卦《象》辞、剥卦六五爻辞、大畜卦九三爻辞、咸卦《象》辞、损卦六三爻辞、《周易·系辞上》"人之所助者，信也"以及《周易·系辞下》"后世圣人易之以宫室"、"后世圣人易之以棺椁"和"人谋鬼谋"[①]下所收录的虞注均以"乾为人"释之。清儒张惠言《周易虞氏义》亦以"乾为人"诠释泰卦《象》辞、否卦《象》辞、大有卦《象》辞、豫卦《象》辞[②]、噬嗑卦象辞[③]、解卦上六爻辞[④]、困卦卦辞[⑤]、巽卦初六爻辞[⑥]和《周易·系辞下》"圣人之大宝"[⑦]等。阳为人，

---

　①　张文智：《〈周易集解〉导读》，齐鲁书社 2005 年版，第 146、164、190、195、206、224、258、384、395、395、423 页。
　②　（清）张惠言：《周易虞氏义》卷第二，《续修四库全书》第 26 册，上海古籍出版社 2002 年版，第 445、446、448、450 页。
　③　（清）张惠言：《周易虞氏义》卷第三，《续修四库全书》第 26 册，上海古籍出版社 2002 年版，第 455 页。
　④　（清）张惠言：《周易虞氏义》卷第四，《续修四库全书》第 26 册，上海古籍出版社 2002 年版，第 475 页。
　⑤　（清）张惠言：《周易虞氏义》卷第五，《续修四库全书》第 26 册，上海古籍出版社 2002 年版，第 483 页。
　⑥　（清）张惠言：《周易虞氏义》卷第六，《续修四库全书》第 26 册，上海古籍出版社 2002 年版，第 496 页。
　⑦　（清）张惠言：《周易虞氏义》卷第八，《续修四库全书》第 26 册，上海古籍出版社 2002 年版，第 516 页。

阴为鬼，故乾为人。①

(二) 宝鸡《水鸟衔鱼图》

1958年陕西宝鸡北首岭新石器遗址出土的细颈陶瓶上绘有一幅《水鸟衔鱼图》，鸟、鱼形象生动活泼。② 鸟代表阳，鸟鱼的组合反映了阴阳交易观。山东中医药大学中医文献研究所步瑞兰说：阳雀思想起源于遥远的古代，但至今影响着我们的生活。雀性属阳，故称阳雀。阳雀思想也同样影响到了中医药理论。马王堆《养生方》、《千金方》中都有用雀卵壮阳的补益之方。③

图2-55 水鸟衔鱼图④

(三) 临汝阎村《鹳鱼石斧图》

1978年11月河南临汝县阎村新石器时代遗址有十一座瓮棺葬被当地农民种树时挖出。这些瓮棺葬多以陶缸为葬具，其中一件彩陶缸上的"陶画"甚为独特醒目（图2-56）。陶缸高47厘米，口径32.7厘米，底径19.5厘米，腹部一侧绘有一"陶画"，画高37厘米，宽44厘米，大小约有缸体的二分之一。画面内容为：左边有一白鹳口衔一鱼；右边为长柄石斧，木柄中部有"×"符号。⑤ 此陶画被命名为《鹳鱼石斧图》⑥，名称贴切，沿用至今。

---

① 参见杨效雷《诠释学视野下的易学》，华南理工大学出版社2015年版。
② 考古所宝鸡发掘队：《陕西宝鸡新石器时代遗址发掘纪要》，《考古》1959年第5期，第241页，图版壹：2、3。
③ 步瑞兰：《阳雀文化与中医》，《世界中西医结合杂志》2014年第2期，第112—114页。
④ 图采自《文物》1981年第12期，第79页。
⑤ 临汝县文化馆：《临汝阎村新石器时代遗址调查》，《中原文物》1981年第1期，第3页，图一：1；图版壹。
⑥ 张绍文：《原始艺术的瑰宝——记仰韶文化彩陶上的〈鹳鱼石斧图〉》，《中原文物》1981年第1期，第21页。

第二章　考古发现与《易》学阴阳观　　95

图 2－56　鹳鱼石斧图①

　　对于这件陶罐上的"陶画"，研究者从不同的角度进行了探索。原调查报告者认为："这幅彩陶绘画，以往没有出土过，它不仅为研究我国原始社会以及石斧的使用与安装，提供了极为可贵的实物资料，而且在我国绘画史上也是一件罕见的珍品。"②张绍文先生侧重于这件"陶画"的艺术性，从中国画的构图、笔墨、色彩、意境及主题思想等方面解析其所到达的艺术高度，突出了其在中国绘画史上的源头地位。③严文明先生认为，"陶画"中的白鹳眼大有神，具有征服者的气概，而鱼的形象则是眼垂体僵，败势显然。石斧造型讲究，不会是普通的劳动工具，当是出土陶缸地区的部落酋长的权利标志的再现。严文明先生还进一步推断，白鹳和鲢鱼皆应为氏族的图腾，白鹳是墓主所属的氏族的图腾，鲢鱼是敌对氏族的图腾。他说："这位酋长生前必定是英武善战的，他曾高举那作为权力标志的大石斧，率领白鹳氏族和本联盟的人民，同鲢鱼氏族进行殊死的战斗，取得了决定性的胜利。"④范毓周先生从原始艺术的材料来源于当时社会生活这一角度，并结合文献记载分析"陶画"中的鹳、鱼、石斧所

---

①　图采自《〈鹳鱼石斧图〉跋》，《文物》1981年第12期，第79页。
②　临汝县文化馆：《临汝阎村新石器时代遗址调查》，《中原文物》1981年第1期，第3页。
③　张绍文：《原始艺术的瑰宝——记仰韶文化彩陶上的〈鹳鱼石斧图〉》，《中原文物》1981年第1期，第21—24页。
④　严文明：《〈鹳鱼石斧图〉跋》，《文物》1981年第12期，第81页。

反映的社会内容，也认为"陶画"中鹳鸟叼鱼部分"可能是当时这一带的以鹳鸟为图腾的鹳氏族用以表示其图腾信仰的"，而"陶画"中的长柄石斧应是权力的象征。此外范毓周先生还指出，这件"陶画"在绘画艺术史上，在探讨时人的宗教观念、某些古老氏族的活动和复原石斧的使用方法上皆有重要的价值。① 笔者认为，严文明、范毓周等先生以鹳、鱼为图腾固无不可，但是对同一文化遗存可以从不同的角度来解读，如前所述，鸟代表阳，鱼代表阴，故鹳、鱼的组合也可以从《易》学阴阳观的角度来认识。

第三节 考古遗迹与《易》学阴阳观

一 濮阳西水坡堆塑龙虎图与《易》学阴阳观

1987年，河南濮阳西水坡遗址出土了伴有动物堆塑图的墓葬，其中M45中的三组蚌壳堆塑最为引人注目。M45墓穴呈南圆北方的人头形，墓主为一壮年男性，头南足北，仰身直肢，身高1.84米。另有三个十几岁少年同葬于墓室东、西、北三面小龛内。在墓室中部墓主的两侧用蚌壳摆塑出栩栩如生的一龙一虎图案。龙居左侧，头北背西，长1.78米，昂首曲背，若腾飞状。虎位右侧，长1.39米，瞪眼露齿，似行走样。人足下还有一个用蚌壳摆成的三角形的图案，与两根人的胫骨相连摆在一起。此为第一组摆塑（图2-57）。② 第二组、第三组摆塑在第一组的南边，位于同一子午线上。第二组距M45南面20米处（图2-58），为一个龙虎合体摆塑，龙头南背西，虎头北背东，虎背上有一长颈鹿。在龙头的东面有一摆塑蜘蛛，头南尾北。第三组距第二组约25米，摆塑图为人骑龙和虎等。龙头东背北，昂首舒身，人跨龙背，若回首观望状。虎居龙北边，头西背南，似飞跑样。另在龙虎的西面有一飞翔之鸟。

---

① 范毓周：《临汝阎村新石器时代遗址出土陶画〈鹳鱼石斧图〉试释》，《中原文物》1983年第3期，第8—10页。

② 濮阳市文物管理委员会等：《河南濮阳西水坡遗址发掘简报》，《文物》1988年第3期，第3页。

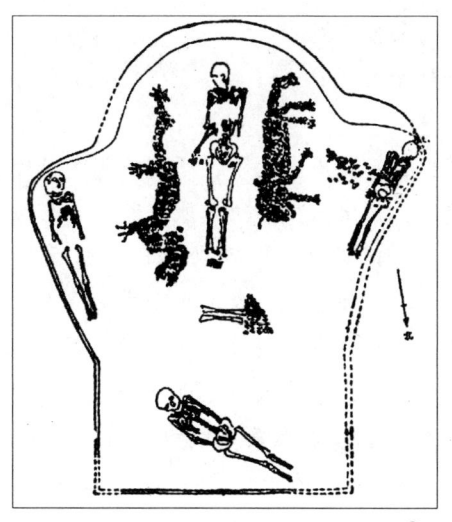

第二章　考古发现与《易》学阴阳观　　97

图 2-57　濮阳西水坡 M45 号平面图①

图 2-58　濮阳西水坡 M45 人骑龙与虎平面图②

M45 含有丰富的宗教祭祀内涵。张光直先生将西水坡龙、虎、鹿摆塑与原始道教的龙、虎、鹿三蹻相联系，从宗教巫术角度进行探讨，揭示

---

① 采自《文物》1988 年第 3 期。
② 采自《考古》1989 年第 12 期。

了西水坡摆塑形象的宗教内涵。①

东晋葛洪《抱朴子》云：

> 若能乘蹻者，可以周流天下，不拘山河。凡乘蹻道有三法：一曰龙蹻，二曰虎蹻，三曰鹿卢蹻。或服符精思，若欲行千里，则以一时思之。若昼夜十二时思之，则可以一日一夕行万二千里，亦不能过此，过此当更思之，如前法。或用枣心木为飞车，以牛革结环剑以引其机，或存念作五蛇六龙三牛交罡而乘之，上升四十里，名为太清。太清之中，其气甚罡，能胜人也。师言鸢飞转高，则但直舒两翅，了不复扇摇之而自进者，渐乘罡炁故也。龙初升阶云，其上行至四十里，则自行矣。此言出于仙人，而留传于世俗耳，实非凡人所知也。又乘蹻须长斋，绝荤菜，断血食，一年之后，乃可乘此三蹻耳。虽复服符，思五龙蹻行最远，其余者不过千里也。②

龙蹻、虎蹻、鹿蹻是道教人游行往来的脚力。《道藏》中的《太上登真三蹻灵应经》云：

> 三蹻经者上则龙蹻，中则虎蹻，下则鹿蹻。……大凡学仙之道，用龙蹻者，龙能上天入地，穿山入水，不出此术，鬼神莫能测，能助奉道之士，混合杳冥通大道也。……龙蹻者，奉道之士，欲游通天福地，一切邪魔精怪恶物不敢近，每去山川江洞州府，到处自有神祇来朝现。③

蹻是什么意思？《说文》云："举足小高也，从足乔声。"龙、虎、鹿三蹻使人自然地联系到"踩高跷"的民俗。有学者认为，"踩高跷"反映的思想观念是希望高飞以接近天神。三星堆遗址所出土的"鸟足戴冠铜人像"可佐证这一观点。

---

① 张光直：《濮阳三蹻与中国古代美术上的人兽母题》，《文物》1988 年第 11 期，第 36—37 页。
② 王明：《抱朴子内篇校释》卷第十五《杂应》（增订本），中华书局 1986 年版，第 275 页。
③ 缺名：《太上登真三蹻灵应经》第一卷，《正统道藏·洞真部·众术类》，（上海）商务印书馆影印明正统刊本，1923—1927 年。

与张光直先生不同,冯时先生从天文学角度考察 M45 墓穴里的摆塑龙虎的内涵。冯时先生说:"西水坡龙虎墓二象北斗星像图的出现,正应是古人为确定时间和生产季节的必然反映。"①

闻一多对《周易》乾卦的解读支持了冯时的观点。在《周易义证类纂》"占候"条中,闻一多说:

> 按古书言龙,多谓东宫苍龙之星。《乾卦》六言龙(内九四或跃在渊,虽未明言龙,而实亦指龙),亦皆谓龙星。《史记·天官书》索隐引石氏曰"左角为天田。"《封禅书》正义引《汉旧仪》曰:"龙星左角为天田。"九二"见龙在田",田即天田也。苍龙之星即心宿三星,当春夏之交,昏后升于东南,秋冬之交,昏后降于西南。《后汉书·张衡传》曰"夫玄龙,迎夏则陵云而奋鳞,乐时也;涉冬则湮泥而潜蟠,避害也"。玄龙即苍龙之星,迎夏奋鳞,涉冬潜蟠,正合龙星见藏之候。《说文》曰"龙……春分而登天,秋分而潜渊",亦谓龙星。九五"飞龙在天",春分之龙也;初九"潜龙",九四"或跃在渊",秋分之龙也。《天官书》曰"东宫苍龙,房、心。心为明堂,大星天王,前后星子书。不欲直,直则天王失计",是龙欲曲,不欲直,曲则吉,直则凶也。上九"亢龙",亢有直义,亢龙即直龙。用九"见群龙无首",群读为卷,群龙即卷龙。②

李镜池采信闻一多之说,亦以龙星解释乾卦爻辞中的"龙":释"潜龙",云"潜龙即秋分的龙星";释"见龙在田",引《汉书·郊祀志》张晏注云"龙星左角曰天田,则农祥也";释"飞龙在天",云"指龙星'春分而登天'";释"亢龙,有悔",引闻一多之说后,云"曲龙吉,直龙凶;曲龙是正常的,直龙则反常";释"群龙",云"卷曲就不见其首。这也是星占"。③

西水坡所出土的这三组蚌壳摆塑图案,动物形象清晰,尤其是龙的形象和后世几乎无别。与龙相对的动物形象虽不甚清晰,但大多数学者认可

---

① 冯时:《中国天文考古学》,社会科学文献出版社 2001 版,第 285 页。
② 闻一多:《闻一多全集》第 10 册《周易编》,湖南人民出版社 1993 年版,第 231—232 页。
③ 李镜池:《周易通义》,中华书局 1981 年版,第 2—4 页。

它是"四灵"中的白虎。在"四灵"中，龙与虎东西相对，龙属阳，虎属阴。濮阳西水坡堆塑龙虎图反映了阴阳交易的《易》学阴阳观。龙、虎之阴阳相对可使人自然地联系到后天八卦方位之震、兑之相对。

二 墓葬与《易》学阴阳观

远古时代的先民将逝者葬于地下，这是对生与死、地上与地下、此岸世界与彼岸世界的一种认识。生死异处，体现了先民的阴阳各归其类的观念。

早在旧石器时代晚期，山顶洞人墓地的发现就已经证明了这种阴阳分判观念的出现。山顶洞人于1930年发现于北京西南周口店龙骨山北京人遗址顶部的山顶洞穴里，并以之而得名。1933年—1944年由裴文中主持进行发掘。遗址出土了石器、骨角器和穿孔饰物、人类化石，同时发现了中国迄今所知最早的墓葬。年代距今18865±420年。"山顶洞分为洞口、上室、下室和下窨4部分。……下室在洞穴的西半部稍低处，深约8米。发现有3具完整的人头骨和一些躯干骨，人骨周围散布有赤铁矿的粉末及一些随葬品，说明下室是葬地。"①

这种墓地埋葬的做法不是人类与生俱来的习俗，正如《孟子·滕文公》云："盖上世尝有不葬其亲者，其亲死，则举而委之于壑。"孟子提到的"上古"可以上溯到周口店出土的北京人生活的时代，那时候可能流行着食人之风，更不可能有墓地了。② 随着人类的进化，思维能力逐渐增强，精神领域逐渐丰富，灵魂观念开始出现，于是产生了埋葬死者的习俗，"事死如事生"。《礼记·祭法》："大凡生于天地之间者皆曰命，其万物死曰折，人死曰鬼。"③ "如果灵魂在人死时离开肉体而继续活着，那就没有理由去设想它本身还会死亡；这样就产生了灵魂不死的观念。"④ 墓葬缘此而产生。

史前埋葬习俗中，一个很显著的特点是：氏族成员的生活区和墓葬区

---

① 中国大百科全书编辑委员会：《中国大百科全书·考古学》，中国大百科全书出版社1986年版，第432页。
② 贾兰坡：《远古的食人之风》，《化石》1979年第1期，第12—13页。
③ （汉）郑玄注，（唐）孔颖达疏：《礼记正义》卷第四十六《祭法》，北京大学出版社2000年版，第1514页。
④ 贾兰坡：《北京人》，《中国历史的童年》，中华书局1982年版，第57页。

逐渐有了明确的区分,一个氏族有一个公共墓地。如,半坡氏族的墓葬共发现250座,其中174座是埋葬成人墓,76座是埋葬小孩的墓。成人墓和小孩墓异地,成人墓多埋葬于聚落居址之外的氏族公共墓地,小孩墓在居住区房屋近旁。① 山东王因大汶口墓葬共发掘899座,分布比较集中。发掘区可分为中区、西区、南区、北区,其中中区2730平方米范围内共发掘696座,此处应是氏族公共墓地的中心区,另外三个区当是氏族墓地的边缘地带。② 这种公共墓地制度在新石器时代是普遍流行的。生活区和墓葬区分地而处,体现了古人活人归阳,逝者归阴的《易》学阴阳分判思想。

氏族公共墓地制度体现了阴阳分判的思想,而墓葬男女异向的现象则体现了阴阳交易的思想。1977年—1978年,广东省博物馆与佛山市博物馆对佛山市河宕乡河南村旁的遗址进行发掘。在对河宕遗址墓地发掘时发现,该墓地存在与死者性别有关的头向截然相反的埋葬风俗,"男性头向西,女性头向东"。③ 发掘者推测:"可能表示男女来自不同的氏族,是族外婚的标志之一。"而我们则认为,男女墓葬朝向不同,反映了"阴阳交易"的《易》学阴阳观。东属阳,西属阴,故女性头向东,男性头向西。在后世《易》学文化中,东对应于震卦,震为长男;西对应于兑,兑为少女。

曾侯乙墓墓室安排也反映了阴阳分判的思想。1978年湖北省博物馆等单位对随县(今随州市)西北郊擂鼓墩附近的曾侯乙墓进行发掘。曾侯乙墓整个椁室分为北、东、中、西四室。其格局为:中室与西室并列;北室与中室在一条中轴线上;东室西壁贴在北室与中室东壁中部。北室放置兵器、车马器等。中室主要乐器。墓主曾侯乙棺出自东室,另有八具陪棺。西室有十三具陪棺。④ 墓主男性居东室,陪葬女性居西室,东为阳,西为阴,反映了《易》学阴阳各归其类的思想。

---

① 中国科学院考古研究所、陕西省西安半坡博物馆:《西安半坡——原始氏族公社聚落遗址》,文物出版社1963年版,第198—200页。

② 中国社会科学院考古研究所:《山东王因——新石器时代遗址发掘报告》,科学出版社2000年版,第146页。

③ 广东省博物馆、佛山市博物馆:《佛山河宕遗址——1977年冬至1978年夏发掘报告》,广东人民出版社2006年版,第121页。

④ 随县擂鼓墩一号墓考古发掘队:《湖北随县曾侯乙墓发掘简报》,《文物》1979年第7期,第1—2页。又见湖北省博物馆《曾侯乙墓》(上),文物出版社1989年版,第19、60—64页。

第三章 考古发现与《易》学"尚中"思想

第一节 《易》学"尚中"思想概述

尚中思想是《易经》固有的基本的思想，并且在《易传》和《易》学中得到继承和发扬。《易经》的内容既包括卦爻象，也包括卦爻辞。它是一部古代的卜筮书无疑，同时也是一部蕴含丰富哲理的书。从卦序排列和卦辞意义考察，卦辞显然经过了有目的的取舍安排，表现了辞作者或编者的价值判断。

一 《易经》中的尚中思想

古籍简约，《易经》亦然，其内容直接示人的只有六十四卦象、六十四卦辞和三百八十六爻辞（含乾卦用九、坤卦用六两条）。书中没有发凡起例的介绍，没有思想主旨的陈说，就连六十四卦是由八卦两两相重组合而成的最为基本的常识，书中也没交代。个中内容只有依靠读者琢磨领会。可以肯定，这些问题对当时的读者是心照不宣、无需赘言的常识，可是到了后来，大多人读不懂了，这样就有了《易传》七种十篇之解说。

关于《易经》卦象关系，有诸多易例，如时、位、应、中、乘、承、比、据等。其中"中"是最显著也是最重要的一种。六十四卦的每一个别卦皆由两个经卦组成上下结构。每一别卦的六爻中第二爻居下卦"中"位，第五爻居上卦的"中"位。《易经》重"中"，以"中"为上、以"中"为尊、以"中"为佳。如，阴爻居第二位、或第五位，是为柔中，阳爻居第二位、或第五位，是为刚中。柔中或刚中之爻，其爻辞多吉。如，坤卦六五爻辞曰"黄裳元吉"，谦卦六二曰"鸣谦贞吉"，泰卦六五曰"以祉元吉"等。是为"柔中"之例；需卦九五曰"酒食贞吉"，讼卦九五曰"讼，元吉"，履卦九二曰"幽人贞吉"等。是为"刚中"之例。

《易经》六十四卦二、五中爻多吉的安排，充分表现了作者的"尚中"思想。

《易经》六十四卦由八卦两两相重而得。各卦六爻，从下至上分别称初、二、三、四、五、上。初、三、五在奇数位，二、四、上在偶数位。阴爻居阴数位、阳爻居阳数位，谓之"得位"；阴爻居阳数位、阳爻居阴数位，谓之"不得位"。一般的原则是：得位就吉，不得位就不吉。然如得位而不中，或不得位而中，则以"中"论吉凶。如需卦九三曰"需于泥，致寇至"，小畜卦九三曰"舆说辐，夫妻反目"，蛊卦六四曰"裕父之蛊，往见吝"，是为得"位"而不"中"占以"凶"之例。坤卦六五曰"黄裳元吉"，需卦九二曰"需于沙，小有言，终吉"，蛊卦九二曰"干母之蛊，不可贞"①，是为不得"位"而"中"占以"吉"之例。"得位"与"得中"易例两相比较，《易经》作者显然更加重视"中"。正如程颐所说："正未必中，中则无不正也。六爻当位者未必皆吉，而二、五之中，则吉者独多，以此故尔。"②

《易经》易例中的"应"，即上下卦三爻皆能两两交感对应，初爻与四爻应，二爻与五爻应，三爻与上爻应。对应之爻须一阴一阳，方为"有应"，俱为阴爻，或俱为阳爻，则为"无应"。一般原则是有应而吉，无应则凶，然如有应而不中，或无应而中，则以"中"论吉凶。如，讼卦六三、上九有应，但六三爻辞曰"或从王事，无成"，上九爻辞曰"终朝三褫之"。是有"应"不"中"占以"凶"之例。又如，坤卦六二、六五无应，但六二爻辞曰"直、方、大，不习，无不利"，六五爻辞曰"黄裳，元吉"。是无"应"而"中"占以"吉"之例。"应"、"中"两易例相比，《易经》更重视"中"。

此外，从《易经》卦序也可看到《易经》作者的尚中思想。上经终于坎、离之纯体，下经终于坎、离之合体（既济、未济）。《周易·说卦》："乾，天也，故称乎父；坤，地也，故称乎母。震一索而得男，故

---

① 按："不可贞"之"不"，注者多以之为否定副词，其实是语气助词。《玉篇·不部》："不，词也。"清儒俞樾《古书疑义举例》卷四"助语用'不'字"例，云："不者，弗也。自古及今，斯言未变，初无疑义。乃古人有用'不'字作语词者，不善读之，则以正言为反言，而于作者之旨大谬也。"根据蛊卦九二《象》辞"得中道也"，蛊卦九二爻辞之占当主吉，"不可贞"即"可贞"。

② （清）李光地编纂，刘大钧整理：《周易折中》卷首《义例》，巴蜀书社2008年版，第12页。

谓之长男;巽一索而得女,故谓之长女。坎再索而得男,故谓之中男;离再索而得女,故谓之中女。艮三索而得男,故谓之少男;兑三索而得女,故谓之少女。"中男、中女之纯体居上经之终,中男、中女之合体居下经之终,体现了《易》学"尚中"观。①

二 《易传》中的尚中思想

在《易经》基础之上,《易传》明确地提出了尚中思想。《易传》的尚中思想,清儒钱大昕曾作过详细的总结。他说:"《彖传》之言'中'者三十三;《象传》之言'中'者三十。其言'中'也,曰'中正',曰'时中',曰'大中',曰'中道',曰'中行',曰'行中',曰'刚中',曰'柔中'。刚、柔非中也,而得中者无咎,故尝谓《易》六十四卦三百八十四爻,一言以蔽之,曰'中'而已矣。"②

但是钱氏统计有误,据清儒惠栋统计,《彖传》言"中"者三十六卦,而非三十三卦,《象》传言"中"者三十九卦,而非三十卦。③

《彖传》言"中"者三十六卦有:蒙卦,需卦,讼卦,师卦,比卦,小畜卦,履卦,同人卦,大有卦,临卦,观卦,噬嗑卦,无妄卦,大过卦,坎卦,离卦,睽卦,蹇卦,解卦,益卦,姤卦,萃卦,升卦,困卦,井卦,鼎卦,渐卦,旅卦,巽卦,兑卦,涣卦,节卦,中孚卦,小过卦,既济卦,未济卦。

《象传》言"中"者三十九卦有:坤卦六五爻,需卦九二爻、九五爻,讼卦九五爻,师卦九二爻、六五爻,比卦九五爻,小畜卦九二爻,履卦九二爻,泰卦六五爻,同人卦九五爻,大有卦九二爻,谦卦六二爻,豫卦六二爻、六五爻,随卦九五爻,蛊卦九二爻,临卦六五爻,复卦六五爻,大畜卦九二爻,坎卦九二爻、九五爻,离卦六二爻,恒卦九二爻,大壮卦九二爻,晋卦六二爻,蹇卦九五爻,解卦九二爻,损卦九二爻,夬卦九二爻、九五爻,姤卦九五爻,萃卦六二爻,困卦九二爻、九五爻,井卦九五爻,鼎卦六五爻,震卦六五爻,艮卦六五爻,归妹卦六五爻,巽卦九

---

① 杨效雷:《吴澄的卦统、卦主、卦变说》,《周易研究》2012 年第 5 期,第 41—49 页。
② (清)钱大昕撰,吕友仁校:《潜研堂文集》卷第三《说·中庸说》,《潜研堂集》,上海古籍出版社 1989 年版,第 39 页。
③ (清)惠栋:《松崖文钞》卷第一《易论》,《续修四库全书》第 1427 册,上海古籍出版社 2002 年版,第 247 页。

二爻、九五爻，节卦九五爻，中孚卦九二爻，既济卦六二爻，未济卦九二爻。

惠栋统计《象传》言"中"卦例时，仅限于统计二爻和五爻，但笔者认为，泰卦六四《象》辞和震卦上六《象》辞亦当统计在内。泰卦六四《象》辞："不戒以孚，中心愿也。"惠栋未统计，但据中孚卦九二《象》辞"其子和之，中心愿也"，亦当反映了"尚中"思想。（按，中孚卦九二《象》辞，惠栋列入《象传》用"中"例）再如，震卦上六《象》辞"中未得也"，惠栋亦未统计。上六爻虽非中爻，然"中未得也"之辞却由六五中爻而来。程颐云："以阴柔不中正之质，而处震动之极，故征则凶也。"①

钱大昕、惠栋仅统计了《彖传》和《象传》用"中"的文例，而未统计其他各传用"中"的文例。据笔者统计，《系辞传》用"中"有两例。

《周易·系辞下》："柔之为道，不利远者；其要无咎，其用柔中也。"②李鼎祚《周易集解》引崔憬曰："言二是阴远阳，虽则不利，其要或无咎者，以二柔居中，异于四也。"③

《周易·系辞下》："《易》之为书也，原始要终以为质也。六爻相杂，唯其时物也。其初难知，其上易知，本末也。初辞拟之，卒成之终。若夫杂物撰德，辩是与非，则非其中爻不备。"④ 其中的"非其中爻不备"，虽前人多从互体角度解释，而笔者认为亦可从"尚中"思想角度理解。韩康伯注："夫彖者，举立象之统，论中爻之义，约以存博，简以兼众，杂物撰德，而一以贯之。"孔颖达疏："谓一卦之内，而有六爻，各主其物，各数其德，欲辨定此六爻之是非，则总归于中爻，言中爻统摄一卦之义多也。"⑤

《文言传》用"中"有五例。乾卦《文言》："龙德而正中者也"，"刚健中正，纯粹精也"，"九三重刚而不中"，"九四重刚而不中"；坤卦《文言》："君子黄中通理。"

---

① （宋）程颐撰，王孝鱼点校：《周易程氏传》，中华书局2011年版，第297页。
② 高亨：《周易大传今注》，齐鲁书社1979年版，第591页。
③ 张文智：《〈周易集解〉导读》，齐鲁书社2005年版，第419页。
④ 高亨：《周易大传今注》，齐鲁书社1979年版，第589—590页。
⑤ 刘玉建：《〈周易正义〉导读》，齐鲁书社2005年版，第424页。

以上《易传》中大量的用"中"文例，充分反映了《易传》的尚中思想。

第二节 考古遗物与《易》学"尚中"思想

一 敖汉陶人与《易》学尚中思想

2012年5月，内蒙古赤峰市敖汉旗东部兴隆沟遗址第二地点采集到红山文化陶人残片。后来将陶人完整复原，高度55厘米，成为上身高度写实，下部写意的盘坐像。"头部戴冠，正中有一圆孔，长发盘折，用条带状饰物捆扎，形成横向的发髻，额顶正中有一横向长条状饰物"（图3-1）①，其时代为红山文化晚期，距今约5300年左右。学术界认为陶人是红山文化晚期的巫和王的形象，认定其为中华祖神。

图3-1 敖汉陶人

陶人的头上戴冠，头发穿过冠顶部后用带状物从左至右附于前，中间形成一道隆起。出土于内蒙古巴林右旗的石人的头上也有一道隆起，古代

---

① 刘国祥、田彦国：《敖汉兴隆沟发现红山文化罕见整身陶人》，《中国文物报》2012年7月18日第1版。

将这道发辫或发饰称之为梁。陶人和石人的梁皆为正中,体现了以中为尊的理念。而这种梁的发辫或发饰在后世得到发展承继,梁的多寡成为官员级别的标志之一。《后汉书》志第三十《舆服下》:"进贤冠,古缁布冠也,文儒者之服也。前高七寸,后高三寸,长八寸。公侯三梁,中二千石以下至博士两梁,自博士以下至小史私学弟子,皆一梁。宗室刘氏亦两梁冠,示加服也。"①

陶人冠上的梁是红山文化先民尊崇"中"的理念的直接表现。

再就是,敖汉陶人的额头正中冠顶上有长条状装饰,这当是帽止。有文章论道,帽正从唐朝已有,尤胜于清朝,帽正又叫帽准,俗称"一片玉",因材料多用玉石类,置于冠的正前方,戴上时对准鼻尖。古人以玉比德,故冠上有帽正是古人君子身份和品德的象征标志。② 实际上帽正的使用远远早于唐朝以前,在三代出土的材料中有大量的类似帽正的饰物。

中国社会科学院考古研究所刘国祥研究员认为:

> 敖汉陶人等文物出土,为中华民族5000多年文明是连绵不断发展,提供出最直接的、重要的考古实证。例如,敖汉陶人额头正中帽顶上长条状的"帽正"就一直延续下来,"帽正"是古代皇帝、王公大臣等有很高身份地位者的佩饰,竟然在5000多年前的陶人上出现,"这是(迄今发现中)绝无仅有的、最早的、独一份的,也是中华文化传承连绵不断的考古证据"。③

结合陶人冠上的梁和帽正可知红山文化先民"以中为尊"的观念产生之早。同时有学者认为陶人冠上的梁"用蓍草结的绳子而为,而蓍草在中国古代为占卜之道具"。④ 如此理解,作为卜筮著作的《易》学中的尚中思想其产生的渊源和先民的思想时尚就更为密切地联系在一起了。

---

① (南朝宋)范晔:《后汉书》,中华书局1965年版,第2666页。
② 邓昭辉、刘路:《帽正小议》,《收藏界》2007年第9期,第97页。
③ 孙自法:《敖汉陶人是中华文明5000多年重要考古实证》,《中国新闻网》2013年4月14日。
④ 张国强、刘晓琳:《红山文化敖汉陶人探析》,《赤峰学院学报》(汉文哲学社会科学版)2013年10期,第4页。

二 凌家滩玉版与《易》学尚中思想

1987年安徽省文物考古研究所等单位对含山长岗乡凌家滩遗址进行发掘。遗址出土了96件玉器，最为典型的是一件玉龟和长方形玉片。[①] 玉片的正面刻有两个同心圆。在内圆和外圆之间刻有八个箭头形，由内向外呈放射状，反映了"尚中"思想。玉片的两个宽边和一个长边边缘磨有宽约0.4厘米、深0.2厘米凹面。两宽边各有5个钻孔，有凹边有九个钻孔，无凹长边有四个钻孔（图3-2）。

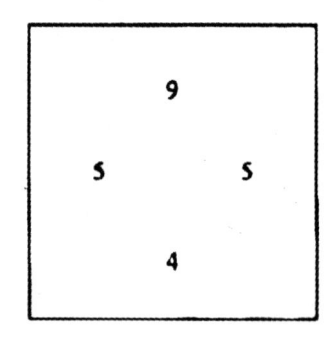

```
         9

   5         5

         4
```

图3-2 凌家滩玉版之数

玉版中"数"的排列非常重视5，而5是1至9自然数的中数，同样反映了古人的"尚中"思想。饶宗颐先生说："这玉版中看不出有'五行'痕迹，当把二个'5'数左右分列；知当时的数理观念已对'5'数非常重视。至于把9和4在上下对立起来，似乎与'地四与天九相得'一义有很接近的因缘。"[②] 邢文先生也认为玉版中对数字5的强调，与河图、洛书中以五居中的关系是值得研究的："凌家滩玉版纹饰所见方圆八极、天下有中的中极意识，与上古'建中立极'的思想及其与天数'5'的关系，是深入探讨凌家滩玉版与河图、洛书及上古宗教、艺术与宇宙思想的重要方面。"[③] 我们认为，将数字5视作中数来思考问题，强调古人

[①] 安徽省文物考古研究所：《安徽含山凌家滩新石器时代墓地发掘简报》，《文物》1989年第4期，第6页；图版壹。

[②] 饶宗颐：《凌家滩玉版——远古表示方位与数（九天）的图纹》，《饶宗颐二十世纪学术文集》卷第一《史溯》，（台北）新文丰出版股份有限公司2003年版，第50页。

[③] 邢文：《数的图式：凌家滩玉版与河图、洛书》，《民族艺术》2011年第2期，第41页。

以己为中心观察外部世界的思维方法,确实是有道理的。

三 数字"五"与《易》学尚中思想

在考古发现的材料中,数字"五"屡见,有时单独出现,有时和其他数字或图案一起出现。后世文献记载将"五"视为中数。朱熹云:"历法合二始以定刚柔,二中以定律历,二终以纪闰余。""问二始、二中、二终之说,曰:'此本《唐志》一行之说。二始者,一、二也。一奇,故为刚;二偶,故为柔。二中者,五、六也。五者,十日;六者,十二辰也。二终者,十与九也。'"① 周大明《远古图符与〈周易〉溯源》中有"天五图",他说:"五是天数(包括生数与成数)一、三、五、七、九的中间数,也是古人思想中天的最原始状态之数,即河图变体合十一图阳数中数。"② 对于不同材料中见到的数字"五",我们认为,都与"尚中"思想有关。

(一)龙岗寺钵

1983年—1984年,陕西省考古研究所汉水考古队对南郑石拱乡龙岗寺遗址进行发掘。遗址出土的龙岗寺半坡类型Ⅰ式钵 T11③:6(图3-3),细泥红陶,口沿外饰黑彩带纹一周,器身下部画有黑彩符号,这一符号当为数字5。③

图3-3 龙岗寺半坡类型Ⅰ式钵

(二)下王岗豆

1971年至1974年河南省博物馆文物工作队和长江流域规划办公室考

---

① (宋)朱熹:《晦庵先生朱文公文集》卷第四十五《答廖子晦》,朱杰人等主编:《朱子全书》第22册,上海古籍出版社、安徽教育出版社2002年版,第2105页。
② 周大明:《远古图符与〈周易〉溯源》,人民出版社2010年版,第26页。
③ 陕西省考古研究所:《龙岗寺——新石器时代发掘报告》,文物出版社1990年版,第27页;图一九,2。

古队河南分队对淅川下王岗遗址进行了发掘。在遗址中有高竹节形柄豆出土 9 件，其中 T14②B: 39（图 3-4）敞口，方唇，浅盘，高而粗的柄上有几周竹节纹，有 3 个近圆形的镂孔，柄中部划有"×"符号，通高 33 厘米、口径 22 厘米。①

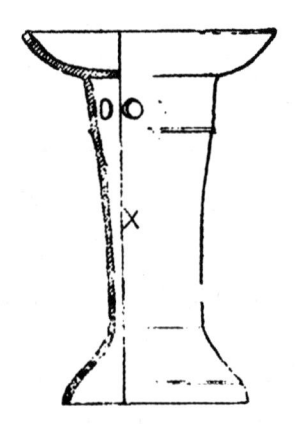

图 3-4　下王岗二里头文化一期陶豆

以上所举两例陶器上的刻划数字五皆为单独存在，旁无所依。在器物上很醒目地刻上数字必有寓意。同样的数字出现在不同的陶器上，一个是陶钵，一个是陶豆，这个数字五和器物当不无关系。在后世流行的所谓"河图"中，一、六居下属水，二、七居上属火，三、八居东属木，四、九居西属金，五、十居中属土；在后世流行的所谓"洛书"中，"五"亦居中央，中央方位属土。陶钵和陶豆皆为取土烧制而成，刻上数字五以示材料，重视本源。另，"五"在先民的观念中或许是重要的吉数，刻"五"于器，有吉祥的寓意。《周易·说卦》："坤为釜。"坤属土，釜、钵、豆属同类器物。因此，"五"与"中"之间的关联无疑是值得思考的。

（三）西安半坡彩陶盆

1954 年至 1957 年，中国科学院考古研究所等单位先后对半坡遗址进行了五次发掘。遗址中出土许多彩陶盆，彩陶盆上绘有鱼纹。

---

① 河南省文物研究所、长江流域规划办公室考古队河南分队：《淅川下王岗》，文物出版社 1989 年版，第 283 页；图二七二，1。

赵国华先生发现了有四种表示"五"条鱼的抽象鱼纹（图 3-5），并认为："半坡人将表示'五'条鱼的抽象鱼纹绘制成特殊的人面鱼纹，并将绘有这种人面鱼纹的彩陶放置在祭祀场地的中央。这又说明半坡人的崇尚'中'的观念。"①

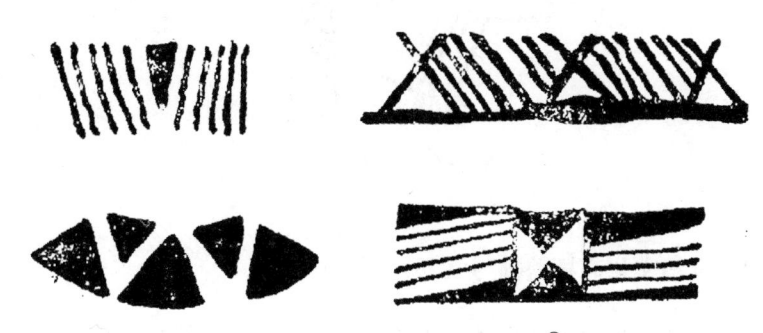

图 3-5　西安半坡出土图案花纹②

半坡彩陶盆上数字"五"的多次出现，说明半坡人以"中"为尚的观点是可信的。再联系到半坡、姜寨等遗址中的房屋建筑（详下），将半坡人重复使用数字"五"理解为以"中"为上，理由就更加充分了。

（四）阎村陶缸

如前所述，临汝阎村鹳鱼石斧图陶缸上刻划有数字"五"。该图上的鹳、鱼和石斧形象我们在探讨《易》学阴阳观一节已有探讨。在这里，我们只关注石斧长柄的中部所刻的"×"符号（图 3-6）。③ 这个符号当为数字五。长斧当是社会首领权力的标志，在权力标志的长斧的长柄中部刻数字五，凸显了拥有者作为权力中心的特殊地位。其尚中思想的体现十分明显。

---

① 赵国华：《八卦符号与半坡鱼纹——从印度的六字真言说起》，苏秉琦主编《考古学文化论集（二）》，文物出版社 1987 年版，第 331 页。按：鱼为阴，数字五为阳，"鱼"与"五"的结合亦为反映《易》学阴阳观的材料。

② 图采自《西安半坡》第 174、175 页。

③ 临汝县文化馆：《临汝阎村新石器时代遗址调查》，《中原文物》1981 年第 1 期，第 3 页；图一：1；图版壹。

图 3-6 鹳鱼石斧图①

四 良渚文化高柄盖罐与《易》学尚中思想

上海青浦福泉山遗址良渚文化的墓葬中出土两件Ⅷ型罐，器物皆由罐身和罐盖两部分组成，直口，矮直颈，扁圆腹，圜底，圆筒形高圈足。盖有高柄。原发掘报告只举出标本M101:2介绍，泥质黑衣灰陶，器表乌黑光亮，罐盖和罐身涂有环罐带状朱红彩，出土时大部分彩绘脱落。罐盖饰有三道凸棱纹，圈足上饰有谷粒形和弧边三角形组合镂孔。器高11.2厘米、口径7.6厘米、盖高10.8厘米（图3-7）。②

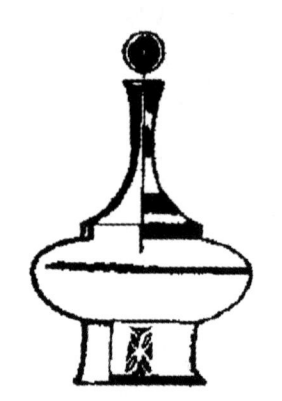

图 3-7 良渚文化Ⅷ型罐 M101:2

---

① 图采自《〈鹳鱼石斧图〉跋》，《文物》1981年第12期，第79页。
② 上海市文物管理委员会：《福泉山——新石器时代遗址发掘报告》，文物出版社2000年版，第119页；图八一，6；图版四三，6。

这件陶罐上色、造型都很独特，高柄盖尤其突出醒目。有学者径直将之名为高柄盖罐，并认为其造型体现了"尚中"思想。①

从整体造型上，高圈足的高度和腹部的高度相当，高圈足的直径大于腹部的半径，达到了挺拔而稳重的艺术效果，"最大限度地体现了'尚中'思想"。高柄罐盖和罐身的高度几乎相等，既有夸张张扬的气势，又有和罐身浑然一体的风格，"确也反映'尚中'思想"。"在整体造型上，将盖钮设计成高柄为点睛之笔；罐身的设计思想通过束腰的高柄得到升华；如果盖钮不为高柄，盖身的造型将失去意义。圈足的高、鼓腹的宽、盖钮的高，似'无可'，又'无不可'，似有偏倚，终无偏倚，在坚守天下正道的前提下，纵横驰骋，上下求索，左右建树，处处精彩，这应是'尚中'的最高境界"。②

第三节　考古遗迹与《易》学"尚中"思想

一　牛河梁积石冢中心大墓与《易》学尚中思想

1983年牛河梁红山文化积石冢得到确认，迄今为止，在河梁地区发现的遗址中有13个地点发现了积石冢。"中心大墓指位置在积石冢中央部位的大墓，目前所知为每个地点一座，牛2Z2M1、牛3M7、牛5Z1M1和牛16M1"。③ 而规模最为宏大的当属牛河梁第二地点Z2M1、第五地点Z1M1和第十六地点16M1。下面就牛河梁第十六地点中心大墓16M1为例讨论这类中心大墓的特征。

首先，该墓规模宏大，墓圹圹口长3.9米、宽3.1米，面积达12平方米，墓圹深近5米。其次，该墓的营造复杂而独特，墓穴直接开凿在山体最坚硬的花岗片麻岩的岩脉上，显示了墓主的尊崇身份。最后，墓主人随葬玉器有8件，有玉人、玉鸮、玉镯、玉环、玉斜口筒形器等，其特点是数量多、形体大、规格高、种类齐全而独特。这些随葬玉器表明了墓主

---

① 肖凤春：《良渚文化高柄盖罐的"尚中"思想》，《四川文物》2009年第1期，第41—44页。
② 肖凤春：《良渚文化高柄盖罐的"尚中"思想》，《四川文物》2009年第1期，第43页。
③ 郭大顺：《红山文化的"唯玉为葬"与辽河文明起源特征再认识》，《文物》1997年第8期，第20页。

人"既是通神的大巫,又是世俗的管理者,是目前已知红山文化晚期级别最高的宗教领袖,可能具有王者或以团体为本位的复杂酋帮社会盟主的身份"。①

有学者认为"这些中心大墓,以中小型墓陪衬,封土积石,形成方或圆形的巨大冢丘,高耸于山岗之巅,又层层迭起,充分显示了中心大墓墓主人一人独尊的身份地位。他们首先是通神的独占者,是宗教主,同时也已具备了王者身份"。② 很明显葬于积石冢中心地点的人,社会地位高贵,离中心地点越远的死者社会地位就越低。中心大墓的墓主大巫身份的认定,与红山文化先民以中为尊的风俗结合起来思考,自然就和作为巫筮文化典籍的《易》学有了一种天然的联系。

另外,有学者据牛河梁红山文化的庙、坛、冢的布局呈现S形,认为这种布局是古太极图,并将之和先天八卦相联系。③ 虽然其联系不免有些牵强,但牛河梁地区的积石冢的布局一定体现了先民的某些思想观念,应是无疑的。"显然,红山先民是有意识地精心选择了这块宝地,巧妙地顺山势、定方向","构成气势磅礴、意境深远的人文景观,其背后必有一个必须遵守的思想观念作指导"。④

二 原始聚落、祭坛与《易》学尚中思想

从考古出土的文字记载考察先民何时有了东西南北中五方的观念时,有学者认为殷商时已经有了东西南北四方位的记录,而四方观念的形成自然是以观察者自己为中心作为参照才有的区分。⑤ 从空间艺术的建筑考察先民的空间方位观念和尚中思想及其起源当是最为直接的捷径。

考古发现的原始聚落建筑使用时间有先后之分,结构有方形圆形简单复

---

① 辽宁省文物考古研究所:《牛河梁第十六地点红山文化积石冢中心大墓发掘简报》,《文物》2008年第10期,第4—13页。

② 郭大顺:《红山文化的"唯玉为葬"与辽河文明起源特征再认识》,《文物》1997年第8期,第23页。

③ 朱成杰:《红山文化研究的新发现——牛河梁红山文化庙、坛、冢的八卦布局》,《辽宁师专学报》(社会科学版)1999年第1期,第125—128页。

④ 辽宁省考古研究所:《牛河梁红山文化遗址与玉器精粹》,文物出版社1997年版,第36页。

⑤ [美]艾兰著,汪涛译:《龟之谜:商代神话、祭祀、艺术和宇宙观研究》(增订版),商务印书馆2010年版,第129—132页。

杂之别，数量之多使人眼花缭乱，合理的分类是研究的基础。有学者从单体建筑、单体聚落和大型聚落三个方面进行归类，是一种行之有效的好方法。①

首先，考古发掘的远古先民最早的房屋就是单体建筑。这类建筑结构简单，突出特点是房屋中心部位有一个或几个中心柱支撑屋架。如，西安出土的半坡类型的圆形房子（图3-8），中间有立柱以支撑屋顶。② 甘肃秦安大地湾出土的仰韶文化晚期的房子（图3-9）面积很大，房址平面呈长方形，四面墙有二十四根倚柱，房子中间有两根内柱。③

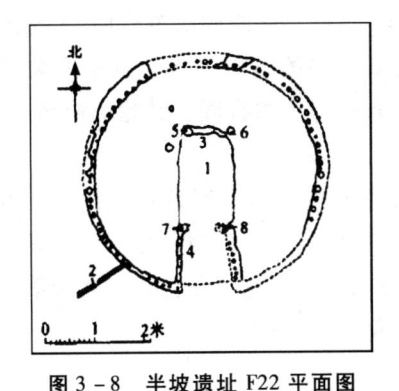

图3-8 半坡遗址 F22 平面图　　图3-9 大地湾遗址 F405 平面图

1. 灶坑；2. 墙壁支柱遗留的炭化痕迹；　　3、4. 隔墙遗迹

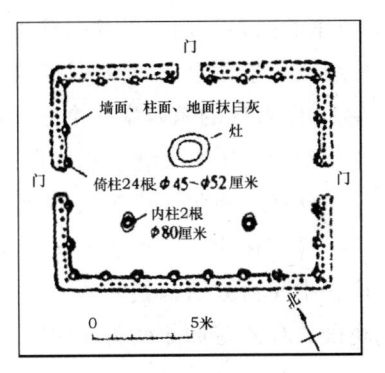

以上两例的圆形和长方形房子中间皆有支柱，其中间的平衡点必须确定，屋脊高高搭起，建造者对"中"位应该有了一定的认识。

其次，几个单体建筑的聚落，多有大房子或中央广场设置在中心位置。如，半坡房屋的分布有规可循，房屋朝向一致，房距大体相等。"在已发掘的遗址北部，小房屋的门向都是向南，朝着第1号大方房子，在大方房子的南边未进行发掘，情况不清楚。根据宝鸡北首岭遗址房子门向都向中央广场的情况推测，半坡房子的平面分布可能是环绕大房子而开门排列的。"④

---

① 郑晓旭：《试论中原地区原始聚落、居住建筑的尚中思想及其缘起》，《濮阳职业技术学院学报》2010年第2期，第49页。
② 中国科学院考古研究所、陕西省西安半坡博物馆：《西安半坡》，文物出版社1963年版，第25页；图二五。
③ 钟晓青：《秦安大地湾建筑遗址》，《文物》2000年第5期，第66页；图三。
④ 中国科学院考古研究所、陕西省西安半坡博物馆：《西安半坡》，文物出版社1963年版，第42页。

又次，在大型聚落群中，处于中心位置的是最大规模的聚落，即中心聚落。中心聚落出现在仰韶文化后期。严文明先生认为："聚落之间的分化是沿着两个方向进行的。一方面是聚落大小逐渐向两极分化，以至出现中心聚落和半从属的聚落这样不同的等级；另一方面是聚落功能的分化，除一般性居民点外，还出现了专业性经济中心和宗教中心等。"①

最后，从考古发现的具有宗教意义的祭坛建筑中，我们也可以明显地看到古人的尚中思想。内蒙古大青山地区出土了两个祭坛，一个是阿善祭坛（图3-10），另一个是莎木佳祭坛（图3-11）。② 阿善遗址在包头市东15公里的阿善沟门东的西台第南端。祭坛是一组建筑群，由18座圆锥形石堆组成，按南北方向纵列排放，最南端的石堆最大，其中心地位显著。在18座石堆的东西南三个方向修有相连接的石墙，其轮廓像葫芦形。祭坛年代约处于阿善文化三期晚段。

莎木佳祭坛在包头市东大约20公里的大青山角下的莎木佳村，由三个小丘组成，在西南—东北方向形成一条中轴线上的对称分布。南丘为圆形石块，中间为方坛，最北端为二重方坛。莎木佳祭坛出现于阿善第三期文化晚段，^{14}C 测定的年代为 4240 ± 80 年。

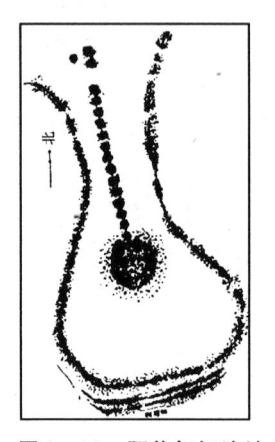

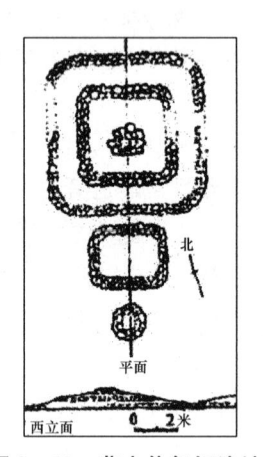

图3-10　阿善祭坛遗址　　图3-11　莎木佳祭坛遗址

---

① 严文明：《中国新石器时代聚落形态的考察》，本书编辑组《庆祝苏秉琦考古五十五年论文集》，文物出版社1989年版，第31页。

② 包头市文物管理所：《内蒙古大青山西段新石器时代遗址》，《考古》1986年第6期，第488—495页；图八，图一六。

综上所述，先民在单体建筑的建造中首先要确定房屋的中心点，确定中心柱的位置。不论是圆形房屋或者是方形房屋，中心柱的确立显示了先民"立柱而居"的事实。这也是后世在各类定型建筑中确立的"建中立极"思想的早期体现。以大房屋或中央广场为中心的聚落布局以及环壕聚落的出现，都是先民以中为尚、以中为佳的观念的发展。这种观念和原始巫筮信仰相交织，最终影响着《易》学尚中思想的发展。史前的建筑从比较简陋的房屋到用于祭祀的祭坛都明显按照中心点或中轴线对称建造，尚中思想的内涵十分清楚。随着历史的进程，大型聚落、史前城址、商周王城无不遵循中轴对称的尚中思想。

三 史前城址与《易》学尚中思想

龙山文化时期，大型聚落群开始逐渐演化为城址，如河南淮阳平粮台[①]、登封王城岗[②]，湖北天门石家河土城和内蒙古凉城老虎山[③]等地。

这类史前城址，平粮台保存较完整，可以之为典型考察其特征。平粮台古城城址为正方形，长宽均为185米，这是非常独特的（图3-12）。这时的城址多因地制宜，依山傍水安排布局，虽有方形，多不规整。像平粮台这样如此规整的方城以前还没有发现。城址发掘出十余座房间，长方形排房占多数。房基有的建在高台上，有的建在平地。如四号房基原来就是一座高台建筑，台高0.72米，房屋长15米多，宽5.7米。[④] 这个房屋明显比平地起建的房子要大得多，建在高台上给人以高大的观感，此房屋当是一座有中心意义的大房子。

[①] 河南省文物研究所、周口地区文化局文物科：《河南淮阳平粮台龙山文化城址试掘简报》，《文物》1983年第3期，第21—36页。

[②] 河南省文物研究所、中国历史博物馆考古部：《登封王城岗遗址的发掘》，《文物》1983年第3期，第3—20页。

[③] 田广金：《凉城县老虎山遗址1982—1983年发掘简报》，《内蒙古文物考古》1986年第4期，第38—47页。

[④] 河南省文物研究所、周口地区文化局文物科：《河南淮阳平粮台龙山文化城址试掘简报》，《文物》1983年第3期，第27—30页；图一六。

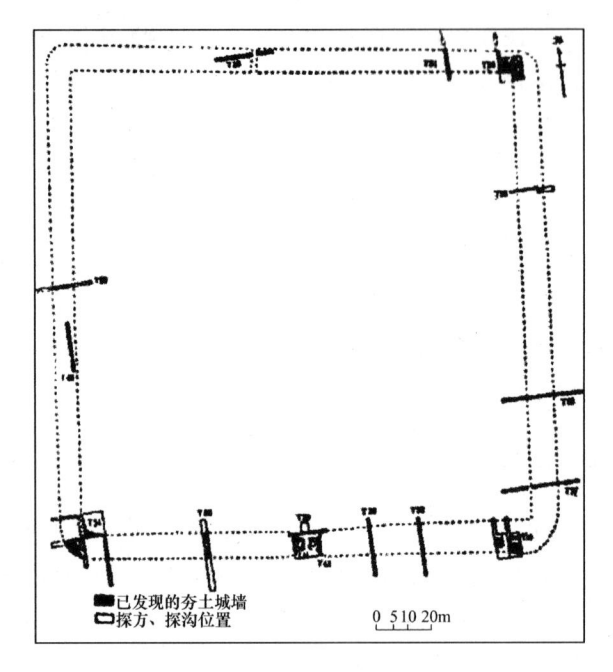

图 3-12 平粮台古城平面示意图

从以上所举考古材料可知，先民以中为尊的观念出现很早。这种观念不仅在许多出土的物品上皆有体现，而且在史前城址中也有突出表现。何驽先生在论述陶寺出土的圭尺"中"与"中国"称谓的由来时，认为陶寺文化的都城选址是按照"立中"的原则实施的，他论道：

> 建立都城，必须遵循王者居中、王者与天帝交通的意识形态，"立中"方法，依照夏至影长1.6尺或1.5尺标准确立地中，以定都城选址。严格说，依据夏至影长确定地中标准与都城选址行为是一个辨证的关系。夏至影长作为地中标准，并非地理位置上严格意义上的中心，最初始为政治霸权中的话语霸权。也就是最初的政治霸权中心可以将自己本地的夏至影长规定、宣称为"地中标准"。一旦形成地中为"以绍上帝唯一通道、故而王者居中"的政治意识形态后，后世的王者有试图寻找夏至影长符合"地中理论标准"的地点作为都城选址，以附会"地中标准"，这又称为"寻中"或"求中"。出于不同的政治目的，地中标准可以继承，也可以变更。

继承者标榜自己是先贤之继大统者,变更者则表明自己顺行天意革故鼎新。①

陶寺城址是按照依山傍水的原则选址,城址平面设置并不像这个时期的平粮台城址那样方正规则,其尚中理念本不易理解,但是何驽先生以陶寺出土的圭尺"中"为切入点,论证了陶寺城址的选址原则,从而使陶寺城址和尚中理念建立了关联。"正日影,以求地中"的原则在传世文献中多有记载。如,《周礼·夏官·土方氏》:"掌土圭之法,以致日景。以土地相宅,而建邦国都鄙。"②《周礼·考工记》:"土圭尺有五寸,以致日,以土地。"③《周礼·春官·典瑞》:"土圭以致四时日月,封国则以土(度)地。"④《周礼·大司徒》:"以土圭之法测土深,正日景,以求地中。……日至之景尺有五寸,谓之地中;……乃建王国焉。"⑤

上引材料是对东周后期都城选址"建中"原则的记载,可见"建中"原则在这时已普遍确立。根据何驽先生的论述,"建中"原则可以上溯至陶寺文化时期,当然其思想渊源可以追溯得更远。

四 三代城址与《易》学尚中思想

如果说平粮台古城、陶寺古城与尚中思想的关联尚不十分明确的话,那么二里头文化以后的三代城址则突出体现了设计者的尚中思想。以尚中思想观照三代城址规划,如合符契。三代以后的城址,如汉魏洛阳城、隋唐长安城、元大都以及明清北京城等,都沿袭了三代城址规划的尚中理念。

---

① 何驽:《陶寺圭尺"中"与"中国"概念的由来新探》,《三代考古》(四),科学出版社2011年版,第85—119页。

② (汉)郑玄注,(唐)贾公彦疏:《周礼》卷第三十三,北京大学出版社2000年版,第1034—1035页。

③ (汉)郑玄注,(唐)贾公彦疏:《周礼》卷第四十一,北京大学出版社2000年版,第1314页。

④ (汉)郑玄注,(唐)贾公彦疏:《周礼》卷第二十,北京大学出版社2000年版,第633页。

⑤ (汉)郑玄注,(唐)贾公彦疏:《周礼》卷第十,北京大学出版社2000年版,第295—297页。

（一）二里头遗址宫城

二里头文化得名于偃师二里头遗址，二里头遗址自1959年[①]发现至今已经发掘了六十余次。二十一世纪初对二里头都邑的探索复原了一座总面积近11万的二里头的宫城（图3-13），始造时间约在公元前3700年以前，其形制方正规整，稳定有序，此为迄今所知中国古代都城中最早的宫城遗存[②]，"堪称中国古代宫城的祖源"[③]。

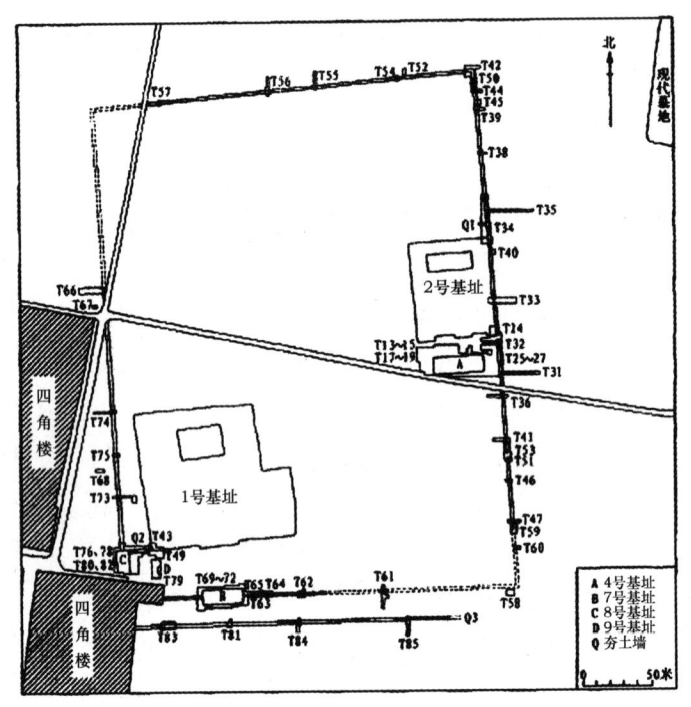

图3-13 二里头宫城平面示意图[④]

二里头宫城内存在着数十座大中型夯土建筑基址，其中属于二里头文化晚期的两组大型建筑基址群最有代表性，分别标示1号、2号的大型宫

---

① 徐旭生：《1959年夏豫西调查"夏墟"的初步报告》，《考古》1959年第11期，第592—600页。
② 许宏：《最早的中国》，科学出版社2009年版，第82页。
③ 桂娟：《偃师二里头发现3600多年前"紫禁城"——迄今为止发现的最早宫城，堪称中国古代宫城的祖源》，《新华每日电讯》2004年7月21日第4版。
④ 图采自《考古》2004年第11期，第4页。

殿基址，其格局设计皆有明确的中轴线。这种以中轴线规划的宫室建筑特点，和《易》学尚中思想是一致的。二里头遗址宫城是二里头文化的核心代表，其绝对年代"不早于公元前1900年，不晚于公元前1500年，前后延续300多年或将近400年"。① 二里头宫城的主要建筑群包括1号、2号等夯土基址皆兴建于二里头文化三期。②

二里头宫城不论是属于夏文化抑或归于早商文化，它是迄今考古发现的第一个王朝宫殿是确定无误的，被称为"华夏第一王都"。二里头宫城大型宫殿建筑群的中轴线的建筑格局所体现的《易》学"尚中"思想在《吕氏春秋·慎势篇》中有恰当的总结："择天下之中而立国，择国之中而立宫，择宫之中而立庙。"这段记载是对战国时各国宫殿布局实况的描写，由此可知，这种体现"尚中"思想的王宫建筑格局从二里头遗址发轫一直传承发展到战国，并且自此以降，历代王朝都强化重视"尚中"理念，到了明清的"紫禁城"运用到了极致。

（二）郑州商城

郑州商代王城位于郑州市区，发现于1955年，平面几近长方形，东墙1700米、南墙1700米、西墙1870米、北墙1690米，总面积为300万平方米（图3-14）。城址的建造年代被确定为二里岗下层二期，亦有主二里岗下层一期的说法的③，属于早商文化。现已经发掘整理了三个宫殿基址，其中第15号夯土建筑基址C8G15（图3-15）保存得最好，其布局和时代与湖北黄陂盘龙城商代宫殿遗址F1相近。通过复原可能"是一座九屋重檐顶带回廊的大型寝殿"。④ 从郑州商代王城代表性的宫殿基址看，其中轴线结构的布局明显，与《易》学的尚中思想一致。

---

① 夏商周断代工程专家组：《夏商周断代工程1996—2000年阶段成果报告》，世界图书出版公司2000年版，第76—77页。

② 中国社会科学院考古研究所二里头工作队：《河南偃师市二里头遗址宫城及宫殿区外围道路的勘察与发掘》，《考古》2004年第11期，第12页。

③ 陈旭：《郑州商文化的发现与研究》，《中原文物》1983年第3期，第21—33页；高煦：《略论二里岗期商文化的分期和商城年代——兼谈其与二里头文化的关系》，《中原文物》1985年第2期，第48—58页。

④ 河南省文物研究所：《郑州商代城内宫殿遗址区第一次发掘报告》，《文物》1983年第4期，第7页；图一一。

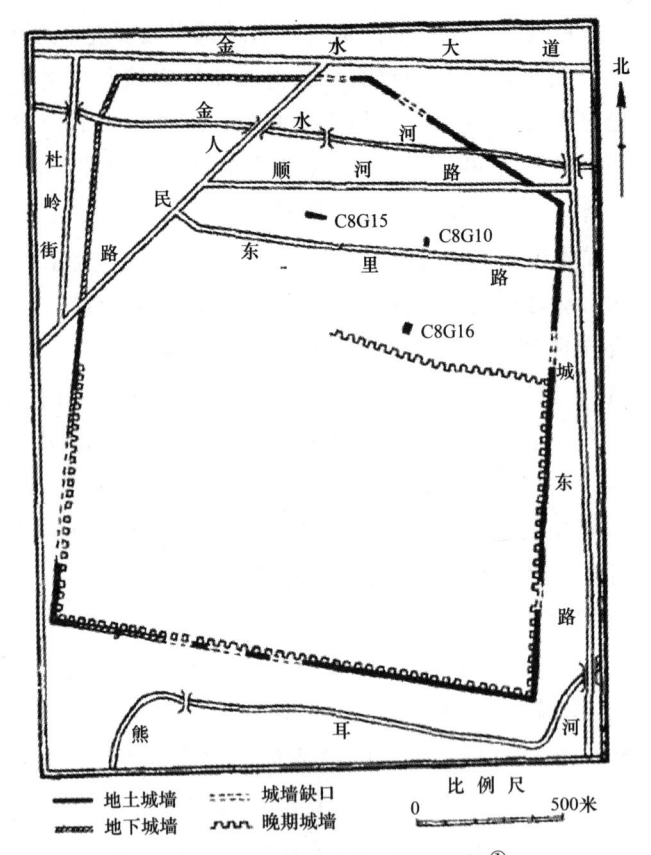

图 3–14　郑州商城平面示意图①

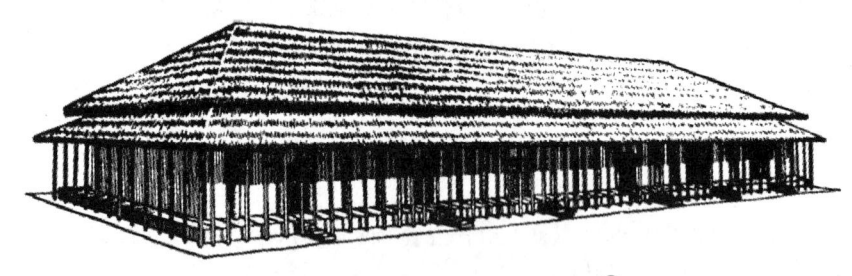

图 3–15　郑州商城 C8G15 复原图②

---

① 图采自《郑州商代城内宫殿遗址区第一次发掘报告》,《文物》1983 年第 4 期,第 1 页。
② 图采自《文物》1983 年第 4 期,第 7 页。

（三）偃师商城

偃师商城时代上属于早商文化，这与郑州商城一样。① 从发掘结果看，其布局更为清楚，对商代早期宫室制度的研究提供了有力的材料。

偃师商城发现于1983年，自此以后，对它的研究一直是考古界的重要课题，直到2001年才逐步对之有了较为全面的认识。

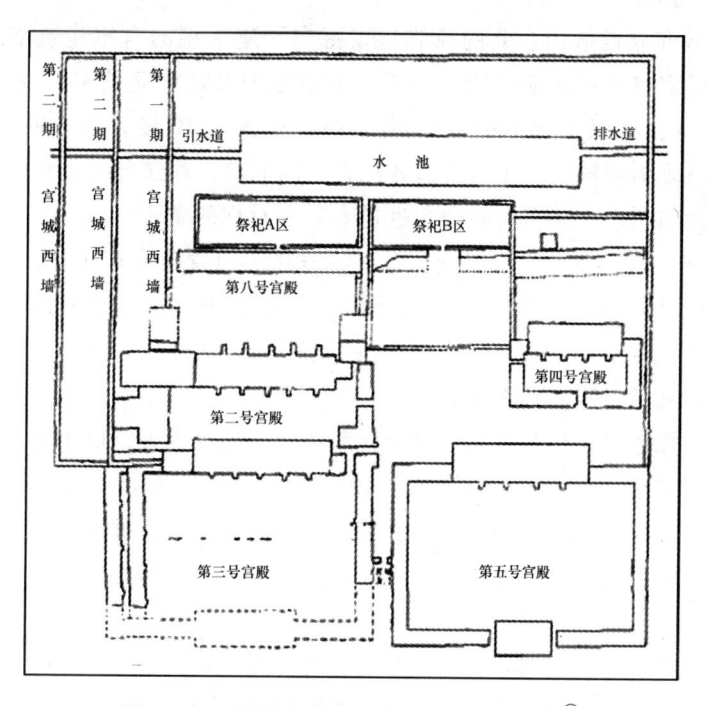

图3-16 偃师商城第三期宫城平面示意图②

偃师商城宫城宫殿的布局和建筑特点有四：一为宫庙分离，对称布局；二是前朝后寝；三是单元封闭，坐北朝南，中轴对称；四是庖厨独立。③

城市中轴线布局是中国古代城址的显著特点之一。"夏王朝时期，城

---

① 刘庆柱主编：《中国考古发现与研究（1949—2009）》，人民出版社2010年版，第214页。
② 图采自《偃师商城宫城布局与变迁研究》，《中国历史文物》2006年第6期，第13页。
③ 王学荣、谷飞：《偃师商城宫城布局与变迁研究》，《中国历史文物》2006年第6期，第9页。

内布局便出现'中轴线'概念。城市布局的'中轴线'思想在商代得以充分发挥。……'中轴线'原则虽然在战国城市发展中偶然曾被突破,但作为中国城市的一种基本布局思想,在后世城市建设中一直扮演着决定性角色。"①

(四) 西周王城

1. 周原西周建筑宫室

1976年陕西岐山东北的凤雏村发掘出一座大型的宫室建筑基址,编号为甲组宫室建筑基址(图3-17)。这座建筑基址南北长45.2米、东西宽32.5米,总面积达1469米。南北向,偏西北10度,以影壁、门道、前堂和过廊为中轴线,东西两边各配置8间厢房。建筑分前堂和后室两部分。前堂南边有中院,中院南边过道有东西对称的东西门房,再往南是前院和影壁。后室分东西两部分,有回廊连接。后堂前有东小院、西小院,再往南就是前堂了。整个建筑有回廊相连接,组成了一前后两进、东西对称的封闭性院落。② 从这座建筑基址的结构上可以看到,西周初年的建筑样式已经和后世没有什么区别了。

岐山凤雏村甲组建筑基址属于大型的宫室建筑遗址,位于周人由岐迁丰之前,其使用的下限当延至西周晚期,^{14}C测年数据为公元前1095±90年。其形状规则程度对比于二里头王城、郑州商城及偃师商城显然有更大的提高,抑或说已经非常成熟定型,和后世的宫室建筑尤其是四合院式的建筑别无二致。

由此可知,西周初年在建筑布局理念上对商文化的继承和发展,而严格的中轴对称,堂室房厢的有序布局充分体现了尚中重位的思想理念。这与《易》学尚中思想达到了高度一致。

---

① 刘庆柱主编:《中国考古发现与研究(1949—2009)》,人民出版社2010年版,第198页。

② 陕西周原考古队:《陕西岐山凤雏村西周建筑基址发掘简报》,《文物》1979年第10期,第27—34页。

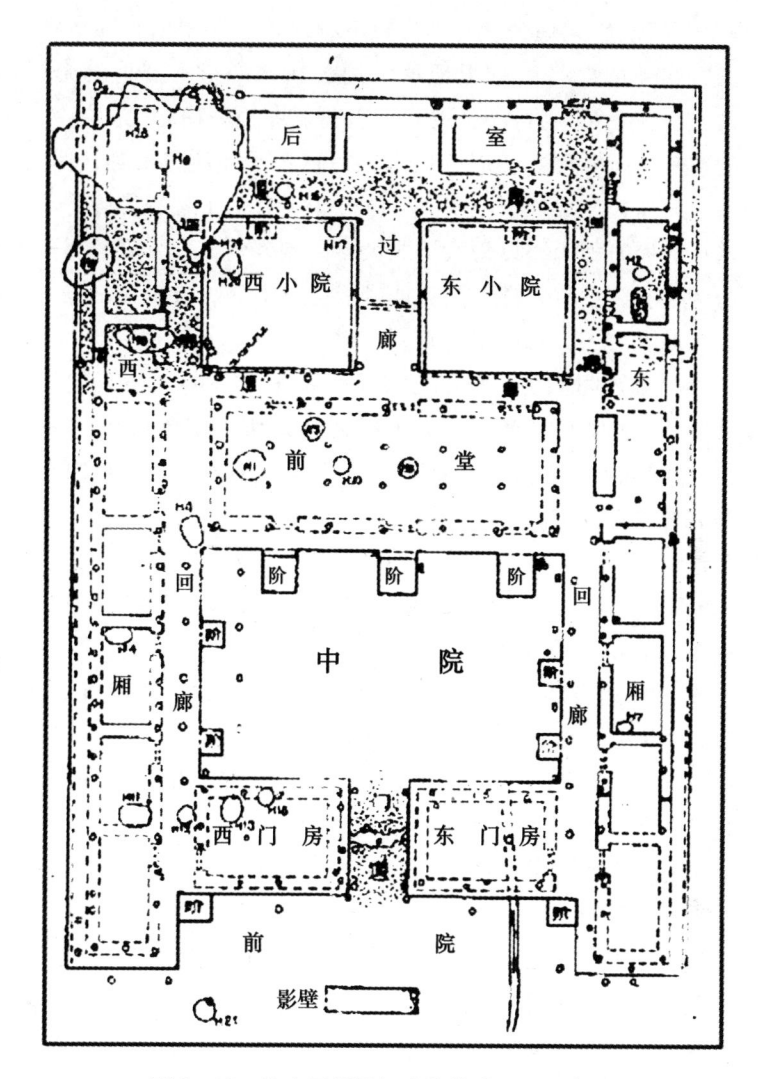

图 3-17 岐山西周甲组建筑基址平面示意图

2. 西周东都成周

西周的都城是镐京，周公东征平叛后，为加强对中原地区的统治，"成王在丰，使召公复营洛邑，如武王之意"①，即在洛邑建设东都成周。文献对建设东都成周多有记载。

---

① （汉）司马迁：《史记》卷第四《周本纪》，中华书局1959年版，第133页。

《尚书·洛诰》记周公说："我乃卜涧水东、瀍水西，惟洛食。我又卜瀍水东，亦惟洛食。"① 这里记载了周公在选择东都城址时先行占卜，占卜了两次，占卜结果为吉兆。"食"为得吉兆而采用之义。

《逸周书·作洛篇》："周公敬念于后曰：予畏周室不延，俾中天下。及将致政，乃作大邑成周于土中。立城方千七百二十丈，郛方七十里，南系于洛水，北因与郏山，以为天下之大凑。制郊甸方六百里，因西土为方千里。分为百县，县有四郡，郡有四鄙。大县立城，方王城三之一。小县立城，方王城九之一，都鄙不过百室，以便野事。"②

据《逸周书》可知周公作洛的布局和规格。《周礼·考工记》记载天子都城之制："方九里，旁三门。国中九经九纬，经涂九轨，左祖右社，面朝后世。"都城布局为方形，街道正角交叉，中规中矩，反映了秩序严整的审美和统治理念。

周公选洛为东都的目的是"俾中天下"，即使其为天下之中，同时"作大邑成周于土中"，即洛本来在地理位置上就是天下的中心。周人以中为尚的观念表现得特别明显。

1963 年在陕西宝鸡出土何尊，铸于西周成王时期，尊内底铸铭文 12 行、122 字。其中"余其宅兹中国"等语，记录了成周建设的史实，和文献记载是一致的。"中国"一词首见于此，指中原洛阳地区，所以许宏在介绍二里头的专著中，称二里头为"最早的中国"。③

（五）东周城址

1. 东周王城

《国语·周语》记载："榖（涧）洛斗，将毁王宫。"可见，东周王城及其宫殿区应靠近涧水入洛水处（图 3-18）。考古发现的东周王城的位置与之相合。遗址居洛水北，而涧河从城址西部流过。城址几近方形，从东周初年一直到秦汉例有增补。城址中部和偏南部发现有大型夯土建筑基址，应该是宫殿区。④ 其布局虽然不太明晰，可根据西周典型王城和宫

---

① （汉）孔安国传，（唐）孔颖达疏：《尚书正义》卷第十五，北京大学出版社 2000 年版，第 478 页。
② 黄怀信、张懋镕、田旭东：《逸周书汇校集注》，上海古籍出版社 1995 年版，第 559—566 页。
③ 参见许宏《最早的中国》，科学出版社 2009 年版。
④ 中国科学院考古研究所洛阳发掘队：《洛阳涧滨东周城址发掘报告》，《考古学报》1959 年第 2 期，第 15 页。

殿布局特点以及文献对建筑的记载，东周王城的布局应该沿袭继承了西周都城的建设制度。

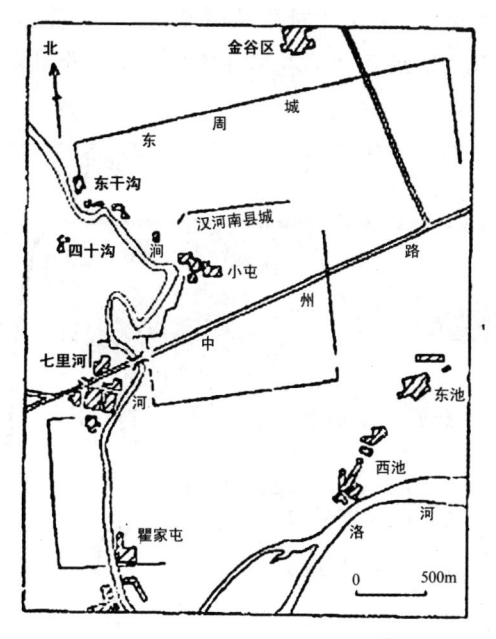

图 3-18　洛阳东周城址图①

2. 曲阜鲁国故城

1977 年至 1978 年山东省文物考古研究所等单位对曲阜鲁国故城进行了考古发掘。鲁国故城是周公长子伯禽的封地。该城平面为长方形，但不很规则，东西最宽处约 3.7 公里，南边最长处约 2.7 公里，面积有 10 平方公里。共发现了十条主要交通干道，东西向的五条，南北向的五条。该城布局相对规整，有城门 11 座，东、西、北各三座，南面有两座，各门都有城内大道相连，宫殿基址基本处于南北中轴线上。另外，最为值得关注的是，鲁故城的中部和中南部发现了大型夯筑基址②，其中"高五丈，

---

① 图采自张之恒主编《中国考古通论》，南京大学出版社 1991 年版，第 219 页。
② 山东省文物考古研究所、山东省博物馆等编：《曲阜鲁国故城》，齐鲁书社 1982 年版，第 4、12、25 页。

周五十步"①的周公台位于鲁国故城的中部偏东,居于全城地势最高之处,当为城中最尊崇的位置。

鲁国对周礼的尊崇和继承是比较典型的。《左传·昭公二年》:"(韩宣子)见易象与鲁春秋,曰:'周礼尽在鲁矣。'"②鲁国故城对西周城址规划"尚中"理念的继承是"周礼尽在鲁矣"的一个注脚。

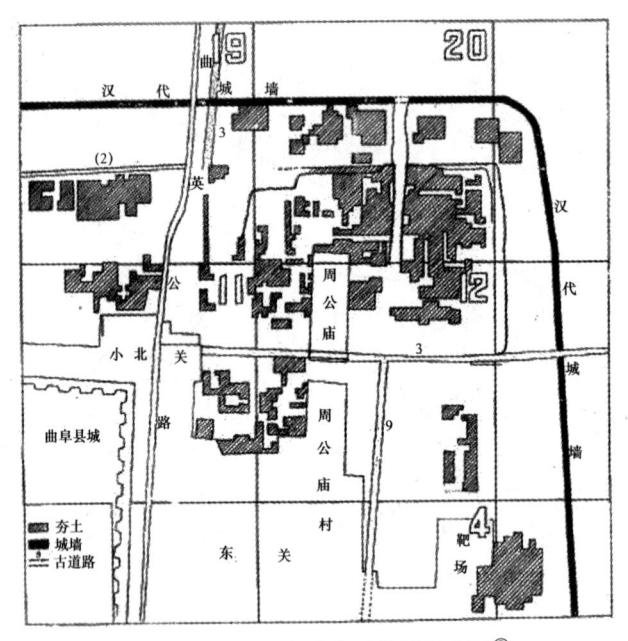

图 3-19 周公庙建筑群基址示意图③

---

① (北魏)郦道元:《水经注》卷第二十五《泗水注》,《文渊阁四库全书》第573册,(台湾)商务印书馆1986年影印。
② 杨伯峻:《春秋左传注》,中华书局1990年版,第1226页。按:杨伯峻先生以《易》、《象》为两种书,杨氏注云:"《易》乃《周易》其六十四卦与《卦辞》、《爻辞》作于西周初,《十翼》则战国至西汉之作品,韩起不及见。人多以'《易象》'连读,为一事,今从宋王应麟《困学纪闻》卷六说分读,与《易》为二事。"
③ 图采自山东省文物考古研究所等编《曲阜鲁国故城》,齐鲁书社1982年版,第12页。

第四章　考古发现与商周筮数易卦

第一节　考古发现商周筮数易卦综述

今本《周易》在战国时就已经定型，或者换句话说，至晚到战国时，《周易》的卦形、卦辞以及《易传》已经和今本《周易》基本相同了。这种观点随着上海博物馆藏战国楚竹书《周易》的公布，结合西晋出土的战国魏王墓汲冢书之《周易》材料以及文献对《周易》的记载，已经得到比较普遍的认可。由此上溯商周，探究《周易》正式定型之前的早期易学的发展，就变得很是必要了。早期易学的发展情况，由于缺乏更多的具体的文献记载，而难以做出信而有征的确切判断。

商周筮数易卦材料的大量发现为探究早期《易》学提供了重要契机。商周器物上所载有关易卦的材料，自北宋末一直到二十世纪五十年代，陆续有所发现、著录，但当时皆以之为文字或者族徽符号，未能对《周易》的探源研究产生作用。自二十世纪五十年代，随着对商周遗址大量有组织地发掘，在器物上发现由数字组成的符号逐渐增多，而引起学者们的兴趣和注意。到了1978年末，张政烺先生提出了以数字奇偶转《周易》阴阳爻的原则释读这类考古发现的数字符号。从此，逐渐有更多的学者认可这一原则并进行深入研究，对商周时期的《易》学研究进入了一个新阶段。时至今日，这种考古器物上的数字符号可以被称为"筮数易卦"。对筮数易卦的研究，学术界已经进行了三十多年，对筮数易卦卦例的搜集已够丰富，相关成果也有不少，有必要对这些材料进行整合，对前人相关观点加以辨析，进而理出一条商周时期《易》学的发展脉络。

本节内容主要就是梳理发掘报告或论文中的筮数易卦卦例，并依时代先后为序，加以排列。这类材料力争全面。另外，本节还对文献著录中的卦例进行搜集，对这类材料，按文献标注的时代排列，文献没有明确时代的材料则统一附于后面。

一 考古所见殷商时期的筮数易卦

（一）卜甲、卜骨上所见易卦

1.

◎ "七八七六七六"

◎ "八六六五八七"

◎ "七五七六六六"

1950年河南安阳殷墟四盘磨SP11探坑出土的卜骨（图4-1），上刻三个筮数易卦和文字，按上中下的顺序为："七八七六七六，曰由（思）女；八六六五八七；七五七六六六，曰由（思）女。"因当时对筮数易卦还缺乏认识，未能释读，故原发掘报告称："内有一块卜骨横刻三行小字，文句不合卜辞通例。"① 三组筮数依次可释读成《周易》未济卦、明夷卦、否卦。

自从此卜骨发掘后，对上下两组筮数后的文字释读就有分歧。唐兰先生将上辞释读为"奏曰隗（当即隗字）"，下辞为"夒曰魁"。② 张政烺先生将之分别释为"曰魁"、"曰隗"③，认为"隗"、"魁"两字是神农氏之号，并将之与《连山易》相联系。管燮初先生将之分别释为"曰隗、曰畏"。④ 曹定云先生认为上组当隶定为"曰隗"，下组最后一字确从"鬼"旁，但其余笔画不清，难定存疑。⑤ 李学勤先生释读为"由（斯）囗"。⑥ 李零先生断定上下组最后一字实为两字，皆当释为"由（思）女"二字。⑦ 此种释读的差异，实际上对张政烺先生观点的质疑。

---

① 郭宝钧：《一九五〇年春殷墟发掘报告》，《中国考古学报》第五册，1951年，第56页。
② 唐兰：《在甲骨金文中所见的一种已经遗失的中国古代文字》，《考古学报》1957年第2期，第33页。
③ 张政烺：《试释周初青铜器铭文中的易卦》，《考古学报》1980年第4期。
④ 管燮初：《商周甲骨和青铜器上的卦爻辨识》，《古文字研究》第六辑，中华书局1981年版，第146页。
⑤ 曹定云：《殷墟四盘磨"易卦"卜骨研究》，《考古》1989年第7期，第637页。
⑥ 李学勤：《周易溯源》，巴蜀书社2006年版，第205—206页。按：李学勤先生认为此卜骨根据形制特点属殷商，但根据卜辞中"斯……"句式，属于周原，推定此卜甲属于周人系统。可参看李学勤、彭裕商《殷墟甲骨分期新论》，《中原文物》1990年第3期，第37—45页；罗西章、王均显《周原扶风地区出土西周甲骨的初步认识》，《文物》1987年第2期，第17—25页。
⑦ 李零：《中国方术正考》，中华书局2006年版，第206页。

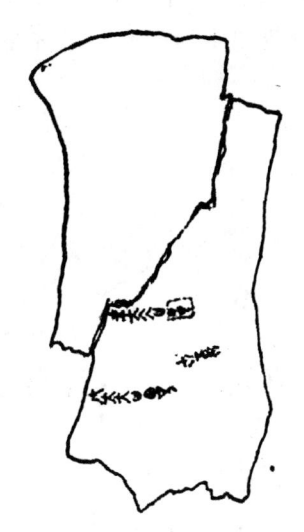

图 4-1　殷墟四盘磨"易卦"卜骨摹本

关于此"易卦"卜骨的时代，曹定云先生将之断在廪康时代。曹先生说："殷墟卜骨中灼之'相向'是一个特定的历史时期内发生的现象，这个特定的历史时期就是康丁，其延续的最迟时间在康丁—武乙之际。据此可以判断，四盘磨'易卦'卜骨应是康丁时期的卜骨，这与前面根据文章特征、钻凿形态分析所得出的结论互相吻合，并行不悖。"①

2.

◎十六五

此筮数易卦刻于《小屯南地》上册第二分册 4352 卜骨（图 4-2）。学界对于卜骨上所刻筮数的释读前后有异。原报告初释为"八七六五"②，张政烺先生③、李零先生先后从其说④。但是曹定云先生断定此卜骨"应

---

① 曹定云：《殷墟四盘磨"易卦"卜骨研究》，《考古》1989 年第 7 期，第 640 页。按：李零先生参照曹定云和李学勤两先生的论文，认为"现在看来这件卜骨应属殷墟出土的周人甲骨"，见《张政烺论易丛稿》卷首之李零《写作前面的话》，中华书局 2011 年版，第 11 页。且李零在《中国方术正考》中，视为此卜骨为商代之物，中华书局 2006 年版，第 206 页。
② 姚孝遂、肖丁：《小屯南地甲骨考释》，中华书局 1985 年版，第 362 页。
③ 张政烺：《殷墟甲骨文中所见的一种筮卦》，《文史》（第 24 辑），中华书局 1985 年版，第 1 页。
④ 李零：《中国方术正考》，中华书局 2006 年版，第 206 页。

是康丁卜骨",易卦为倒书,为"十六五",释读为《周易》震卦。此则材料值得注意的是出现筮数"十"。① 曹定云先生已经告知张政烺先生当释读为"十六五"。

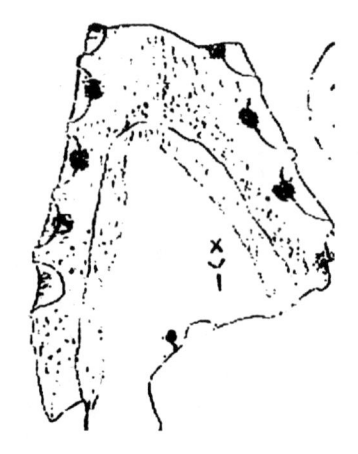

图4-2 小屯南地卜骨4352摹本

3.
◎九七七
◎一一六六一五
◎六八八八六六

以上三个筮数易卦载于1995年安阳刘家庄殷代遗址出土的卜骨95T1J1:4（图4-3），此"为带字卜骨,为牛胛骨残块。骨质纯,坚硬,表色泛黄。正面刻有'卦数'符号十二位,自上而下,分为两组,均为竖刻,内容是:上组'一一六六一五',下组为'六八八八六六'。上组外侧有'九丰'二字。由于背施以钻、灼,所以正面对应处有卜裂纹"。② "95T1第8层出土的标型器为殷代文化第四期,即该层的年代应属殷墟文化的第四期。95T1J1（水井）开口于第8层下……出土一件带字卜骨

---

① 曹定云：《新发现的殷周"易卦"及其意义》,《考古与文物》1994年第1期,第48—49页。
② 安阳市文物工作队：《1995—1996年安阳刘家庄殷代遗址发掘报告》,《华夏考古》1997年第2期,第35页；图七。

（95T1J1：4），文字笔画纤细，字形微小，文字形体和甲骨文第五期相同。"① 故知水井年代属殷墟文化第四期，卜骨属殷墟文化第五期（即帝乙、帝辛时期）。

该卜骨上所刻三组筮数易卦，其中一为单卦，发掘报告释为"'九キ'二字"，未视作筮数，实际上卜骨中一竖纵贯两横线可看作两个"七"字，故筮数为"九七七"，可释读成《周易》乾卦。另外两组筮数易卦可释读成《周易》中孚卦、坤卦。

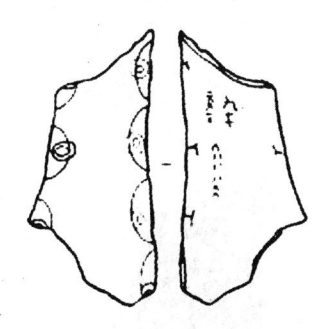

图 4-3　安阳刘家庄殷代遗址易卦卜骨

4.

◎ "六六六"

载河南安阳小屯村出土卜骨，属于殷商晚期，《殷虚文字外编》448② 著录卜骨刻辞，筮数前有文字，为"上甲，六六六"，此则筮数可释读为《周易》坤卦。其中卦辞"上甲"，当指商人先祖上甲微。

5.

◎ "六七七六"

此筮数易卦载河南安阳小屯村出土卜骨（图4-4），《甲骨文合集》第九册著录29074③卜骨刻辞，筮数前有文字，为："……丧，亡戋（灾）……吉。六七七六（倒书）。"

---

① 安阳市文物工作队：《1995—1996年安阳刘家庄殷代遗址发掘报告》，《华夏考古》1997年第2期，第43页。

② 董作宾：《殷虚文字外编》，（台湾）艺文印书馆1956年版。

③ 郭沫若主编，胡厚宣总编辑：《甲骨文合集》第九册，中华书局1999年版。又见胡厚宣《甲骨续存》，一九八〇片，上海群联出版社1955年版。

董作宾、陈梦家认为此卜骨属于廪辛、康丁时期，即殷墟文化三期。此则筮数可视为一个互体卦，可释读为《周易》大过卦。

《周易·系辞下》："古之葬者，厚衣之以薪，葬之中野，不封不树，丧期无数。后世圣人易之以棺椁，盖取诸大过。"① 按《周易·系辞下》的观点，后世圣人是指黄帝、尧、舜，"神农氏没，黄帝、尧、舜氏作，通其变，使民不倦，神而化之，使民宜之"。② 大过卦内卦为巽卦，外卦为兑卦，巽为木，意指棺椁，兑为泽，意指墓穴。大过卦有棺椁埋于墓穴之象。小屯卜骨所刻卜辞、易卦与《周易·系辞下》相联系，确实让人深思。首先，六爻卦和互卦产生之早；其次，《周易·系辞下》的解释确有古义存焉，故《系辞》一书某些观点形成不会很晚。

图 4-4 小屯卜骨

6.
◎▯六、▯九
◎六七一六七九
◎六七八九六八
◎七七六七六六
◎▯▯▯

1973 年，图 4-5 所示"易卦"卜甲在安阳殷墟发现，系群众采集送

---

① 高亨：《周易大传今注》，齐鲁书社 1979 年版，第 566 页。
② 高亨：《周易大传今注》，齐鲁书社 1979 年版，第 561—562 页。

交。① 对此卜甲，本章第二节有专题探讨，可参看。上列五则筮数依次为：中甲"𠂤六、𠂤九"，可释读为"𠂤（大）六、𠂤（大）九"②；卜甲右下隅"六七一六七九"可释读为兑卦；右上隅"六七八九六八"可释读为蹇卦；左上隅"七七六七六六"可释读为渐卦；左下隅"𠬝 ⺈"可释读为"友"字和坤卦。

图 4-5　安阳殷墟出土"易卦"卜甲

（二）铜器上所见筮数易卦

1.

◎五五五

此筮数易卦载于 1969 年—1977 年安阳殷墟西区第三墓区 M354 出土的 IV 式铜爵上。爵鋬内有铭文"五五五"（图 4-6），可释读《周易》乾卦。第三墓区 M354 属于殷墟文化二期，即祖庚、祖甲时期。该墓出土铜爵上的易卦是目前在铜器上发现的时代最早的易卦。③

---

① 肖楠：《安阳殷墟发现易卦卜甲》，《考古》1989 年第 1 期，第 66—70 页；图一。
② 冯时：《殷墟"易卦"卜甲探索》，《周易研究》1989 年第 2 期，第 14—16 页。
③ 中国科学院考古研究所：《1969—1977 年殷墟西区墓葬发掘报告》，《考古学报》1979 年第 1 期，第 83、87、128 页。按：此筮数有作"六六五"者，如赖祖龙《筮数易卦源流研究》，山东大学中国哲学专业 2008 年硕士论文，第 6 页，误。

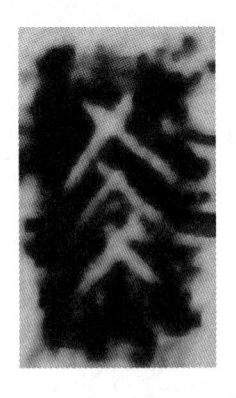

图 4-6 殷墟爵鋬内易卦

2.

◎六六六

《商周金文录遗》253.1—2 著录父戊卣盖及卣器（图 4-7），盖及器铭文相同，为"🕷六六六，父戊"①，筮数可释读为《周易》坤卦。属商代后期。

图 4-7 父戊卣之卣盖及卣器含易卦铭文

3.

◎五五五

此筮数易卦载《殷周金文集成》（九三二二）盉，《三代吉金文存》

---

① 于省吾：《商周金文遗录》，中华书局 2009 年版，图六二：2，第 253 页；中国社会科学院考古研究所：《殷周金文集成》（五一六一），中华书局 2007 年版；刘雨、沈丁、卢岩、王文亮：《商周金文总著录表》5660 条，中华书局 2008 年版，第 773 页。

14.1.3等亦著录（图4-8）。① 是盉旧藏沈阳故宫，现藏台北"中央博物院"，属商代晚期。盉上铭文"五五五"可释读为《周易》乾卦。

图4-8 商晚期盉上易卦

4.

◎八一六

是筮数易卦载于《殷周金文集成》（一〇〇一六）盘，盘铭文为"八一六"（图4-9），可释读为坎卦②，属商代晚期。

图4-9 商晚期盘上易卦

---

① 罗振玉编：《三代吉金文存》，中华书局1983年版，第1441页；刘雨、沈丁、卢岩、王文亮：《商周金文总著录表》10177条，中华书局2008年版，第1315页。
② 刘雨、沈丁、卢岩、王文亮：《商周金文总著录表》10963条，中华书局2008年版，第1418页。

5.

◎六六五

《三代吉金文存》16.10.4 著录鼎铭（图 4-10）①，罗福颐释为"文父丁"②，属商晚期。按：疑此筮数当为"六六五五"。

图 4-10 商晚期鼎上含易卦铭文

6.

◎六六五

《三代吉金文存》16.14.4 著录爵铭（图 4-11）③，铭文为"䷲父乙"，筮数即"六六五"可释读为震卦。属商晚期。

图 4-11 商晚期爵上含易卦铭文

---

① 罗振玉编：《三代吉金文存》，中华书局 1983 年版，第 1664 页。
② 罗福颐：《三代吉金文存释文》，释文 16.8，释三千九百廿一器，（香港）问学社 1983 年版。
③ 罗振玉编：《三代吉金文存》，中华书局 1983 年版，第 1671 页。

7.

◎六一六

《三代吉金文存》16.15.8 著录爵①，罗福颐释为"🅰父乙"。"🅰"可释读为六一六六，最后一个数字"六"是倒书。②

8.

◎五五五

《三代吉金文存》16.25.6 著录"爻匕辛爵"铭（图4-12）③，罗福颐释铭文为"爻匕辛"。"爻"可释读为乾卦④，属商晚期。

图4-12 商晚期爵含易卦铭文

9.

◎六十六六十六

《三代吉金文存》16.26.7 著录"䇂爵"（图4-13）⑤，罗福颐释铭文为"䇂乍（作）鞏"⑥。"䇂"可释读为坎卦，属商晚期。

---

① 罗振玉编：《三代吉金文存》，中华书局1983年版，第1674页。
② 罗福颐：《三代吉金文存释文》，释文16.11，释三千九百五十五器，（香港）问学社1983年版。
③ 罗振玉编：《三代吉金文存》，中华书局1983年版，第1693页。
④ 罗福颐：《三代吉金文存释文》，释文16.19，释四千五十四器，（香港）问学社1983年版。
⑤ 罗振玉编：《三代吉金文存》，中华书局1983年版，第1695页。
⑥ 罗福颐：《三代吉金文存释文》，释文16.20，释四千六十五器，（香港）问学社1983年版。

图 4-13　商晚期爵上含易卦铭文

10.

◎五五五

《三代吉金文存》16.46.3 著录"父乙角"（图 4-14）①，角上铭文"右史父乙，五五五"。其上筮数可释读为《周易》乾卦，属商晚期。

图 4-14　商晚期角上含易卦铭文

11.

◎五五五

◎五五五

《三代吉金文存》13.35.2 和 13.35.3 著录"小臣卣"器和盖两

---

① 罗振玉编：《三代吉金文存》，中华书局1983年版，第1735页。

件（图 4-15）①，卣器和卣盖上所刻铭文相同："王易（赐）小臣兹，易（赐）才（在）寝，用乍（作）且（祖）乙尊。五五五。右史。"筮数易卦可释读成《周易》乾卦。

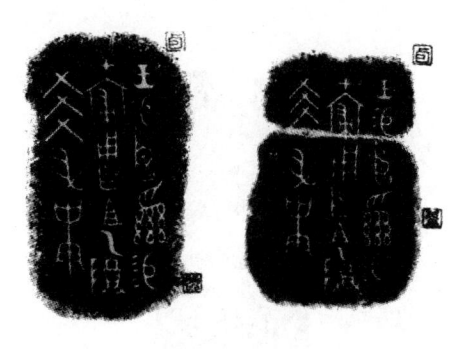

图 4-15 小臣卣器及盖上含易卦铭文

12.

◎ 五五五

《三代吉金文存》13.35.4 著录"小臣卣"器（图 4-16），和上面小臣卣为相同之物，而且刻辞也完全相同。

图 4-16 小臣卣器上含易卦铭文

---

① 罗振玉编：《三代吉金文存》，中华书局 1983 年版，第 1393 页。

13.

◎五五五

载《殷周金文集成》（四八〇二）铜卣（图4-17），卣铭文："五五五。"① 属商晚期。

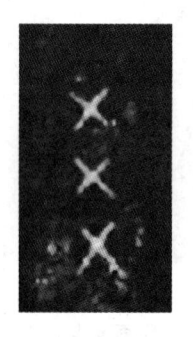

图 4-17 铜卣易卦

14.

◎五五五

《三代吉金文存》13.50.4 著录"祖丁睪"（图4-18）。② 其上铭文"五五五，且（祖）丁"。筮数可释读为《周易》乾卦。

图 4-18 祖丁睪上易卦

---

① 刘雨、沈丁、卢岩、王文亮：《商周金文总著录表》5252条，中华书局2008年版，第718页。

② 罗振玉：《三代吉金文存》，中华书局1983年版，第1423页。

15.

◎五五五

《三代吉金文存》14.1.2 著录铜盉（图4-19）①，其上铭文为"五五五"，可释读成《周易》乾卦。

图4-19 铜盉易卦

16.

◎六六五

《三代吉金文存》14.25.5 著录"父丁觚"，筮数可释读为四爻互体卦。此筮数当为"六六五五"。

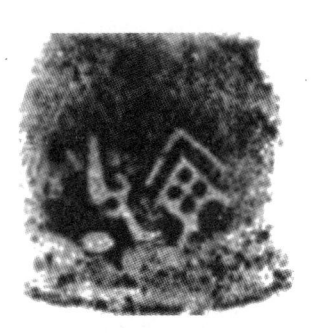

图4-20 父丁觚易卦

---

① 罗振玉：《三代吉金文存》，中华书局1983年版，第1441页。

17.

◎五五五

是筮数易卦载于《殷周金文集成》（六九二二）觯（图4-21）①，其上铭文"见五五五"中数字可释读为《周易》乾卦。属商代后期。

图4-21 见觯易卦

18.

◎六六五

《三代吉金文存》14.39.11著录"祖丙觯"（图4-22），其上铭文为"六六五，且（祖）丙"，筮数可释读为四爻互体卦。此筮数当为"六六五五"。

图4-22 祖丙觯易卦

---

① 中国社会科学院考古研究所：《殷周金文集成》（六九二二），中华书局2007年版；刘雨、沈丁、卢岩、王文亮：《商周金文总著录表》7540条，中华书局2008年版，第1021页。

19.

◎𝌀

五爻阴阳爻符卦，载"商潮甗"（图4-23），甗口内有铭文"𝌀"，当时未视为易卦，而被释作"潮"字，故此甗被命名为"商潮甗"。此甗自1959年藏陕西省博物馆。①

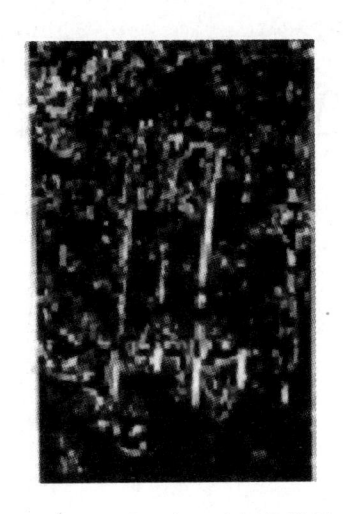

图4-23 商潮甗口内易卦符号

（三）陶器上所见筮数易卦

1.

◎七七八六六七（图一二：2）

◎六六七六六八（图一二：3右）

◎六六七六七五（图一二：3左）

1958—1959年安阳殷墟出土三片陶片上刻有文字，其中第二片上刻辞："七七八六六七，丰。"筮数易卦可释读为《周易》益卦。

第三片上刻辞自右至左："六六七六六八，六六七六七五。"可释读为《周易》豫卦、归妹卦。属于殷墟晚期。②

---

① 段绍嘉：《介绍陕西省博物馆的几件青铜器》，《文物》1963年第3期，第44页；图二，9。

② 中国科学院考古研究所：《1958—1959年殷墟发掘简报》，《考古》1961年第2期，第73—74页；图十二。

2.

◎ 一八八六一一

1958年—1959年山东平阴朱家桥M9出土陶罐（图4-24），其上筮数易卦可释读《周易》损卦。属殷商晚期。①

图4-24 朱家桥陶罐上筮数易卦

3.

◎ 五七六八七一

◎ 一七六七八六

《邺中片羽二集》著录安阳殷墟出土一件陶爵范，其上并列刻有两组易卦，可释读为《周易》节卦、损卦。② 属商代晚期。

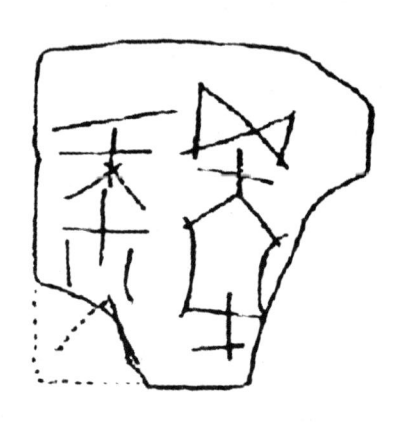

图4-25 殷墟陶爵范上易卦

---

① 中国科学院考古研究所山东发掘队：《山东平阴县朱家桥殷代遗址》，《考古》1961年第2期，第92—93页；图九，3、8。

② 黄濬：《邺中片羽二集》卷第上四七，（北平）尊古斋1937年版。

4.

◎五一八一六六

1997年，陕西长安县丰镐遗址出土了许多殷末陶器，其中陶罐97SCMH12:6肩部刻有筮数（图4-26），可释读为《周易》咸卦。①

图4-26 西周陶罐易卦

5.

◎五八七

◎八六一六六六

◎□□七六七六

◎□□六六六七

◎一一六六一六

◎六一一六□□

◎一五一一六六

2000年—2004年河南安阳孝民屯东南地出土五件殷代陶范，其一为单卦，可释读为离卦，其余皆为重卦，但是有两个易卦上卦两爻已残，一个易卦下卦两爻已残。分别可释读为《周易》豫卦、坎卦（只释下卦）、震卦（只释下卦）、涣卦、兑卦（只释上卦）、遯卦。②

---

① 中国社会科学院考古研究所丰镐工作队：《1997年沣西发掘报告》，《考古学报》2000年第2期，第207页；图一〇，4。
② 中国社会科学院考古研究所安阳工作队：《2000—2001年安阳孝民屯东南地殷代铸铜遗址发掘报告》，《考古学报》2006年第3期，第373—375页；殷墟孝民屯考古队：《河南安阳市孝民屯商代铸铜遗址2003—2004年的发掘》，《考古》2007年第1期，第23页。

(四) 石器上所见筮数易卦

1.

◎七六六六六七（正右）

◎七六八七六七（正中）

◎六六五七六八（正左）

◎六六七六六八（侧面）

◎八一一一六六（背右）

◎八一一一一六（背左）

1980年—1982年安阳苗圃北地M80出土磨石，正面、侧面、背面皆刻有筮数易卦，依次可释读为《周易》颐卦、同人卦、小过卦、豫卦、咸卦、大过卦（图4-27）。发掘简报称"M80的年代上限可溯至二期，但以同出的铜器又明显具有三期作风的现象相勘，则知M80年代的下限已到了三期，因此我们将该墓的年代定在三期之初"。那么这块磨石时代的上限可溯至殷墟文化二期（祖甲时期），下限不晚于殷墟文化三期（廪辛、康丁时期）之初。①

图4-27 安阳苗圃北地"易卦"磨石拓片

1. 正面；2. 侧面；3. 背面

---

① 中国社会科学院考古研究所安阳工作队：《1980—1982年安阳苗圃北地遗址发掘简报》，《考古》1986年第2期，第118、124页；图一一。又参见郑若葵《安阳苗圃北地新发现的殷代刻数石器及相关问题》，《文物》1986年第2期，第46—51转62页。

二 考古所见西周时期的筮数易卦

(一) 卜甲、卜骨上所见筮数易卦

1.

◎六八一一五一

◎五一一六八一

以上两个筮数易卦载于长安张家坡村西周沣镐遗址出土的卜骨（图4-28），"一九五六年一月二十三日在这个遗址的周代灰层（T4⑤）中我们发现了一片刻有两行文字的残骨，这块刻字甲骨应当是中国考古史上的第一片周代刻字甲骨。这块字骨用牛肩胛骨制成……正面均有卜兆。在卜兆附近有刻划极细的文字两行。一行与骨长同方向，一行与骨宽同方向。"① 随后，李学勤先生对于卜骨上两组筮数虽只释出"五一六一、六一五"，并没有全部释出，但是李先生学术直觉地认为此与《周易》有关。李先生说："这种纪数的辞和殷代卜辞显然不同，而使我们联想到'周易'的'九''六'。这块卜骨出土于'周代灰层'，应当是西周时代的东西。"② 这种卓识的联想，因受限于材料的偶得和传统上视之为族徽的观念，没能将这一有意义的提法变成探讨此问题的锁钥。而唐兰先生则将此卜骨和稍后在同地发现的另一块卜骨上的筮数视为一种已经失传的文字。③

卜骨上的文字实际上是两组筮数，现在视为易卦筮数，分别可释读成《周易》大壮卦、无妄卦。（按，此材料或许可以作为《易》学"上下象错"的溯源材料）

---

① 陕西省文物管理委员会：《长安张家坡村西周遗址的重要发现》，《文物参考资料》1956年第3期，第38页，图一、图二，第40页。按：1954年，山西洪洞县坊堆村发现两版卜骨，其一刻有八个字，据字体判为西周卜辞，此为第一次发现有刻字的西周甲骨。（畅文斋、顾铁符：《山西洪赵县坊堆村出土的卜骨》，《文物参考资料》1956年第7期，第27页；李学勤《谈安阳小屯以外出土的有字甲骨》，《文物参考资料》1956年第11期，第16—17页）两筮数易卦又见唐兰《在甲骨金文中所见的一种已经遗失的中国古代文字》，《考古学报》1957年第2期，第33页；图一右。

② 李学勤《谈安阳小屯以外出土的有字甲骨》，《文物参考资料》1956年第11期，第17页。

③ 唐兰：《在甲骨金文中所见的一种已经遗失的中国古代文字》，《考古学报》1957年第2期，第33页；图一。

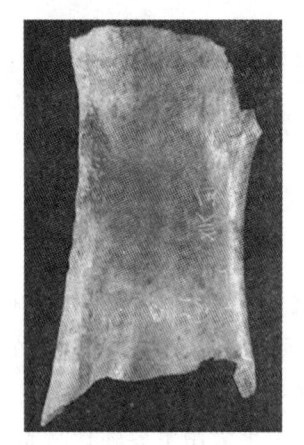

图4-28 张家坡"易卦"卜骨

2.
◎六六八一一六
◎一六六六六一

1956年陕西长安张家坡西周沣镐遗址又发现一块有字卜骨（图4-29）①，其上刻有两筮数易卦，可释读为《周易》升卦、颐卦。

图4-29 长安张家坡"易卦"卜骨

---

① 唐兰：《在甲骨金文中所见的一种已经遗失的中国古代文字》，《考古学报》1957年第2期，第33页；图一，左。

3.

◎一一五一一

沣镐遗址出土,唐兰先生称:"最近在西安中国科学院考古研究所西安研究室,又看到了1956年出土的一块卜骨,上面有一个☒字。"① 此组筮数可释读为《周易》中孚卦。

4.

◎一一六一一一

1956年—1957年陕西长安张家坡沣镐遗址出土,"可能是用兽类的肢骨做成的,制作较粗。残存两个圆钻孔,在骨面上,相当于钻孔的部位,刻有笔道很细的近似文字的记号。1955年陕西省文管会在张家坡发现过一片刻纹大体相同的卜骨(《文物参考资料》1956年第3期)"(图4-30)②,此则筮数易卦可释读为《周易》小畜卦。

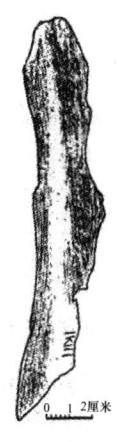

图4-30 张家坡西周居址"易卦"卜骨
T313:2:3

5.

◎八七八七八五 (H11:7)

◎七六六七六六 (H11:81)

---

① 唐兰:《在甲骨金文中所见的一种已经遗失的中国古代文字》,《考古学报》1957年第2期,第36页,图一,左,第34页。按:此"易卦"未见图版拓本,亦未见他书著录。

② 中国科学院考古研究所:《沣西发掘报告》,文物出版社1963年版,第111页,图七〇。

◎六六七（H11:90）

◎六六七七六囗（H11:91）

◎七六六六七六（H11:177）

◎七六六七一八（H11:85）

◎七六六（H11:263）

◎六六十（H11:235）

◎一五十（H11:180）

以上九组筮数易卦均载1977年陕西岐山凤雏甲组建筑基址西厢房2号基址H11出土的卜甲上。①

第一片卜甲H11:7上筮数易卦八七八七八五，可以释读成《周易》既济卦。②

第二片卜甲H11:81上筮数易卦七六六七六六，可以释读成《周易》艮卦。③

第三片卜甲H11:90上筮数易卦六六七，可以释读成《周易》震卦（图4-31）。④

第四片卜甲H11:91上筮数易卦六六七七六囗，若作重卦视之，则初爻已全毁，第二爻已残，能辨出是数字六，但曹玮释为五，可商。故其上卦为震卦，下卦是艮卦或离卦。⑤

---

① 以上八组筮数易卦均据《周原与周文化》，上海人民出版社1988年版，图版第107—108页。

② 又见徐锡台《周原甲骨文综述》，三秦出版社1991年版，第18页；曹玮《周原甲骨文》，世界图书出版公司北京公司2002年版，第8页。按：此卦最早见陕西周原考古队《陕西岐山凤雏村发现周初甲骨文》，《文物》1979年第10期，第41页，及图版柒:4，但将筮数写作"五八七八七八"，误。

③ 又见徐锡台《周原甲骨文综述》，三秦出版社1991年版，第56页。按：此卦最早见《陕西岐山凤雏村发现周初甲骨文》1979年第10期，第41页，但将七六合写在一起，成"大"字形，并未将之释为数字，而看作了异形字。按：此卦最早见陕西周原考古队《陕西岐山凤雏村发现周初甲骨文》，《文物》1979年第10期，第41页，及图版柒:2。

④ 按：又见曹玮《周原甲骨文》，第67页。徐锡台释为"囗八六十十一"，误，《周原甲骨文综述》，第62页。张政烺释为"囗六六七七一"，亦误，《试释周初青铜器铭文中的易卦》，《考古学报》1980年第4期，第404页。

⑤ 按：又见徐锡台《周原甲骨文综述》，三秦出版社1991年版，第63页；曹玮《周原甲骨文》，第67页。按张政烺释为"六六七七一八"，认为此筮数易卦"左下角残缺，据残画推断初、二爻是八和一"。查摹本，初爻不见，只见二爻，类六。故不从张氏之说。《试释周初青铜器铭文中的易卦》，《考古学报》1980年第4期，第404页。

第五片卜甲 H11：177 上筮数易卦七六六六七六，可以释读成《周易》蒙卦。①

第六片卜甲 H11：85 上筮数易卦七六六七一八，可以释读成《周易》蛊卦。另外易卦后面接有卜辞"曰其文既鱼"。②

第七片卜甲 H11：263 上筮数易卦七六六，可以释读成《周易》艮卦。③

第八片卜甲 H11：235 上筮数易卦六六十，可以释读成《周易》坤卦（图4-32）。④

第九片卜甲 H11：180 上筮数易卦一五十，可以释读成《周易》艮卦（图4-33）。摹本为徐锡台所为⑤，季旭升引为"一五八囗"，释读有异。⑥曹玮只提供照片，未将数字释读。⑦

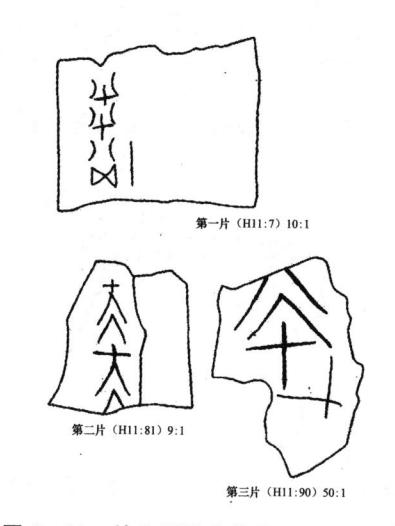

第一片（H11:7）10:1

第二片（H11:81）9:1

第三片（H11:90）50:1

图4-31　岐山凤雏建筑基址出土卜骨⑧

---

① 又见曹玮《周原甲骨文》，世界图书出版公司2002年版，第105页；徐锡台作"七六六六七六"，《周原甲骨文综述》，三秦出版社1991年版，第92页。

② 又见曹玮《周原甲骨文》，世界图书出版公司2002年版，第65页；徐锡台《周原甲骨文综述》，三秦出版社1991年版，第60页。

③ 又见曹玮《周原甲骨文》，世界图书出版公司2002年版，第130页。

④ 又见曹玮《周原甲骨文》，世界图书出版公司2002年版，第123页。

⑤ 徐锡台：《周原甲骨文综述》，三秦出版社1991年版，第92页。

⑥ 季旭升：《古文字中的易卦材料》，《象数易学研究》（三），巴蜀书社2003年版，第30—37页。

⑦ 曹玮：《周原甲骨文》，世界图书出版公司2002年版，第106页。

⑧ 图采自《周原与周文化》图版第107页，按：第二片编号应为H11:81。

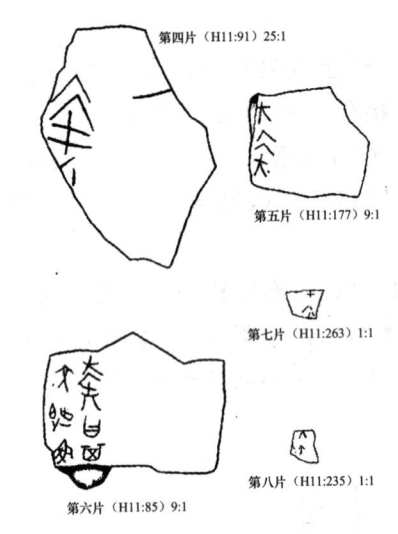

图4-32　岐山凤雏建筑基址出土卜骨①

图4-33　岐山凤雏建筑基址出土卜骨
H11：180

7.

◎一六一六六八（正面）

◎六八八一八六（背右）

◎九一一一六五（背右）

◎六八一一一八（背左）

◎八八六六六六（背左）

---

① 图采自《周原与周文化》图版第108页。

◎一八六八五五（背左）
◎六八一一一一（背左）

以上七组筮数易卦出自一块卜骨。此卜骨由 1980 年采集 108 号（下部）和 1982 年采集 46 号（上部）缀合而成（图 4-34）。其中正面易卦，属于横书。背部右侧两卦，自上而下书写，中间没有隔断。背部左侧四卦，亦是自上而下书写，中间没有隔断。因为此卜骨正面是六爻卦画，故背部连写各卦可以每六爻为一卦断开。由此亦可知，到该卜骨使用时代，六爻卦已经很是普遍。①

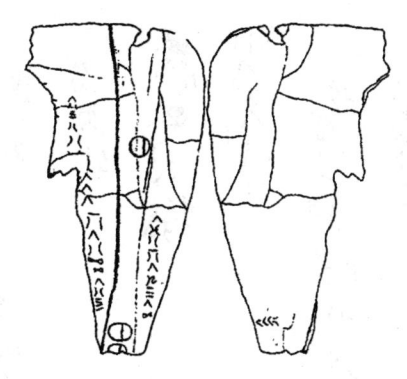

图 4-34　陕西扶风齐家村出土的六号"易卦"卜骨

8.
◎八七五六八五
◎八六七六八八
◎八七六八六七

以上三组筮数易卦见于 2002 年陕西扶风县齐家村北 H90 出土的一片卜骨（编号 H90: 79）上（图 4-35）。② 卜骨为牛的肩胛骨，出土时已残，但刻写文字的部分尚保存完整。骨背刮削施钻，骨正面与钻相对处有刻辞，共六行三十七字，自右向左，依次是：

---

① 罗西章、王均显：《周原扶风地区出土西周甲骨的初步认识》，《文物》1987 年第 2 期，第 19—21 页。

② 曹玮：《周原新出西周甲骨文研究》，《考古与文物》2003 年第 4 期，第 45 页；李学勤：《新发现西周筮数的研究》，《周易研究》2003 年第 5 期，第 6 页。按释文从李学勤先生。

翌日甲寅其商，由瘳
八七五六八七
其祷，由又瘳
八六七六八八
我既商，祷，由又
八七六八六七

H90 的年代下限不会晚于西周中期晚段。①

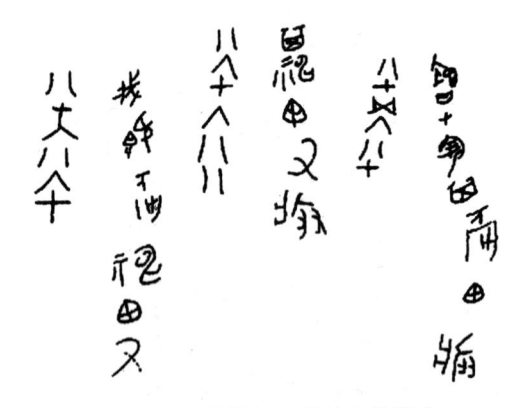

图 4-35 扶风县齐家村卜骨摹本

9.
◎六六六六七七
◎七六八六五八

以上两组筮数易卦出自 1986 年—1990 年北京房山区镇江营出土的一件卜骨 FZT0226⑥：1，其年代属于商周第四期，即西周中期偏晚。此卜骨系用牛肩胛骨制成，"卜骨正面有纵向两行米粒大小的数字，刻痕细而浅。右列'六六六六七七'，为临卦；左列'七六八六五八'，为蒙卦"。②

---

① 周原考古队：《2002 年周原遗址（齐家村）发掘简报》，《考古与文物》2003 年第 4 期，第 9 页。
② 北京市文物研究所：《镇江营与塔照——拒马河流域先秦考古文化的类型与谱系》，中国大百科全书出版社 1999 年版，第 388 页。

（二）铜器上所见筮数易卦

1.

◎六六一六六一

是筮数易卦载于一九七六年陕西岐山贺家村出土铜甗（76QHM113:4），甗内腹壁上近口处有铭文为"六六一六六一"（图4-36），此筮数可释读为《周易》震卦。原报告将76QHM113"定为西周早期。相当于文王、武王、成王、康王、昭王时期"。①

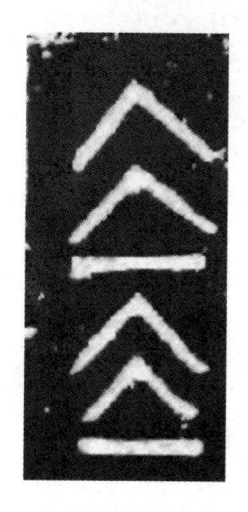

图4-36 岐山贺家村出土铜甗上筮数

2.

◎六五五

载父乙方鼎，是鼎于1950年陕西省扶风县云塘村出土，属西周初年，鼎有铭文"六五五，父乙"（图4-37）。② 其中筮数可释读为《周易》兑卦。

---

① 陕西周原考古队：《陕西岐山贺家村西周墓发掘报告》，《文物资料丛刊》（8），文物出版社1983年版，图版柒：4、5，第80、88页。

② 陕西省考古研究所等：《陕西出土商周青铜器》第三册，文物出版社1980年版，第75页；徐中舒主编：《殷周金文遗录》，四川人民出版社1984年版，第155页。

图 4-37　父乙鼎上筮数及铭文

3.
◎ 六一七六一六

载 1991 年陕西省岐山县京当乡双庵乡出土的一件方鼎，时代属于西周初年。鼎内铭文为"六一七六一六，丁者"。① 其中筮数可释读成《周易》困卦。且卦象后有卦辞，值得注意。

4.
◎ 一六一（M203:15）
◎ 一六一（M210:23）
◎ 一六一（M210:25）

以上三组筮数易卦皆载于 1964 年 10 月洛阳北窑两座墓葬（M203 和 M210）出土的三件铜戈上（分别见图 4-38，图 4-39，图 4-40），铜戈内近阑处皆铸有铭文"☲"，正如蔡运章先生揭示的，"'☲'属商周青铜器上常见的筮数易卦，当释为'一六一'，即《周易》中的离卦。《易·说卦传》云：'离为甲胄，为戈兵。'这些戈铭与《说卦传》离含义相符。"② 三件铜戈皆为西周初年之物，可见《说卦》中记载的八卦万

---

① 刘少敏、庞文龙：《陕西岐山新出土周初青铜器等文物》，《文物》1992 年第 6 期，第 76—78 页。
② 蔡运章：《洛阳北窑西周墓青铜器铭文简论》，《文物》1996 年第 7 期，第 64—66 页。

物类象渊源有自。

图 4-38　洛阳北窑 M203:15 出土铜戈陶片

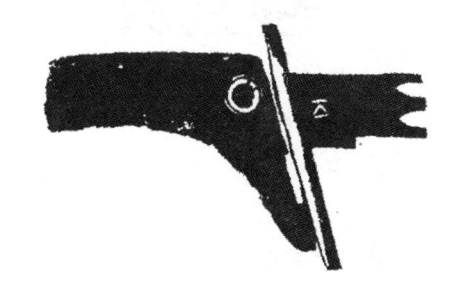

图 4-39　洛阳北窑 M210:23 出土铜戈陶片

图 4-40　洛阳北窑 M210:25 出土铜戈陶片

5.

◎五五五

是筮数易卦载于《殷周金文集成》（1833），鼎铭为"父乙五五五囗"（图4-41），其中筮数可释读为《周易》乾卦。《商周金文总著录表》① 定为商晚期或西周早期。

---

① 刘雨、沈丁、卢岩、王文亮：《商周金文总著录表》29064条，中华书局2008年版，第268页。

图 4-41　父乙鼎铭文

6.
◎五五五

是筮数易卦载于《殷周金文集成》(八三一)甗,甗铭文为"五五五作彝"(图 4-42)①,其中筮数可释读为乾卦。是甗现藏于美国哈佛大学福格美术院,属西周早期。

图 4-42　西周甗铭文

---

① 刘雨、沈丁、卢岩、王文亮:《商周金文总著录表》961 条,中华书局 2008 年版,第 137 页。

7.

◎五五五

是筮数易卦载《宣和博古图》"商世母辛卣"器上,铭文为"五五五,母辛"。原书铭文释为"世母辛"。① 卣盖铭文"母辛"和卣器铭文同(图 4-43),"五五五"释读成《周易》乾卦,其卦义应为"健"义。属西周早期。

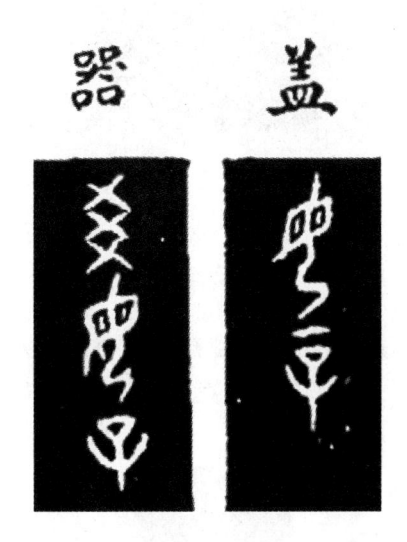

图 4-43 商世母辛卣器及盖上铭文

8.

◎五五五

是筮数易卦载于《殷周金文集成》(三一六四)簋,簋铭文为"五五五,父乙"(图 4-44)②,其中筮数可释读为《周易》乾卦。属西周早期。

---

① (宋)王黼:《重修宣和博古图》卷第九,影印文渊阁《四库全书》第 840 册,(台湾)商务印书馆 1986 年版,第 555 页;中国社会科学院考古研究所:《殷周金文集成》(五〇〇一),中华书局 2007 年版;刘雨、沈丁、卢岩、王文亮:《商周金文总著录表》5476 条,中华书局 2008 年版,第 748 页。

② 刘雨、沈丁、卢岩、王文亮:《商周金文总著录表》3464 条,中华书局 2008 年版,第 462 页。

图 4-44 父乙簋铭文

9.
◎七五六六六七

载《殷周金文集成》（五〇二〇）卣，卣铭文为："七五六六六七，召中。"（图 4-45）① 其中的筮数可释读为《周易》益卦。属西周早期。

图 4-45 西周卣铭文

---

① 刘雨、沈丁、卢岩、王文亮：《商周金文总著录》5495 条释铭文为"☐仲"，中华书局 2008 年版，第 751 页。

10.

◎七六七六七六

载于《殷周金文集成》（九三七三）盉，盉盖铭文为"七六七六七六"，盉器铭文为"父乙🔲"。现藏日本奈良宁乐美术馆。盉盖上铭文可释读为《周易》未济卦。① 属西周早期。

11.

◎六六一一六一

载于《殷周金文集成》（10019）盤②，盤铭文为"六六一一六一"（图4-46），可释读为《周易》丰卦。属西周早期。

图4-46 西周盘铭文

12.

◎六一八六一一

载《殷周金文集成》（4868）召卣，卣铭文为："六一八六一一（倒

---

① ［澳］巴纳、张光裕：《中日欧美澳纽所见所拓所摹金文汇编》第八册，（台湾）艺文印书馆1978年版，第730页，1125号；刘雨、沈丁、卢岩、王文亮：《商周金文总著录表》10235条，中华书局2008年版，第1323页。

② 刘雨、沈丁、卢岩、王文亮：《商周金文总著录表》10966条，中华书局2008年版，第1418页。

书），召。"（图 4-47）其中筮数可释读为《周易》井卦①，属西周早期。

图 4-47 召卣铭文

13.
◎七八六六六六
◎八七六六六六

以上两组筮数易卦载中方鼎。中方鼎是于北宋重和元年（1118）安州出土（今湖北孝感）的六件器物之一，其上刻有筮数符号叁、叄，这是历史上第一次在出土材料中发现筮数易卦，当时据符号形状被释读为"十八大夫"、"八大夫"，认为是文字。②

中方鼎铭文释读为：

隹（唯）十又（有）三月庚寅，
王才（在）寒次。王令（命）大（太）
史兄（贶）㠯土。王曰："中，
兹㠯人入事，易（赐）于
武王作臣。今兄（贶）畀
女（汝）㠯土，乍（作）乃采。"中
对王休令（命），将父乙尊。

---

① 刘雨、沈丁、卢岩、王文亮：《商周金文总著录表》5331 条，中华书局 2008 年版，第 729 页；《商周彝器通考》图 613。按此筮数易卦为倒书，故有的论文未辨，写作"一一六八一六"。

② （宋）王黼：《重修宣和博古图》卷第二，《文渊阁四库全书》第 840 册，（台湾）商务印书馆 1986 年影印，第 410 页。

隹（惟）臣尚中，臣。七八六六六六，八七六六六六。①

此鼎的时代属于西周昭王时，铭文中两个筮数七八六六六六、八七六六六六分别可释读为《周易》艮卦、比卦。

图 4-48　中方鼎铭文

14.

◎七五六六六一

载召伯卣，铭文为"七五六六六一，召伯"。② 其中筮数可释读为《周易》益卦。

15.

◎七五八

载《三代吉金文存》3.18.4 史斿父鼎，铭文为"史斿父乍（作）宝尊彝。贞，七五八"（图 4-49）。③ 其中铭文中筮数可释读为《周易》

---

① 唐兰：《西周青铜器铭文分代史证》卷四下，中华书局 1986 年版，第 290 页；李学勤：《西周中期青铜器的重要标尺——周原庄白、强家两处青铜器窖藏的综合研究》，《中国历史博物馆馆刊》1979 年总第 1 期，第 29—36 页。

② （清）梁诗正等：《西清古鉴》15.32，《文渊阁四库全书》第 841 册，（台湾）商务印书馆 1986 年影印。

③ 罗振玉编：《三代吉金文存》，中华书局 1983 年版，第 299 页。

巽卦。

图 4-49 史斿父彝上铭文

16.

◎八八六八

载《续殷文存》卷上①著录鼎铭，铭文为"八八六八"（图 4-50），可视为互体卦，可以互成坤卦。此鼎属西周早期。张政烺先生曾以为此卦之初、二爻未剔出，此筮数易卦为"八八六八□□"。② 此鼎现存上海博物馆，后来张政烺先生咨询于上海博物馆馆长沈之瑜先生，沈先生回函证实此卦筮数即为四个，他说："根据你提出的几点，我细致观察了八八六八鼎。此鼎非常完整，没有修补的痕迹。铭文上下均无锈斑，经目验是铸的，不是刻的。"③

---

① 王辰：《续殷文存》卷上，（北平）大业印刷局1935年版，第7页。
② 张政烺：《试释周初青铜器铭文中的易卦》，《考古学报》1980年第4期，第404页。张亚初、刘雨亦持此说，见《从商周八卦数字符号谈筮法的几个问题》，《考古》1981年第2期，第157、160页。
③ 张政烺：《殷墟甲骨文中所见的一种筮卦》，《文史》第二十四辑，中华书局1985年版，第3页。

图 4-50 八八八八鼎上筮数

17.

◎五八六

载效父簋，铭文为"休王赐效父吕三，用乍（作）厥宝尊彝。五八六"（图 4-51）。① 其中筮数可释读为《周易》艮卦。属西周早期。

图 4-51 效父簋铭文

---

① 刘雨、沈丁、卢岩、王文亮：《商周金文总著录表》4193 条，中华书局 2008 年版，第 556 页。

18.

◎八五一

载《三代吉金文存》（六．九三．五）铜簋，铭文为"堇白（伯）乍（作）旅尊彝。八五一"（图4-52）。① 其中筮数可释读为《周易》兑卦。属西周早期。

图4-52　西周铜簋铭文

19.

◎䷝

载山西省翼城县凤家坡村出土的殷末周初的铜甗，甗有铭文"䷝"（图4-53）。② 此符号我们将之视为五爻互体，不按《太玄》首对待，下文有详述。此五爻互体即为离卦。

---

① 罗振玉编：《三代吉金文存》6.39.5，中华书局1983年版，第636页。
② 李发旺：《山西省翼城县发现殷周铜器》，《文物》1963年第4期，第51—52页；图四。

第四章　考古发现与商周筮数易卦　　169

图 4-53　翼县凤家坡村铜甗上易卦

20.

◎𝌀

载周初铜罍，铭文为"𝌀"。① 此符号可按四爻互体对待，可互出《周易》颐卦。

21.

◎𝌀　　◎𝌀

载周初铜卣，《宣和博古图》名之曰"商卦象卣"，卣盖和卣器皆刻一相同卦象（图 4-54）。《博古图》释卦象云："盖与器铭共二字，作卦象。观古人画卦，奇以象乎阳，偶以配乎阴，一奇一偶而阴阳之道全，一虚一实而消息之理备。……是卦也，上下爻皆阳，有乾之象，中二爻皆阴，有坤之象。虚其中，亦取象于器所谓黄流在中者，义或在焉。虽不见于书，惟汉扬雄作《太玄》八十一首以拟《易》，曰：'方州部家。'今争首一方三州三部一家与此卣卦象正同。雄于汉最号博闻，殆《玄》之所自而作耶？"② 如前文例，此符号可按四爻互体对待，可互出《周易》颐卦。

---

① 中国科学院考古研究所：《美帝国主义掠夺的我国殷周铜器集录》，科学出版社 1962 年版，A795、R283。
② （宋）王黼：《重修宣和博古图》卷第九，《文渊阁四库全书》第 840 册，（台湾）商务印书馆 1986 年版，第 556—557 页。

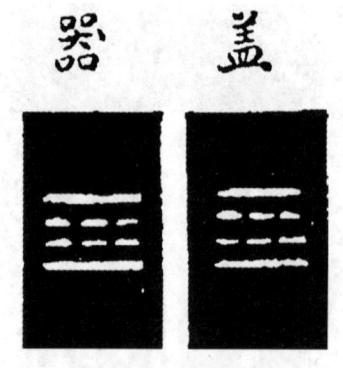

图 4-54　商卣卦象

（三）陶器上所见筮数易卦

1.

◎⚡

◎⚡

以上两筮数符号，载 1983 年陕西清涧李家崖古城址 A 区 T17 第三层中出土的一件三足瓮残沿下（图 4-55）。原发表者吕智荣先生认定李家崖文化"其上限大体相当于殷墟文化的第二期，下限不晚于西周中期"。[①] 徐锡台先生将"⚡"释为"六六六六"，"⚡"释为"六六六十"。[②] 如此，这两个符号按四爻互体对待，可以互成《周易》坤卦。

图 4-55　清涧县李家崖陶瓮上易卦

[①] 吕智荣：《陕西清涧李家崖古城址陶文考释》，《文博》1987 年第 3 期，第 85 页，图一：2，第 86 页。

[②] 徐锡台：《奇偶数与图形画——释四位奇偶数和四位（包括五位）阴阳符号排列组成的图形画》，《周易研究》1990 年第 1 期，第 55 页。

2.

◎五六六

载于1977年—1979年洛阳北窑出土的西周铸铜遗址的方鼎陶范芯座上，上刻数字五六六，其中三个数字中五和后面六个数字不在一条直线上，尽管如此，仍使人容易和筮数易卦联系起来（图4-56）。这组筮数可释读成《周易》艮卦。"洛阳北窑西周铸铜遗址是西周前期的青铜器铸造作坊遗存。"① 赵振华先生认为陶范上的筮数可能与铸器占卜的习俗有关，他说："铸造铜器与甲骨占卜也许有一定的内在联系。"②

图4-56 洛阳北窑方鼎陶范上易卦

3.

◎一六一

载岐山凤雏西周初年陶盂残口沿QFF1T4（3b）:35，于陶盂唇上横刻筮数易卦"🌀"（图4-57），可释读成《周易》离卦。③

图4-57 岐山凤雏陶盂上易卦

---

① 洛阳文物工作队：《1975—1979年洛阳北窑西周铸铜遗址的发掘》，《考古》1983年第5期，第441页；图十〇，1。
② 赵振华：《洛阳两周卜用甲骨的初步考察》，《考古》1985年第4期，第379页。
③ 陈全方：《周原与周文化》，上海人民出版社1988年版，第162、163页。

4.

◎一一一

载岐山凤雏西周初年灰陶板瓦 QFF1T3H15：4，于板瓦阳面刻符号"𠙹"（图4-58），陈全方先生认为是数字三①，作乾卦理解亦无不可。

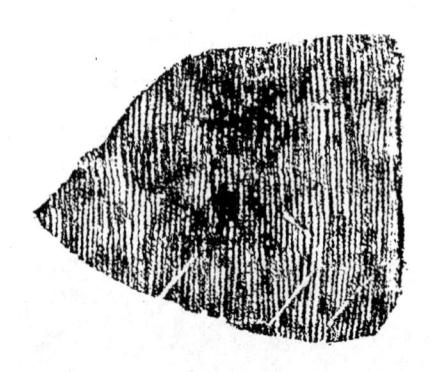

图4-58 岐山凤雏灰陶板瓦上易卦

5.

◎一六六

◎一一八

◎六六六

载扶风召陈西周中期建筑遗址出土的瓦片 T116G1：(4B)，以上三组筮数可释读为《周易》艮卦、巽卦、坤卦。陈全方先生将"兄"释读为二八，而在这三组中其他两组皆释读为三爻单卦，因数字一二易混释为二八，故不合适，以单卦视之可以。这种情况在周原出土的残陶片中尚有更多。如符号"彡"皆释读为数字三，而不释为由三个数字一组成的乾卦。另外像 T155G1：(5C) 238 上有"𠅃"字，陈氏疑为"三三"两个字，而没释为重卦的乾卦。②

6.

◎六六五六六八

载《沣西发掘报告》T105：4：12 之陶纺轮，属于陶纺轮Ⅱ式（图4-

---

① 陈全方：《周原与周文化》，上海人民出版社1988年版，第173页。
② 陈全方：《周原与周文化》，上海人民出版社1988年版，第154页。

59),"表面有两圈圆形小凹坑,底部刻划着四个字。底径4.8、高2厘米"。① 原报告因将纺轮拓片放横了,未注意到其可释读为易卦,而将筮数视作不可识的文字。曹定云先生后重新作了拓片(图4-60)。

其解读顺序,曹定云认为:"'八'字在最下,无论从哪个角度上看,它都是初爻;'五'字在顶上,但不是上爻,因为此'易卦'是沿着陶纺轮之圆而刻的,故无论是从右到左,或是从左至右,'五'均是第四爻;至于左右两边的'六六',按照殷代卜甲'先右后左'之规律,应是右边的'六六'先于左边的'六六'。因此,这个陶纺轮上的'易卦'应读作'六六五六六八'(按:从上爻往初爻读)。"② 可释读为《周易》豫卦。

图4-59 沣西陶纺轮上筮数(横放)③　　图4-60 沣西陶纺轮上筮数

7.

◎一一一一八一

载陶罍,周原博物馆展品,罍刻"一一一一八一",可以释读成《周易》同人卦。④

8.

◎一一一一八一

---

① 中国科学院考古研究所:《沣西发掘报告》文物出版社1963年版,第89页,图五八。
② 曹定云:《新发现的殷周"易卦"及其意义》,《考古与文物》1994年第1期,第47—50页。
③ 沣西陶纺轮上筮数,《考古与文物》1994年第1期,第48页。
④ 李零:《中国方术正考》,中华书局2006年版,第213页。

载陶瓮，周原博物馆展品，瓮刻"一一一一八一"，可以释读成《周易》同人卦。①

9.

◎六六六

◎一一八

◎一六六

以上三组筮数易卦载于残陶器圈足，周原博物馆展品，三组筮数易卦可以分别释读成《周易》坤卦、巽卦、艮卦。②

10.

◎一一一一一一

◎一一六八八一

◎一一八一一一

◎八一一八一六

◎六八五六一八

◎一八一六一一

◎一一六一八五

◎一一六一一一

◎一一一六八八

◎一六一一一一

◎六一一五一一

1987年9月淳化县石桥乡发现刻有西周筮数易卦符号的陶罐，在一个器物上同时刻有十一个筮数易卦（图4-61），以乾卦为首卦，若逆行，则依次为益卦、大畜卦、困卦、解卦、睽卦、家人卦、小畜卦、否卦、大有卦、夬卦。③该易卦陶罐的时代属于西周晚期。④

---

① 李零：《中国方术正考》，中华书局2006年版，第213页。
② 李零：《中国方术正考》，中华书局2006年版，第213页。
③ 姚生民：《淳化县发现西周易卦符号文字陶罐》，《文博》1990年第3期，第56页。
④ 李学勤：《西周筮法陶罐的研究》，《人文杂志》1990年第6期，第78页。

第四章　考古发现与商周筮数易卦　175

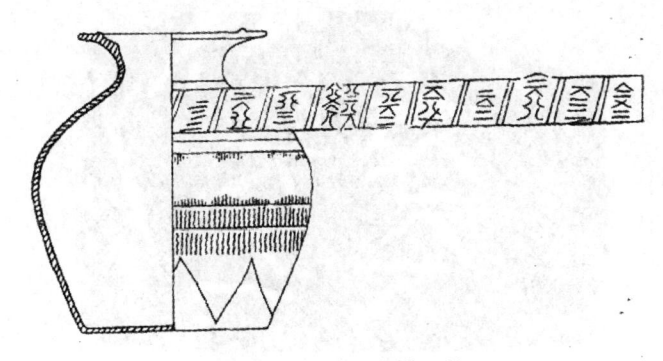

图 4-61　淳化陶罐易卦

11.
◎六一六一六一（CHX 采集：1，右）
◎一六一六一六（CHX 采集：1，左）
◎八一六六六六（CHX 采集：2，右1）
◎八八六八一八（CHX 采集：2，右2）
◎一一六一一一（CHX 采集：2，右3）
◎一一一六一一（CHX 采集：2，右4）

以上六组筮数易卦载于 2001 年西安市长安县黄良乡西仁村出土的四件陶拍，编号为 CHX 采集：1—4。CHX 采集：1 有两组筮数易卦（图 4-62），采 2 有四组筮数易卦（图 4-63），采 3 和采 4 只有零散符号，原发表者曹玮先生认为："这四件陶拍的时代下限不晚于西周晚期。"[①]

采 1 中两组筮数易卦，按从左到右的顺序，可以释读成《周易》既济卦、未济卦。

采 2 中的四组筮数易卦环陶拍柄一周，其中有一箭头形标示符号"↲"，按箭头方向环读，则可得四组筮数易卦。[②] 可释读为《周易》师卦、比卦、小畜卦、履卦。

[①] 曹玮：《陶拍上的数字卦研究》，《文物》2002 年第 11 期，第 67—70 页。
[②] 李学勤：《新发现西周筮数的研究》，《周易研究》2003 年第 5 期，第 4 页。

图 4-62　西仁村陶拍 CHX 采集：1 拓片

图 4-63　西仁村陶拍 CHX 采集：2 拓片

（四）玉器、骨器上所见筮数易卦

1. 玉器

◎六六七一一一

周琥上所刻铭文，宋代薛尚功释读为"午十三"（图 4-64）[①]，其实是筮数易卦"六六七一一一"，可释读为《周易》夬卦。夬者，决也。周琥即周代玉质虎符，调兵遣将行使兵权的信符，结合夬卦卦义正好与行权决断相一致。

---

① （宋）薛尚功：《历代钟鼎彝器款识法帖》一百九十二，中华书局 1986 年版，第 96 页。

图 4-64 周琥上所刻易卦

2. 骨器

◎五一一
◎一五□
◎一六一

以上三组筮数易卦分别刻于骨镞（图 4-65）①，可释读为《周易》乾卦、乾卦（或巽卦）、离卦。时代属西周初期。

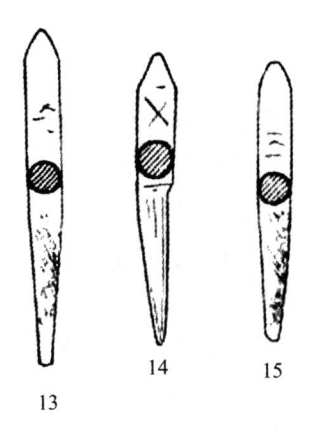

图 4-65 骨镞上易卦

---

① 中国科学院考古研究所：《沣西发掘报告》，文物出版社 1963 年版，第 92 页；图六〇，13，14，15。

三　考古所见东周时期的筮数易卦

（一）陶器上所见筮数易卦

1.

◎六六六

载 1998 年洛阳东周王城战国陶窑遗址出土陶鬲 Y5：12 沿口（图 4 - 66），遗址位于洛阳沙厂西路路南，涧河东岸，处东周王城遗址区的西北隅。陶鬲属于战国早期前段。① 筮数可释读为《周易》坤卦。

图 4 - 66　陶鬲上易卦

2.

◎一八七一八九

载二十世纪四十年代四川理番（今四川理县）板岩墓葬出土双耳陶罐。张政烺先生原据郑德坤《四川古代文化史》（华西大学 1946 年印）释读为"一八七一八九"。是书 1946 年印本印刷不清，故张政烺先生误释。今查是书新版，筮数当为八八七一八八。② 理番陶器的时代应属于秦汉，"陶器形式二十类多为周末前汉通行器皿，中原西蜀出土甚多，何可胜举。器皿之装饰，雕刻刮画之法，以至各式图案，亦以秦汉风格为最著，至于器上铭文字体，'古文'秦篆、汉隶外无他式；其文词如印章及吉利语之属，亦秦汉之风格尚也"。③ 此时中原地区，已经普遍用阴阳爻

---

① 洛阳市文物工作队：《洛阳东周王城战国陶窑遗址发掘报告》，《考古学报》2003 年第 4 期，第 563、567、575 页。
② 郑德坤：《四川古代文化史》，《郑德坤古史论集选》，商务印书馆 2007 年版，第 254 页。
③ 郑德坤：《四川古代文化史》，《郑德坤古史论集选》，商务印书馆 2007 年版，第 257—258 页。

符构成卦象了,而西南川蜀山区中仍有筮数易卦的使用,由此可见文化习俗发展的不平衡性,新旧习俗因素会有一长时期的共存。

(二) 铜器上所见筮数易卦

1.

◎☷

载东周玺印。① 此符号可按四爻互体对待,可互出《周易》艮卦。

2.

◎☲

《岩窟吉金图录》著录安阳出土的两柄戈,铭文为"☲"。② 此符号按五爻互体对待,可互出《周易》离卦。

(三) 竹简上所见筮数易卦

1.

◎八一六六六\◎一一一一六一 ("☲☲",简甲二:19、20,第188页)

◎六六六六一一\◎六六六六一六 ("☲☲",简甲二:37,第188页)

◎一六一一六六\◎六一一一一五 ("☲☲",简甲三:112,第192页)

◎一一六六六六\◎六六六一一一 ("☲☲",简甲三:112,第192页)

◎□□六一六六\◎□六一一六一 ("☲☲",简甲三:132、130,第192页)

◎五六五六六六\◎六六六六一六 ("☲☲",简甲三:184-2、185、222,第194页)

◎一六六六六六\◎六一一一六六 ("☲☲",简甲三:302,第198页)

---

① 张亚初、刘雨:《从商周八卦数字符号谈筮法的几个问题》,《考古》1981年第2期,第160、163页;吴大澂:《学使金文考读古陶文记》,谢国桢编《吴愙斋尺牍》第七册,(台北)文海出版社1971年版。

② 按:原文未见,转自尉迟治平《〈易〉筮溯源——古筮法研究之一》,《华中理工大学学报》(社会科学版)1996年第1期,第76页。

◎六八六一六六 \ ◎一六六六六一（"▦"，简乙二：2，第203页）

◎六六六一六六 \ ◎一一一一六六（"▦"，简乙四：15，第206页）

◎六六六六六一 \ ◎一一六六六六（"▦"，简乙四：68，第207页）

◎一一八一五六 \ ◎一八一一六一（"▦"，简乙四：79，第207页）

◎一一一一一六 \ ◎六六六六六五（"▦"，简乙四：95，第208页）

◎六六六六□□ \ ◎六六六□□□（"▦"，简乙四：102，第208页）

◎八一六六六六 \ ◎一一一一六一（"▦"，零：115、22，第212页）

◎□□□□六六 \ ◎□□□□□□（"▦"，零：506，第224页）

以上十五组三十个筮数易卦皆载于1994年8月河南省新蔡县葛陵楚墓M1001出土的竹简上①，"据其层位，起取是分为甲、乙两区，每区分几组，分别编号。其中甲区编号者523枚，以甲三组最多，有456枚；乙区编号者299枚，以乙四组最多，有153枚。残损严重者起取时未予编号，临摹时编号者749枚。总计1571枚"。② 这批竹简量大意丰，内容主要是卜筮祭祷记录，另外也有极少数的遣策文书，仅有20余枚。"通过墓葬的层位关系，随葬器物的类型比较以及竹简内容几个方面的分析，我们初步认为新蔡葛陵墓葬的年代约相当于战国中期前后，即楚声王以后，楚悼王末年或稍后，绝对年代约为公元前380年左右。"③ 墓主"平夜君成墓的年代或可定在悼王末年"④，悼王于公元前

---

① 贾连敏：《新蔡葛陵楚墓出土竹简释文》，载河南省文物考古研究所《新蔡葛陵楚墓》附录一，大象出版社2003年版。

② 河南省文物考古研究所：《新蔡葛陵楚墓》附录一，大象出版社2003年版，第173页。

③ 河南省文物考古研究所：《新蔡葛陵楚墓》，大象出版社2003年版，第181页。原文"前180年"作"前340年"，据悼王卒年考，原文绝对年代系有误，当改。濮茅左先生未能辨出，将其认定为，墓主平夜君"公元前340年左右的楚宣王时期"。原报告未提宣王时期，濮氏接受"公元前340年左右"的下载时间，由此知定是宣王时期。见濮茅左《楚竹书〈周易〉研究——兼述先秦两汉出土与传世易学文献资料》，上海古籍出版社2006年版，第502页。

④ 河南省文物考古研究所：《新蔡葛陵楚墓》，大象出版社2003年版，第184页。

401 年至前 381 年在位。

2.

◎一一一一一六 \ ◎六六一六一六

◎一一一六七六 \ ◎八一一一六六

◎一六一六六一 \ ◎八一一一六六

◎一六一六六一 \ ◎九一一一一一（🈲：据张政烺先生摹本，像数字九，也像八，故此例不能作为论述筮数用九的夯实之证。又张先生于《试释周初青铜器铭文中的易卦》中，虽未举卦例，但对所见的八组十六个卦的所用数目字做过统计，数字九出现了四次，"这里的八、九似是再生的，九从一分化出，笔迹可辨，八或许是从六分化出来的。这便成为《周易》的前身，稍加修正即是《周易》了"①）

以上四组八个筮数易卦载 1978 年湖北江陵天星观 1 号楚墓出土竹简上，张政烺先生言："这种'卜筮的卦象'我见到的有八处，皆于一行之中两卦并列，实际上是十六个卦。"②但是张政烺先生在论文中仅举出四组八卦，余卦未得见。天星观竹简的时代"为战国中期"③，具体"墓葬的下载年代应晚于公元前 361 年，而在公元前 340 年前后，及楚宣王或威王时期"。④

3.

◎六六一六六六 \ ◎六一一六一一（"𣜩"，简 201，第 32 页，即为豫卦、兑卦）

◎一六六八一一 \ ◎六六六八一一（"𣜫"，简 210，第 33 页，即为损卦、临卦）

◎一六六一一六 \ ◎一六五八六六⑤（"𣜬"，简 229，第 35 页，即

---

① 张政烺：《试释周初青铜器铭文中的易卦》，《考古学报》1980 年第 4 期，第 414—415 页。

② 张政烺：《易辨——近几年根据考古材料探讨〈周易〉问题的综述》，唐明邦等编《周易纵横绿》，湖北人民出版社 1986 年版，第 184—185 页。

③ 湖北省荆州地区博物馆：《江陵天星观 1 号楚墓》，《考古学报》1982 年第 1 期，第 110 页。

④ 湖北省荆州地区博物馆：《江陵天星观 1 号楚墓》，《考古学报》1982 年第 1 期，第 111 页。

⑤ 李零：《中国方术正考》（中华书局 2006 年版，第 215 页）释为"一五五八六六"，今查摹本，李氏当误。

为蛊卦、剥卦）

◎六一一六六一 \ ◎一六一一六一（"䷐"，简232，第35页，即为随卦、离卦）

◎一六六八六一 \ ◎一一一六六一（"䷚"，简239，第36页，即为无妄卦、颐卦）

◎六六一一一八 \ ◎八一六一一一（"䷟"，简245，第36页，即为恒卦、需卦）

以上六组十二个筮数易卦出自1987年湖北荆门包山2号楚墓出土的竹简①，易卦皆以两卦并列一组的形式出现，这和江陵天星观出土的竹简易卦形式一样。包山2号楚墓的下葬时间为公元前316年，属战国中晚期。

以上见之于竹简上的筮数易卦，皆每两卦一组。原先，人们多从本卦和之卦的角度考虑。清华简第四辑《筮法》公布后，王新春先生指出："其成组骈列的数字卦，显示了卦的并列存在，而非卦变关系。天星观等楚简成组数字卦间的关系，或许亦如此。"②

第二节　殷墟易卦卜甲与《周易》关系研究

1980年10月底，中国社会科学院考古研究所甲骨组曹定云和郭振禄两先生在安阳工作站仓库里发现一包龟甲，回京后由钟少林先生粘对复原，得到一片较完整的卜甲，其上有四个易卦和筮数及文字分配在龟甲四隅和中甲（图4-67），布局有序，通过整体考察研究，现已能粗知此卜甲内涵丰富，对探究《易》学"九六"、互体、八宫、八卦方位等问题在西周初年的发展有重要的意义。

此易卦卜甲虽意义甚大，可对此研究的论文并不多，主要有肖楠《安阳殷墟发现"易卦"卜甲》、冯时《殷墟"易卦"卜甲探求》、曹定云《论安阳殷墟发现的易卦卜甲》等。结合其他西周易卦的材料，对此易卦卜甲现可做更深入的总结探求。

---

① 河北省荆沙铁路考古队：《包山楚简》，文物出版社1991年版。
② 王新春：《清华简〈筮法〉的学术史意义》，《周易研究》2014年第6期。

第四章 考古发现与商周筮数易卦　　183

图 4-67　安阳殷墟出土易卦卜甲摹本

一　殷墟易卦卜甲时代之推定

此卜甲虽出自殷墟，却非殷商之物。署名肖楠的诸位先生从整治方法、形制及钻凿形态看，此卜甲异于殷墟所出卜甲，而与周原及洛阳的西周卜甲基本相同。从字形特征看，该卜甲虽近于西周，但尚可看到殷商风格的影响。综合起来看，此卜甲虽出自殷墟，时代应在商末周初，且以周初的可能性大。[①] 曹定云先生从整治方法和制作形制、钻凿形态、字体风格等方面入手，推定此卜甲有别于殷代而近于西周。曹先生说："由于该'易卦'卜甲在总体风格上是周原式的，而不属于殷墟式的，因此，该'易卦'卜甲当是出自周人之手，换言之，该'易卦'卜甲乃周人之物，而非殷人之物。"[②] 其时代定为殷末更为合理。

此卜甲四隅和中甲五处有筮数和文字。中甲正中有"九、六"两字。其上还有符号"毕"。"六"字作"∩"，字迹清晰，"九"字则有残可辨。

腹甲右下隅有组筮数"六七一六七九"，右上隅有组筮数"六七八九六八"，左上隅有组筮数和文字为"七七六七六六，贞吉"。左甲桥下有

[①] 肖楠：《安阳殷墟发现"易卦"卜甲》，《考古》1989 年第 7 期，第 66—70 页。
[②] 曹定云：《论安阳殷墟发现的"易卦"卜甲》，《殷都学刊》1993 年第 4 期，第 20—21 页。

组符号，其上是"艸"，其下是五组平行短线。字体甚小，异于原来所见殷墟卜甲。

卜甲上三组筮数释读成易卦分别为：兑卦（六七一六七九），蹇卦（六七八九六八）和渐卦（七七六七六六）。渐卦后有"贞吉"两字，显为卦辞。卜甲左下角刻有"𤔔"和五组短线符号，几乎在一条竖线上，故"𤔔"当居上方，不应居下，而五个短线当是竖排 ╱╱ ，而不是横排，为了书写的方便姑且写作"𤔔 = = = = ="。将这个五组短竖线释为爻符是合理的，并且每组爻符盖为八，八对应阴爻。甚至是否还可理解为将两个短竖线平展开即为两短线，也就是阴爻。如此则此符号就是一个由五个阴爻符号组成的互卦体，可以互成坤卦。

二 殷墟易卦卜甲之中甲"九、六"研究

殷墟卜甲中刻有符号"𦐇"及数字"九、六"，此足引人关注。肖楠未释出符号"𦐇"，今本《周易》以九、六为爻题标识阴阳爻，推测符号"𦐇"及数字"九、六"可能与爻题有关。将"九、六"和《周易》相联系，可谓自然而合理。① 冯时先生认为"𦐇"释为"阜"，于殷代卜辞中习见。"阜"者，大也。大，与太、老通用。从而得出"𦐇六"、"𦐇九"为太阴、太阳的结论。② 这对探究《周易》阴阳观和"九、六"之内蕴极具启发意义。

《周易》爻题"九、六"至迟在战国时期就开始使用，西晋时期出土的汲冢书也是一个有力的证据。《晋书·武帝纪》："咸宁五年十月……汲郡人不准掘魏襄王冢，得竹简小篆古书十余万，藏于秘府。"李学勤先生通过细致分析认为，魏襄王冢所出土的汲冢书的写成下限，当为战国晚期之初。③ 其中有关《周易》的书有四种，分别是"《易经》二篇，《易繇阴阳卦》二篇，《卦下易经》一篇，《公孙段》二篇"。④ 杜预《〈春秋经

---

① 肖楠：《安阳殷墟发现"易卦"卜甲》，《考古》1989年第7期，第66—68页。
② 冯时：《殷墟"易卦"卜甲探求》，《周易研究》1989年第2期，第14—16页。
③ 李学勤：《周易溯源》，巴蜀书社2006年版，第253页。
④ （唐）房玄龄等：《晋书》卷第五十一《束晳传》，中华书局1974年版，第1432页。

传集解〉后序》："《周易》上下篇，与今正同。"①《晋书·束皙传》亦称："其《易经》二篇，与《周易》上下经同。"由此可知，汲冢书内的《周易》与今传本《周易》一样，都有爻题。

此外，《易传》中也已明确出现了九、六爻题。如，《坤·象》云："六二之动，直以方也。""用六永贞，以大终也。"《乾·文言》亦云："乾元用九，天下治也。""乾元用九，乃见天则。"《象传》、《文言》成书于战国时期已为学术界所普遍认可。朱伯崑先生认为："《象》的下限，当在秦汉之际以前，同样可以看作战国后期的作品。""《文言》可能受其影响，其下限当在《吕氏春秋》以前。"②

《周易》爻符作为组成八卦、六十四卦的基本符号，其产生固可溯源至商，但这两种符号从产生一直到战国这一悠久的历史时段中，未必称作阴爻或阳爻。在《周易》本经的卦爻辞中，鲜用"阴阳"二字。在《中孚》卦九二爻辞"鸣鹤在阴，其子和之。我有好爵，吾与尔靡之"中，出现过一次"阴"，但爻辞中的"阴"是"荫"，非阴阳之"阴"。

《周易》爻符产生之初的基本含义，聚讼纷纭。郭沫若先生认为，《周易》爻符是男女生殖器的象征。③ 高亨先生认为《周易》爻符是古代占筮时所用的一节和两节"竹棍"的象形。④ 陈道生先生认为《周易》爻符源于"结绳时代"绳子上"有节"、"无节"的形态。⑤ 此外还有许多其他观点。总之，《周易》爻符在产生之初未必用"阴阳"来界定。

春秋战国时，阴阳观念开始流行。《老子》云："万物负阴而抱阳，冲气以为和。"《墨子·辞过篇》："凡回于天地之间，包于四海之内，天壤之情，阴阳之和，莫不有也。"《墨子·天志篇》："（圣王）节四时调阴阳而露也。"《庄子》中至少有二十处提到阴阳。

庞朴先生说：

---

① （周）左丘明传、（晋）杜预注、（唐）孔颖达正义：《春秋左传正义》，北京大学 2000 年版，第 1982 页。

② 朱伯崑：《易学哲学史》（一），昆仑出版社 2009 年版，第 53 页。

③ 郭沫若：《中国古代社会研究》，人民出版社 1954 年版，第 23 页。

④ 高亨：《周易杂论》，山东人民出版社 1962 年版，第 4—5 页。

⑤ 陈道生：《重论八卦的起源——结绳、八卦、二进法、易图的新探索》，黄寿祺、张善文编《周易研究论文集》（第一辑），北京师范大学出版社 1987 年版，第 64—95 页。原载（台湾）《孔孟学报》1966 年第 12 期。

到了春秋战国时期，"阴阳"几乎被推广应用到所有方面。起初，"阴阳"只是就天而言；随后又就地而言；再后又作为天地之间的"气"；继而又成为"气"里面的总领；最后，"阴阳"观念弥漫于一切自然现象之中，到处都用"阴阳"来解释，而且层层深入，反复推进。①

战国时参与"百家争鸣"的阴阳家在当时影响很大，其中以邹衍为代表人物。阴阳思想的流行直接影响到对《周易》的解释。庄子正是在此思想文化背景下提出了"《易》以道阴阳"的观点。《易传》各篇以阴阳观念诠释卦爻辞，其中以具有通论性质的《系辞传》最为典型。

以上是《周易》九六爻题以及阴阳观念在战国时期的普遍运用。其上源流以及演变的考释，因为传世文献缺载，一直难于深究，而安阳殷墟易卦卜甲上"太阴、太阳"的发现，将易卦中九六阴阳观径直上推至殷末周初。那么"九六"表阴阳在文化习俗方面的意义也就值得深究。

三　殷墟易卦卜甲与"卜筮不过三"及"三卜"等习俗的关系

殷墟易卦卜甲四隅所刻筮数文字符号确实蕴含了丰富的内容。卜甲右下、右上及左上三处筮数及文字所刻字体不相同，显然出自三人之手。肖楠先生据此推断，此当反映了文献记载的"卜筮不过三"与"三卜"的习俗。②

"卜筮不过三"，应是卜筮时遵循的一个总原则。对于"卜筮不过三"，《礼记·曲礼》云："卜筮不过三，卜筮不相袭。"郑玄注云："求吉不过三。鲁四卜郊，《春秋》讥之。卜不吉则又筮，筮不吉则又卜，是渎龟策也。晋献公卜取骊姬不吉，公曰'筮之'是也。"③

孔颖达云：

> 此大事者，谓小事之中为大事，非《周礼》大贞、大封及八事之等，故得用卜而已。或云"大事卜"者，总兼大贞、大封及八事

---

① 庞朴：《中国文化十一讲》，中华书局2008年版，第35页。
② 肖楠：《安阳殷墟发现"易卦"卜甲》，《考古》1989年第7期，第66—67页。
③ （汉）郑玄注，（唐）孔颖达疏：《礼记正义》卷第三《曲礼上》，北京大学出版社2000年版，第104页。

等，虽卜筮并用，总皆用卜，故云"大事卜"。但大事则先筮后卜，卜筮俱有，若小事筮，徒有筮而无卜也。……三卜筮不吉，则不举也。郑意"不过三"者，谓一卜不吉而凶，又卜，以至于三，三若不吉则止，若筮亦然也。故鲁有四卜之讥。①

《左传·哀公九年》："宋公伐郑……晋赵鞅卜救赵，遇水适火。占诸史赵、史墨、史龟。史龟曰……史墨曰……史赵曰……"②

先秦文献言及"三卜"者，尚有《春秋公羊传》、《春秋穀梁传》等，兹不俱引。

《周易·系辞上》云："定天下之吉凶，成天下之亹亹者，莫大乎蓍龟。""蓍之德圆而神，卦之德方以知，神以知来，知以藏往。"《说卦》云："昔者圣人幽赞於神明而生蓍。"孔颖达据上述材料，认为"蓍龟知灵相似，无长短也"，他说："然则知来藏往，是为极妙，虽龟之长，无以加此。圣人演筮以为《易》，所知岂短於卜？卜人欲令公舍筮从卜，故云'筮短龟长'，非是龟能实长。杜欲成'筮短龟长'之意，故引传文以证之。若至理而言，卜、筮实无长短。"③

《周礼·筮人》："凡国之大事，先筮而后卜。"《左传·僖公四年》："初，晋献公欲以骊姬为夫人，卜之，不吉；筮之，吉。"④ 此皆为"卜筮并用"的文献记载。殷墟易卦卜甲当是"卜筮并用"的一个有力的明证。

四 殷墟易卦卜甲所蕴含的"八宫"、覆卦、互卦及后天方位说

殷墟"易卦"卜甲四隅四卦（图4-68）的分配分别是，右下"六七一六七九"，即兑卦，右上"六七八九六八"，即蹇卦，左上"七七六七八八"，即渐卦，左下 ⸺，即坤互卦。

---

① （汉）郑玄注，（唐）孔颖达疏：《礼记正义》卷第三《曲礼上》，北京大学出版社2000年版，第108页。
② （周）左丘明传，（晋）杜预注，（唐）孔颖达疏：《春秋左传正义》卷第五十八，北京大学出版社2000年版，第1900—1901页。
③ （周）左丘明传，（晋）杜预注，（唐）孔颖达正义：《春秋左传正义》卷第十二，北京大学出版社2000年版，第383页。
④ （周）左丘明传，（晋）杜预注，（唐）孔颖达正义：《春秋左传正义》卷第十二，北京大学出版社2000年版，第382页。

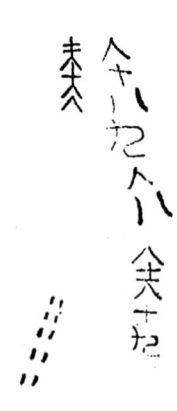

图 4-68　殷墟易卦卜甲上的文字符号临摹放大图①

按今方位图，左下的西南方，是坤卦。而右上的东北方蹇卦在后世易图方位中没有表方位的例证。但是《周易》蹇卦卦辞："利西南，不利东北。利见大人。贞吉。"卦辞云"不利东北"而蹇卦正处卜甲东北方，此为慎诫之语，且卦辞中"利西南"，恰巧蹇卦与居于西南的坤卦相对，此恐非偶然。左上西北方渐卦，据"八宫"说属艮宫，而艮卦在先天方位图中是在西北的。右下东南方的兑卦，在先天八卦方位图中是在东南的。由此看，此卜甲四卦杂糅了先天、后天卦卦位以及八宫说。可见先天卦位、后天卦位及八宫说皆渊源有自，非属凿空之举。

"八宫说"源于西汉京房。京房，《汉书》有传，传焦氏易，焦氏易传自孟喜。所谓八宫卦即将六十四卦分为八宫，每宫八卦。如乾宫八卦分别是：乾卦、姤卦、遯卦、否卦、观卦、剥卦、晋卦、大有卦。各宫八卦卦象变化规律是第二卦在第一卦的基础上变初爻，第三卦在第二卦的基础上变二爻，第四卦在第三卦的基础上变三爻，第五卦在第四卦的基础上变四爻，第六卦在第五卦的基础上变五爻，第七卦在第六卦的基础上变四爻，第八卦在第七卦的基础上上卦不变，下卦变为第七卦下卦的错卦。各宫八卦纳入天干和地支后，可用以占断吉凶休咎，是为纳甲筮法，亦称为火珠林。朱熹曾猜测，商周占卜"或以支干"。② 此易卦卜甲与"八宫

---

① 采自肖楠《安阳殷墟发现"易卦"卜甲》，《考古》1989 年第 1 期。
② （宋）朱鑑：《文公易说》卷第二十一，影印文渊阁《四库全书》第 18 册，（台湾）商务印书馆 1986 年版。

说"相通，可为朱熹猜测的注脚。

从殷墟易卦"卜甲"可见"八宫说"之端倪。对之再做深入分析，八宫说的体现则更加分明。冯时先生曾将此易卦卜甲与式盘进行比较，分析其间关联。① 受此启发，笔者再做些深入的发挥。如将易卦卜甲视为式盘类的东西，刻有"皋九、皋六"的中甲好似式盘中心的天盘，视角变化，自中甲向外视之，则看到的卦象分别是兑卦、蹇卦、渐卦、坤卦的覆卦。

覆卦是将一卦的卦象上下反覆，或者说就是将卦象向左或向右旋转180度后得到的卦象。传世本《周易》六十四卦排序的原则，按孔颖达的概括，就是"两两相耦，非覆即变"。在此卜甲中发现了覆卦的表现，可据此探究覆卦说的渊源。

此卜甲左下坤卦的覆卦依然是坤卦，右下兑卦的覆卦是巽卦，左上渐卦的覆卦是归妹卦，右上蹇卦的覆卦是解卦。解卦和归妹卦看似在易卦方位上没有什么规律可寻。可是若按照八宫说，归妹卦属于震宫，解卦属于兑宫。震卦属于东方，兑卦属于西方，这和卜甲方位是一致的。而巽卦是巽宫的宫卦，坤卦是坤宫的宫卦，坤卦位在西南，巽卦位在东南，和卜甲方位亦一致。综合起来看，卜甲的四卦的覆卦，按照八宫说，其方位竟然和后天方位对应的是这样的丝丝入扣，这绝不是偶然的巧合。这也为曹定云先生推断此卜甲为周文王之物提供了一个证据。而汉代后流行的八宫说、覆卦、互卦、八卦方位等问题在此卜甲上都能找到痕迹，这对研究《周易》在殷末周初的发展的意义自然是很大的。

五 殷墟易卦卜甲和文王的关系

殷墟易卦卜甲的中甲有"九、六"两个关键性的数字，这自然让人联想到《周易·系辞》中所记载的"大衍筮法"。卜甲右下、右上、左上的三个筮数易卦分别是：兑卦（六七一六七九），蹇卦（六七八九六八）和渐卦（七七六七六六）。兑卦筮数中的"一"，仅出现一次，颇疑为"七"之误摹。如此，则三个筮数易卦中的筮数就只有"六、七、八、九"了，这与大衍筮法占筮得到"六、七、八、九"四个数字是吻合的。由此使人联想到大衍筮法与"卜甲"易卦所由得来的占筮方法应是一种，

---

① 冯时：《殷墟"易卦"卜甲探求》，《周易研究》1989年第2期，第17—19页。

可知大衍筮法确为西周古占筮法。而在出土的其他的西周筮数材料中，常发现的数字是"一、五、六、七、八"，与"卜甲"易卦筮数稍有差异，可知西周筮法当不止一种。

曹定云先生认为此易卦卜甲虽出自殷墟，却不属于殷墟之物，而是属于周原之物，也就是周人带到殷墟来的，则此易卦卜甲自然与周人的故事和筮法相关联。据《史记·周本纪》记载，周文王曾被囚羑里七年，后由周之谋臣闳夭等设计，以美女、奇物贿赂纣王，而得以获释回到西岐。由此断定此卜甲可能是周文王被囚时的遗留物。

冯时先生亦认为殷墟卜甲上易卦与文王有联系，不过冯先生以为易卦所含之义与《周易》归妹卦中帝乙嫁女于文王有关，并认为"易卦卜甲所揭示的帝乙归妹的史实及当时的殷周关系简直如同一部逻辑严密、发展有序的史书，看来古人确曾用卦这样一种特殊的形式记录过某些历史真实，当然这种记录形式最终是通过具体的卦名及卦爻辞完成的"。①

曹定云、冯时两位先生的推论皆言之有理，其结论虽然有异，但有相同之处，都将殷墟卜甲上的易卦和文王相联系，这应该是问题的关键。

殷商政权和属国西岐在交流往来的过程中，西岐筮法在殷商得到过演算实践，这是极有可能的。现在的出土的筮数易卦的材料已经证明殷商时已经有了重卦，将重卦之功归之于文王之说，是欠合理的。文献材料亦有记载，《周礼·太卜》论"三易"云："一曰《连山》，二曰《归藏》，三曰《周易》。其经卦皆八，其别卦皆六十有四。"②《周易正义》注引郑玄《易赞》及《易论》云："夏曰《连山》，殷曰《归藏》，周曰《周易》。"③ 出土材料和传世文献互相印证，在《周易》从起源到成熟的演变中，文王并非将八卦重为六十四卦的唯一功臣。那么，为什么后世流行文王重卦说呢？笔者认为，"文王重卦"一说或者可以从周革殷命后，加强宣传周文化的优越性的角度来考虑。将"重卦"之功加在文王头上，在巫术盛行的时代背景下，这无疑就神化了周王朝的优越性与合理性，对巩固新政权是大有裨益的。

---

① 冯时：《中国天文考古学》，社会科学文献出版社2001年版，第410页。
② （汉）郑玄注，（唐）贾公彦疏：《周礼注疏》卷第二十四《春官·太卜》，北京大学出版社2000年版，第748页。
③ （汉）王弼注，（晋）韩康伯注，（唐）孔颖达疏：《周易正义》卷首《第三论三代易名》，北京大学出版社2000年版，第9页。

第三节　商周四爻筮数(或符号)易卦研究

在商周各类器物上所发现的筮数（或符号）易卦中，绝大多数是三爻、六爻的，但也有少数四爻的。四爻卦象与《太玄》之首（相当于卦）貌同而实异，应从互体角度解读。另外，四（五）爻易卦或可用来探究伏羲六十四卦次序图之渊源。

一　四爻筮数（或符号）易卦综述

据我们搜集，商周各类遗物上所发现的可靠的四爻筮数（或符号）易卦共有七例。① 兹分别述之于下：

（一）四爻筮数易卦

1.

"六七七六"：此筮数易卦著录于《甲骨文合集》29074 片（图 4－69），又见于胡厚宣《甲骨续存》1980 片。其中的"六"为倒书。

2.

"八八六八"：此筮数易卦，见于上海博物馆藏西周早期鼎腹（图 4－70），著录于《续殷文存》。② 张政烺曾怀疑此卦之初、二爻未剔出，筮数应为"八八六八□□"，故咨询上海博物馆馆长沈之瑜。③ 沈之瑜回函证实鼎腹所见筮数的确只有四个："根据你提出的几点，我细致观察了八八六八鼎。此鼎非常完整，没有修补的痕迹。铭文上下均无锈斑，经目验是铸的，不是刻的。"④

---

① 案：有两例，前人曾释为四爻易卦，但我们认为不妥，故剔出。一例为巴黎归默博物馆藏殷墟一期卜甲反面刻辞，张政烺先生将之释为"六一一六"，其实应释为"戈六百"（参见《张政烺论易丛稿》，中华书局 2011 年版，第 63 页）。另一例是《小屯南地甲骨》上册第二分册 4352 片上的刻辞，张政烺将之释为"八七六五"，徐锡台、李零等从其说，其实应释为"十六五"。（参见曹定云《新发现的殷周"易卦"及其意义》，《考古与文物》1994 年第 1 期，第 46—51 页）

② 王辰：《续殷文存》，（北平）大业印刷局 1935 年版，第 7 页。

③ 张政烺：《试释周初青铜器铭文中的易卦》，《考古学报》1980 年第 4 期，第 404 页。

④ 张政烺：《殷墟甲骨文中所见的一种筮卦》，《文史》第二十四辑，中华书局 1985 年版，第 3 页。

图 4-69　《甲骨文合集》29074 片　　图 4-70　上博馆藏西周鼎上筮数

3.

"六六六六"、"六六六十"：以上两筮数易卦见于 1983 年陕西清涧李家崖古城址 A 区 T17 第三层中出土的一件三足瓮残沿下（图 4-71）。①

图 4-71　清涧李家崖出土瓮上刻数

（二）四爻符号易卦

1.

||||：此符号易卦见于《美帝国主义掠夺的我国殷周铜器集录》著录 A785（R283）周初铜罍。② 案，铜罍器和铜罍盖上有相同的符号（图 4-72）。另，此符号亦见于周初铜鼎，现藏于故宫。《美帝国主义掠夺的我国殷周铜器集录》介绍铜鼎 A26 号时说："1929 年军阀党毓坤在陕西宝鸡县的斗鸡台盗掘铜器甚多，此与本集 A643 方彝和 A591 卣皆是同时出土的同组铜器。同组的尚有四耳簋并与此同形制的大小鼎四器，其中一鼎

---

①　吕智荣：《陕西清涧李家崖古城址陶文考释》，《文博》1987 年第 3 期，第 85—86 页。
②　中国科学院考古研究所：《美帝国主义掠夺的我国殷周铜器集录》，科学出版社 1962 年版，第 213 页。

（今在故宫）一字同于 A785（R. 283），其高 24.2，高至口 20，口径 17.4。"①

图 4-72 铜罍器和盖上易卦

2.

☷：此符号易卦见于《宣和博古图》著录之铜卣。铜卣器和铜卣盖上有相同的符号（图 4-73）。《宣和博古图》名之曰"商卦象卣"。②

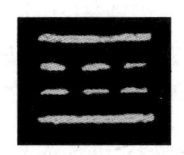

图 4-73 铜卣器及盖上易卦

3.

☶：此符号易卦见于东周玺印。③ 张亚初、刘雨引此符号易卦，并说："吴大澂释为'巠'字。现在我们知道这也是卦画。它与《太玄经》卷二的锐首相同，一方、二州、二部、二家。这些早期材料的出现，并与《太玄经》相合，说明《太玄经》并不是无源之水，二者当有一定的渊源关系。"④ 徐锡台先生亦将之解读为《太玄》81 首中的"锐"首。⑤

---

① 中国科学院考古研究所：《美帝国主义掠夺的我国殷周铜器集录》，科学出版社 1962 年版，第 11 页。
② （宋）王黼：《重修宣和博古图》卷第九，影印文渊阁《四库全书》第 840 册，（台湾）商务印书馆 1986 年版，第 556—557 页。
③ 吴大澂：《吴清卿学使金文考》，缩微文献，中国国家图书馆馆藏。
④ 张亚初、刘雨：《从商周八卦数字符号谈筮法的几个问题》，《考古》1981 年第 2 期，第 163 页。
⑤ 徐锡台：《奇偶数与图形画——释四爻奇偶数和四位（包括五位）阴阳符号》，《周易研究》1990 年第 1 期，第 54—56 页。

二 《太玄》之"首"与四爻易卦

西汉扬雄拟《易》而作《太玄》，《易》有六十四卦，《太玄》有八十一首。六十四卦之象由一长线（—）和两短线（— —）构成，而《太玄》八十一首之象由一长线（—）、两短线（— —）和三短线（- - -）构成。六十四卦之象由六爻构成，而《太玄》八十一首之象由四爻构成。八十一首之名与象分别为：中、周、礥、闲、少、戾、上、干、狩、羡、差、童、增、锐、达、交、㐲、溪、从、进、释、格、夷、乐、争、务、事、更、断、毅、装、众、密、亲、敛、强、睟、盛、居、法、应、迎、遇、灶、大、廓、文、礼、逃、唐、常、度、永、昆、减、唫、守、翕、聚、积、饰、疑、视、沈、内、去、晦、瞢、穷、割、止、坚、成、致、失、剧、驯、将、难、勤、养。

迄今所发现的商周遗物上的四爻易卦与《太玄》之首的确有相似之处。其一，数合。四爻易卦与《太玄》之"首"皆由四重卦画构成。其二，象合。四爻易卦与《太玄》之首皆有三短线符号"- - -"。

基于以上原因，徐锡台等先生将四爻易卦解读为《太玄》之首。我们认为这种观点似是而非。理由如下：

首先，商周遗物上除了有四爻易卦，还有五爻易卦。如，陕西省博物馆藏"商潮甗"[①] 和山西翼城凤家坡村出土的殷末周初的铜甗[②]上皆有铭文，《岩窟吉金图录》所著录的出土于安阳的两柄戈[③]上有铭文，1973 年安阳殷墟出土的卜甲[④]左下角有卦画等。将五爻易卦比附太玄之首，无法以"数合"为据。既然五爻易卦不宜解读为《太玄》之首，那么，同一历史时期的四爻易卦亦不宜解读为《太玄》之首。

其次，《周易》卦画表阴阳，而构成《太玄》之首的"- - -"不表阴

---

① 段绍嘉：《介绍陕西省博物馆的几件青铜器》，《文物》1963 年第 3 期，第 43—45 页。
② 李发旺：《山西省翼城县发现殷周铜器》，《文物》1963 年第 4 期，第 51—52 页。
③ 梁上椿：《岩窟吉金图录》卷下，（北平）彩华印刷局 1944 年版。
④ 肖楠：《安阳殷墟发现"易卦"卜甲》，《考古》1989 年第 1 期，第 66—67 页。

阳。正如刘保贞先生所说："《太玄》与《周易》在形式上最明显的不同表现在，《周易》由六十四卦组成……卦画分六位，由阴 －－ 阳 — 两种基本符号组成……爻画自下而上依次称为初、二、三、四、五、上，阳爻称九，阴爻称六，卦画下面系卦辞，每爻下面系爻辞……而《太玄》则由八十一首组成……但首画分四重，由一、－－、－－－三种基本符号组成……但这四重首画下却系着九条赞辞，自上而下依次称为初一、次二、次三、次四、次五、次六、次七、次八、上九，而且不分阴阳。"① 四爻易卦和《太玄》之"首"皆有"－－－"，但构成《太玄》之"首"的"－－－"不表阴阳，这与《周易》表阴阳的爻符有着根本性的区别。《太玄》81"首"中有 48"首"（戾☷、干☷、童☷、达☷、交☷、傒☷、进☷、格☷、夷☷、乐☷、毅☷、密☷、亲☷、敛☷、强☷、居☷、迎☷、遇☷、灶☷、大☷、廓☷、文☷、礼☷、逃☷、唐☷、常☷、度☷、永☷、昆☷、唫☷、禽☷、聚☷、积☷、疑☷、沈☷、内☷、去☷、晦☷、瞢☷、穷☷、割☷、止☷、坚☷、致☷、剧☷、驯☷、将☷、勤☷）同时兼有两短线－－和三短线－－－，而在迄今所见的四爻符号易卦中，要么是由一长线和三短线构成，要么是由一长线和两短线构成，未见同时兼有两短线－－和三短线－－－者。《太玄》之"首"多有兼具两短线和三短线者，说明两短线与三短线判然有别。而商周遗物上的符号易卦，两短线、三短线不同时并见，因此，可以将两短线－－和三短线－－－同视为阴爻符号。古文字构形中的"增笔为饰"，可以解释两短线和三短线的统一性。如，"⿱"又作"⿱"、"⿱"又作"⿱"、"⿱"又作"⿱"等，兹不赘举。②

综上，以"数合"、"象合"论定四爻易卦为《太玄》之"首"，难以使人信服。

三 四爻（或五爻）易卦与互体

四爻（或五爻）易卦既与《太玄》之"首"无关，则当从互体角度来解读。"互体是象数易学的范畴，是象数易学家构筑其理论体系不可缺

---

① 刘保贞：《论〈太玄〉对〈周易〉的模仿与改造》，《周易研究》2001 年第 1 期，第 51 页。

② 刘钊：《古文字构形学》，福建人民出版社 2011 年版，第 25 页。

少的一个内容。易学史上凡主象数者，多言互体"。① 互体不仅包括三爻互体，而且包括四爻、五爻互体。

四爻互体之例，如，虞翻注小畜卦："初至四体夬，为书契。"② 小畜☰初九、九二、九三组成三爻乾卦，九二、九三、六四组成三爻夬卦，以夬为上卦，乾为下卦，上下交互而成六爻夬卦，故云"初至四，体夬"。注大畜卦："三至上，体颐象。"③ 大畜☰九三、六四、六五组成三爻震卦，六四、六五、上九组成三爻艮卦，上艮下震，组成颐卦，故云"三至上，体颐象"。注睽卦："四动得位，……二至五，体复象。"④ 睽☰四爻九四变六四后，九二、六三、六四组成三爻震卦，六三、六四、六五组成三爻坤卦，上坤下乾，互体为复卦，故云"二至五体复象"。

五爻互体之例，如，虞翻注蒙卦："二至上，有颐养象。"⑤ 蒙☰九二、六三、六四组成三爻震卦，六四、六五、上九组成三爻艮卦，上艮下震，互体为颐，故云"二至上，有颐养象。"注豫卦："初至五，体比象。"⑥ 豫☰初六、六二、六三组成三爻坤卦，六三、九四、六五组成三爻坎卦，上坎下坤，互体为比，故云"初至五，体比象"。注大有卦："二变得位，体鼎象。"⑦ 大有☰九二变六二后，六二、九三、九四组成三爻巽卦，九四、六五、上九组成三爻离卦，上离下巽，互体为鼎，故云"二变得位，体鼎象"。

综上，四爻和五爻互体都是以下三爻组成下卦，上三爻组成上卦，交错而形成一个新的六爻卦。四爻互体重复使用中间两个爻画，而五爻互体重复使用中间一个爻画。

商周遗物上的四爻易卦可以四爻互体解之，五爻易卦则可以五爻互体解之。如，四爻筮数易卦"六七七六"，上三数组成兑卦，下三数组成巽卦，上兑下巽，互为大过卦。再如，四爻符号易卦☰（或☷），上三爻组

---

① 林忠军：《象数易学发展史》（第一卷），齐鲁书社1994年版，第228页。
② 张文智：《〈周易集解〉导读》，齐鲁书社2005年版，第144页。
③ 张文智：《〈周易集解〉导读》，齐鲁书社2005年版，第207页。
④ 张文智：《〈周易集解〉导读》，齐鲁书社2005年版，第247页。
⑤ 张文智：《〈周易集解〉导读》，齐鲁书社2005年版，第124页。
⑥ 张文智：《〈周易集解〉导读》，齐鲁书社2005年版，第168页。
⑦ 张文智：《〈周易集解〉导读》，齐鲁书社2005年版，第163页。

成艮卦，下三爻组成震卦，上艮下震，互为颐卦。① 又如，五爻符号易卦䷰，上三爻组成离卦，下三爻亦组成离卦，上离下离，故五爻互体是离卦。

最后，需要指出，据伏羲六十四卦次序图，在三爻经卦与六爻别卦之间，有四爻和五爻卦阶段。商周遗物上的四爻或五爻易卦或可用来探究伏羲六十四卦次序图之渊源。另，林忠军先生拟测商周数占之法云："通过六次晃动龟空壳或竹筒，取六个数。……一次得一位数，以一位数占；二次得两位数，以两位数占；三次得三位数，以三位数占；四次得四位数，以四位数占；五次得五位数，以五位数占；六次得六位数，以六位数占。"② 此为另一解读思路，亦可备一说。

第四节　陕西淳化西周陶罐筮数易卦研究

1987年9月，一件刻有西周筮数易卦符号的西周陶罐在陕西省淳化县石桥乡被发现。陶罐上同时刻有十一个筮数易卦，且其排列有规律可循。此考古发现对筮数易卦的研究有重要价值，故姚生民、李学勤、李西兴、徐锡台、蔡运章等学者皆对之加以关注研究，提出了一些有益的灼见。各位时贤的已有成果，是笔者进一步研究的基础，当毋庸讳言，各位先生所撰论文或有小误不安处，或有尚未论及者，因此有必要在既有成果的基础上，对材料重新深入探究，以进一步阐明淳化陶罐筮数易卦在《周易》溯源研究和哲学、历史文化研究中的重要意义。

《周易》通行文本最终定型前的萌芽、产生和发展演变的复杂过程，是一重要的研究课题，但因时代久远和文献阙如等原因，在历史长河中，长期以来如雾里看花，朦朦胧胧。"人更三圣，世历三古"③ 的权威论断过于笼统，需要具体考古材料的支撑。自宋代开始，殷周器物上由数字组成的符号被陆续发现。起初，郭沫若、唐兰等先生将之认定为族徽或文

---

① 案，此符号或见于食器，或见于酒器，皆与颐卦名义相符，可印证蔡运章先生的观点："商周器物所见筮数易卦及其卦辞的含义，多与其载体的名义或用途相合，这使我们对中华先民'制器尚象'习俗有了深刻而具体的认识。"（参见蔡运章《商周筮数易卦释例》，《考古学报》2004年第2期，第153页。）

② 林忠军：《易学源流与现代阐释》，上海古籍出版社2012年版，第12页。

③ （汉）班固：《汉书》卷第三十《艺文志》，中华书局1962年版，第1704页。

字。1978年，张政烺先生根据奇数属阳、偶数是阴的原则，将数字符号破译为易卦。从此，相关研究有了突破性进展。

此类数字符号，称谓不一。或谓"数字易卦"①、"筮卦"②，或谓"八卦数字符号"③、"筮数"④。二十世纪九十年代初，又有称之为"易卦符号文字"⑤、"图形画"⑥者。后来，这些称谓逐渐集中为一个通名，称作"数字卦"。⑦刘大钧先生主编之《百年易学菁华集成》"出土易学文献"分册即采纳此通名。⑧蔡运章先生认为，此类符号乃以数筮占之产物，是《周易》卦象在殷周时期的一种表现形式，当名之为"筮数易卦"。⑨我们认为，"筮数易卦"之称，比较全面地概括了筮、数、卦三方面的内涵，更为妥帖，故采用此称。

一 淳化陶罐的时代

淳化陶罐筮数易卦材料的原发表者姚生民先生，将此陶罐的时代笼统地定为西周："西周符号文字陶罐是1987年9月淳化县石桥乡石桥镇青年村民吴飞在镇北掘土时发现的。"⑩徐锡台先生沿用其说。⑪

李西兴先生在与姚生民先生的商榷文章中，径直将陶罐定为西周初年："我认为，淳化卦符陶罐应是西周初年民间巫师使用的筮占工具。"⑫

---

① 张政烺：《试释周初青铜器铭文中的易卦》，《考古学报》1980年第4期，第403—415页。
② 张政烺：《殷墟甲骨文中所见的一种筮法》，《文史》第24辑，中华书局1985年版，第1—8页。
③ 张亚初、刘雨：《从商周八卦数字符号谈筮法的几个问题》，《考古》1981年第2期，第155—163页转154页。
④ 李学勤：《西周筮法陶罐的研究》，《人文杂志》1990年第6期，第78—81页。
⑤ 姚生民：《淳化县发现西周易卦符号文字陶罐》，《文博》1990年第3期，第55—57页。
⑥ 徐锡台：《奇偶数与图形画——释四位奇偶数和四位（包括五位）阴阳符号排列组成的图形画》，《周易研究》1990年第1期，第54—56页。
⑦ 李零：《跳出〈周易〉看〈周易〉——"数字卦"的再认识》，《传统文化与现代化》1997年第6期，第22—28页。
⑧ 刘大钧总主编：《出土易学文献》（百年易学菁华集成初编），上海科学技术文献出版社2010年版，目录页。
⑨ 蔡运章：《商周筮数易卦释例》，《考古学报》2004年第2期，第131—156页。
⑩ 姚生民：《淳化县发现西周易卦符号文字陶罐》，《文博》1990年第3期，第55页。
⑪ 徐锡台：《淳化出土西周陶罐刻划奇偶数图形画研讨》，《考古与文物》1994年第1期，第52页。
⑫ 李西兴：《淳化县出土西周陶罐上易卦数符管见》，《文博》1990年第6期，第36页。

其说未提供任何考古地层学或类型学之依据，颇觉其突兀。

蔡运章先生在《商周筮数易卦释例》中论及淳化陶罐时说："在陕西淳化县石桥镇出土一件西周初年陶罐。"又说："这件陶罐所刻易卦的顺序，当是西周初年民间巫师依据筮数易卦的排列顺序制成的。""这件陶罐应是周初民间巫师使用的筮占器具。""这件筮占陶罐的发现，为研究筮数易卦的排列顺序及周初民间的筮占习俗，提供了极为珍贵的资料"。① 显然蔡先生径直吸纳了李西兴先生的意见，但李西兴先生的陶罐西周初年说，并无论证。

李学勤先生曾将淳化陶罐的时代定为西周晚期。淳化陶罐非考古发掘所得，无科学的地层关系和伴出器物佐证，但在沣镐地区常有类似陶罐出土，可由考古类型学分析其时代。李学勤先生通过与沣东晚期Ⅱ式罐②、沣西张家坡 M151:3Ⅷ式罐③的比较，认为淳化陶罐当属于西周晚期④。与李西兴先生的"西周早期说"相比，李学勤先生的"西周晚期说"有根有据，遗憾的是，由于李文发表于非考古类专业期刊，未引起蔡运章等先生的注意。细审李学勤先生的分期依据，综合参考赵丛苍、郭妍利《两周考古》⑤、胡谦盈《周文化及相关遗存的发掘与研究》⑥、张之恒、周裕兴《夏商周考古》⑦ 等专著中关于西周陶器分期的论述，对照姚生民先生对淳化陶罐的原始报道，我们赞同李学勤先生的"西周晚期"说。

二 淳化陶罐与《杂卦》

淳化陶罐肩部两组弦纹之间有符号文字，弦纹以内有两条竖斜的凹弦纹界栏，环罐一圈共有十格，其中九格中各有一个筮数易卦，一格中有两个筮数易卦（参见图4-61）。

---

① 蔡运章：《商周筮数易卦释例》，《考古学报》2004年第2期，第150—152页。
② 中国科学院考古研究所丰镐考古队：《1961—1962年陕西长安沣东试掘简报》，《考古》1963年第8期，第411页；图一三：9。
③ 中国社会科学院考古研究所沣西发掘队：《1967年长安张家坡西周墓葬的发掘》，《考古学报》1980年第4期，第472页，图一九：2。
④ 李学勤：《西周筮数陶罐的研究》，《人文杂志》1990年第6期，第78页。
⑤ 赵丛苍、郭妍利：《两周考古》，文物出版社2004年版，第170—171页。
⑥ 胡谦盈：《周文化及相关遗存的发掘与研究》，科学出版社2010年版，第19—20页。
⑦ 张之恒、周裕兴：《夏商周考古》，南京大学出版社1995年版，第197—199页。

此材料的原发表者姚生民先生将陶罐环肩部一圈所刻十一个筮数易卦称为符号文字。唐兰《在甲骨文中所见的一种已经遗失的中国古代文字》①、何汉南《周易爻字考释》等论文皆以此种符号为古代文字②。姚生民先生当接受了唐、何二氏之观点。同时，也部分接受了张政烺《试释周初青铜器铭文中的易卦》③、张亚初、刘雨《从商周八卦数字符号谈筮法的几个问题》④等论文中的观点，即认为此类符号是《周易》卦象形成、发展进程中的一种重要的表现形式。十一个筮数易卦可由乾开始，顺时针展开，亦可由夬开始，逆时针展开。姚氏之文极具启发性，为后人开启了一扇研究陶罐卦序的大门。不足之处是，姚氏得出的最终结论是："陶罐上的符号文字，分析可认识的有乾、巽、离、兑四卦，重卦与周易相符的有小畜、大有与乾三卦，其他不可识。"⑤这就极大地限制了对这十一个筮数的深入研究。这表明，姚氏并未完全接受张政烺、张亚初、刘雨等先生将此类数字符号皆视为易卦的观点。

淳化陶罐上的十一个筮数易卦的最大的特点是只有一、六、五、八等四个数字，将之放在西周晚期的时代背景下，虽然与大衍筮数九、六、七、八相较，有所区别，但它作为联系大衍筮法及其以前筮法的过渡环节，值得研究注意，且颇为耐人寻味。

淳化陶罐上的筮数易卦只有四个数字，大衍筮数也只有四个数字。其区别在于，淳化陶罐筮数"一"，到大衍筮数演变为"九"；淳化陶罐筮数"五"，到大衍筮数演变为"七"。关于"一"与"九"之间的关联，《列子》中的一段记载可供参考："易变而为一，一变而为七，七变而为九。九者，气变之究也，乃复变而为一。"⑥明儒来集之尝论曰："一者，

---

① 唐兰：《在甲骨文中所见的一种已经遗失的中国古代文字》，《考古学报》第2期，第33页。
② 何汉南《周易爻字考释》，载宋镇豪主编：《甲骨文献集成》第十七册，四川大学出版社2001年版，第125—129页。
③ 张政烺：《试释周初青铜器铭文中的易卦》，《考古学报》1980年第4期，第403—415页。
④ 张亚初、刘雨：《从商周八卦数字符号谈筮法的几个问题》，《考古》1981年第2期，第155—163页转154页。
⑤ 姚生民：《淳化县发现西周易卦符号文字陶罐》，《文博》1990年第3期，第57页。
⑥ （周）列御寇，（晋）张湛注，（唐）殷敬慎释文：《列子》卷第一，影印文渊阁《四库全书》第1055册，（台湾）商务印书馆1986年。

又数之最尊者也。"① "九"为尊数,乃人们的共识,而来氏于此言"一"为尊数,看来,"一"与"九"之间的确有着密切的关联。至于"五"与"七"之间的关联,我们认为,或许与古文字的字形有关。"五"作"×","七"作"十",皆两笔交叉。案,"旬"作"✿"②,从十云声,"十"表意,"云"表声,十日为旬。"十"本应由上而下书写,但有时亦可斜向书写作"✿"。③ 此猜测是否成立,存疑待考。

李学勤先生在《西周筮数陶罐的研究》一文中说,淳化陶罐筮数中,有两个似八实九的数字。④ 此观点有别于原报道人姚生民先生,亦不为随后的徐锡台、李西兴、蔡运章等先生所采信。我们认为,如依李学勤先生之说,则由乾顺数之第五卦、第六卦、第十卦皆为小畜卦,难以使人认同,故亦不采信李说。

对陶罐研究取得突破性进展,提出淳化陶罐筮数易卦卦序与《杂卦》卦序相类似的是李西兴先生。李西兴先生说:"淳化陶罐的卦符顺序应按逆时针为准,它是西周初年的民间巫师根据《杂卦》这一古筮占体系排列成序的。"⑤

四年后,徐锡台先生重申李西兴先生之说:"若将数字卦序,以乾为首,末尾为夬卦,则与《周易·杂卦传》中六十四卦排列次序基本相同。由此说明《杂卦》本身就是西周易卦筮占得古体系之一。……这个陶罐上数字卦序是反映了西周初年易卦的卦序。"⑥ 案,李西兴、徐锡台二先生皆以《周易·杂卦》卦序定型至迟不晚于西周初年,但如前所述,淳化陶罐应属西周晚期,故李、徐二氏之观点当修正为:《杂卦》卦序定型至迟不晚于西周晚期。

其实,在《周易》研究的历史长河中,并非没有学者重视《杂卦》

---

① (明)来集之《读易隅通》卷上,《续修四库全书》第17册,上海古籍出版社2002年版,第458页。
② 郭沫若主编,胡厚宣总编辑,中国社会科学院历史研究所编:《甲骨文合集》,第一期,片号:11482,中华书局1999年版。
③ 郭沫若主编,胡厚宣总编辑,中国社会科学院历史研究所编:《甲骨文合集》,第一期,片号:11648,中华书局1999年版。
④ 李学勤:《西周筮法陶罐的研究》,《人文杂志》1990年第6期,第79页。
⑤ 李西兴:《淳化县出土西周陶罐上易卦数符管见》,《文博》1990年第6期,第38页。
⑥ 徐锡台:《淳化出土西周陶罐刻划奇偶数图形画研讨》,《考古与文物》1994年第1期,第55页。

卦序，只是在以《序卦》卦序占绝对优势的语境中，《杂卦》卦序常被研《易》者所忽罢了。如明代刘元卿《大象观》最突出之特色便在于以《杂卦》为序诠释《周易·大象传》。卷首释《杂卦》之序曰：

夫乾，天也；坤，顺承天也。学以法天必资师友，友聚而比则乐，师任裁成则忧。或相临而与，或相观而求。与与求也，皆反其所自始者也。始生之机未畅，故曰屯；屯则蒙发。蒙者宜震，震，动也；动必有所止，艮，止也，止于道也。为道日损，损之所以益也，故受之大畜。大畜，畜天也；天则不妄矣。无妄，诚也。诚则萃，萃则德崇而升。升不可极，利用谦。升而能谦必豫。豫，逸豫也，德之间也。去间贵决，故受之噬嗑；间去则贲。贲则说，说则顺。顺之敝为随，至于随则蛊而剥。剥者，复之始也。始复则明，明夷则晦。晦而思通如掘井求泉，不得不困，故受之困。困，师道也，敩然后知困也。知困然后能虚，故继以咸；虚而为盈，难乎恒矣，故继以恒。恒，久也。久而易涣，故节。节之过，则解；解则蹇而睽。合睽者，其本在家，故受之以家人。家道穷必否，否极生泰。泰则壮，壮极而遯，遯则退也。大有，众也；能退则得众，得众则同人。同人，故可以革故，可以鼎新。虽有小过，而中孚足以起信也。信则居丰不盈，居旅不孤，居离而不察，居坎而知险。险则小畜而不可大，非履而不可履。履，不苟也；需，不进也；讼，不成也。故可以无大过。无过必有遇，故受以姤。物相遇则进，故受以渐。进必有所养，故受以颐。得养必有所济，故受以既济。济者，合也。物不可苟合，故次归妹。苟合则终敝，故次未济。处未济者存乎夬。夬，决也，刚决柔也。柔决而纯乎乾矣。乾，天也。始以天，终以合天。①

四库馆臣对元卿以《杂卦》为序颇为不满，云："至其以《杂卦》为序，尤为颠倒。夫'杂'者，相错之余义也。缀《十翼》之末，明非正经也。"②案，淳化陶罐上的筮数易卦，如由乾逆数至夬，各卦顺序，与

---

① （明）刘元卿：《大象观》，《四库全书存目丛书》经部第10册，齐鲁书社1995年，第207—209页。

② （清）永瑢等：《四库全书总目》卷第七《经部·易类存目一》，中华书局1965年版，第57页。

今本《杂卦传》基本相同。《周易·系辞下》论制器尚象时，亦以夬卦作结，陈鼓应、赵建伟以为，"似与《杂卦》相关"。① 萧汉明指出："发现最晚的《杂卦》并非形成在《序卦》之后，恰恰相反，《杂卦》卦序正是《序卦》卦序的先导。"② 故四库馆臣之见非是。刘元卿之论与淳化陶罐相辉映，足为淳化陶罐筮数易卦在《周易》溯源研究上的重要意义张目。

需要指出，淳化陶罐上的十一个筮数易卦，若顺行，首乾次夬，终以益，尾卦与马王堆帛书《易》的尾卦相同；若逆行，首乾次益，终以夬，尾卦与《周易·杂卦》的尾卦相同。尤其值得注意的是，若顺行，首乾卦，次夬卦，再次大有卦，与伏羲六十四卦次序图之前三卦正相吻合。种种巧合，使我们不得不推测，《周易·杂卦》卦序、马王堆帛书《易》卦序，乃至于伏羲六十四卦次序图，皆可溯源于西周时期。

三 淳化陶罐与筮法

淳化陶罐筮数易卦达十一卦之多，容易集中研究，便于寻找规律，对筮法探求极有启发意义。

（一）揲蓍法之拟测

《周易·系辞上》："大衍之数五十，其用四十有九。③ 分而为二以象两，挂一以象三，揲之以四以象四时，归奇于扐以象闰。五岁再闰，故再扐而后挂。天数五，地数五，五位相得而各有合。天数二十有五，地数三十，凡天地之数五十有五。此所以成变化，而行鬼神也。乾之策二百一十有六，坤之策百四十有四，凡三百有六十，当期之日。二篇之策万有一千五百二十，当万物之数也。是故四营而成易，十有八变而成卦。"

这是我们目前所知有关揲蓍法的最原始的系统记载，被称为"大衍筮法"。关于"大衍筮法"的解释，有"挂扐"和"过揲"之分歧。朱熹在《易学启蒙》卷三强调"挂扐法"，而贬抑"过揲法"，刘大钧先生

---

① 陈鼓应、赵建伟：《周易今注今译》，商务印书馆2005年版，第763页。
② 萧汉明：《〈杂卦〉论》，《周易研究》1988年第2期，第27页。
③ 案，所谓"大衍之数五十"实"大衍之数五十有五"之误，故两分"大衍之数"和"天地之数"，欲究"大衍之数"何以异于"天地之数"？何以去一不用？皆无谓之论也。"其用四十有九"者，去六不用，以象"六爻设位"，非去一不用也。（参见陈恩林、郭守信《关于〈周易〉"大衍之数"的问题》，载于刘大钧主编《大易集述》，巴蜀书社1998年，第69—75页。）

以为不妥。刘大钧云："'过揲法'与'挂扐法'虽然求得的结果一样，但考之于《系辞》，当以'过揲法'为确。"① 若依"挂扐法"，会出现五、九、四、八等四个数，若依"过揲法"则会出现九、六、八、七等四个数。根据《周易》爻题九、六，以及后世流行之九宫十五之数等，我们也倾向于"过揲法"。

"大衍筮法"之前的揲蓍法，文献记载阙如，不得而详。淳化西周陶罐筮数易卦为我们探究"大衍筮法"之前的早期筮法提供了珍贵的史料。

李学勤先生通过对筮数出现规律的探求，对商周揲蓍法做出如下拟测："淳化陶罐、扶风和沣西卜骨筮数所代表的揲蓍法，最容易出现一，其次六、八，少见五、九，没有七，可暂称为揲蓍法乙；殷墟甲骨、陶器、岐山卜甲和西周金文筮数所代表的揲蓍法，最容易出现六，其次七、八，少见一、五、九，可暂称为揲蓍法甲。有没有'七'，是区别甲、乙两种揲蓍法的标志。"② 此论基于对筮数易卦材料的统计分析，可成一家之言。

（二）陶罐易卦属投壶占筮

李学勤先生曾指出："实用器物上记载筮数，可以有不同的理解。一种是像中方鼎铭文，所记筮数可能与铭中叙述的史事联系；一种是作器或使用该器时占筮的记录；再一种是利用现成品物记录占筮的结果，如殷墟发现的砺石。这几种理解，似乎只有最后一种比较适用于淳化陶罐。"③

李学勤先生认为，淳化陶罐上的筮数易卦是利用陶罐占筮的结果的记录，笔者不以为然。笔者认为，淳化陶罐上十一个筮数易卦排列有序，与今本《周易·杂卦》基本契合，说明它们绝不会是占筮结果的简单记录。淳化陶罐筮数易卦所释放出的历史信息，使远古先民根据《杂卦》占筮的场面浮现在眼前。

李西兴先生拟测"卦符陶罐是西周民间巫师的筮占工具"④，这一提法的确十分精辟。投壶占筮和抽签占筮原理是一致的。抽签是将吉凶语或卦例写在竹木签上，视抽出或摇出的一签，以断吉凶休咎。投壶就是将竹

---

① 刘大钧：《周易概论》（修订本），齐鲁书社1988年版，第105页。
② 李学勤：《西周筮法陶罐的研究》，《人文杂志》1990年第6期，第79页。
③ 李学勤：《西周筮数陶罐的研究》，《人文杂志》1990年第6期。案，蔡运章先生对李学勤之说有补充。蔡先生认为，实用器上之筮数与载体有关联。如，据《周易·说卦》，离为戈兵，故洛阳北窑西周墓M203、M210所出3件铜戈上刻铸筮数易卦"离"。蔡先生之说新颖而有据。参见其《商周筮数易卦释例》，《考古学报》2004年第2期，第137页。
④ 李西兴：《淳化县出土西周陶罐上易卦数符管见》，《文博》1990年第6期，第36页。

木细棍，投入陶罐中，细棍停靠在罐沿上，根据细棍所靠近的易卦来判断吉凶。

据李镜池先生《周易通义》，淳化陶罐上的十一个筮数易卦的内容含义如下：

（1）乾卦，星占之卦，属于象占之一，表现了圣人神道设教的意图，倡导人们向善的行为。

（2）益卦，讲兴衰的道理。

（3）大畜卦，讲农业畜牧业的经济内容。

（4）困卦，讲刑狱内容。

（5）解卦，内容涉及商旅、狩猎、战俘，意为有所获得。

（6）睽卦，事涉行旅。

（7）家人卦，涉及家庭生活的各种表现。

（8）小畜卦，讲到稼穑等农村生活内容。

（9）否卦，否卦和泰卦是对立的组卦，具体地、多方面地举例说明了事物的对立转化的辩证关系。

（10）大有卦，讲农业大丰收之事。

（11）夬卦，占寇戎和行旅。①

李西兴先生认为：淳化陶罐上所刻十一卦"是陶罐主人根据当时的民间筮占需要而精心选择的，因此具有鲜明的平民性、实用性和体系性"。② 所论得当。

四　淳化陶罐与易数

淳化陶罐上何以刻十一个筮数易卦？姚生民、徐锡台、李西兴、李学勤、蔡运章等诸位先生皆未论及，我们试补此缺。

明邢云路《古今律历考》卷十六引僧一行之言云："天数中于五，地数中于六，合天地二中为十一，以通律历。"③ 此言旷若发蒙，使人顿悟

---

① 李镜池：《周易通义》，中华书局1981年版。
② 李西兴：《淳化县出土西周陶罐上易卦数符管见》，《文博》1990年第6期，第38页。
③ （明）邢云路：《古今律历考》卷第十六，《文渊阁四库全书》第787册，（台湾）商务印书馆1986年影印。

淳化陶罐上所刻十一个筮数易卦之缘由，反映了"尚中"之思想。

顾净缘先生论五、六之数云：第一，五、六两数，居天地数之中，为天地之中数。天地之数为天一地二天三地四天五地六天七地八天九地十，五、六两数居中。第二，二、三、四、七、八、九，各数自乘，末尾之数字有变（二二如四，三三如九，四四一十六，七七四十九，八八六十四，九九八十一），五、六两数自乘，末尾之数字不变（五五二十五，六六三十六），故五、六为天地之中数。第三，五、六两数，因为居中能御外，所以不变；因为不变能应万变，所以居中。第四，五五二十五，六六三十六，合为六十一。以六乘六十一，得三百六十六，为一年三百六十六日之数，合天地自然之数。①

1973年湖南长沙马王堆3号汉墓出土的医书中有《足臂十一脉灸经》和《阴阳十一脉灸经》。② 这两篇医书是迄今所知最早的论述中医经络理论的文献。"与马王堆出土的《足臂十一脉灸经》及《阴阳十一脉灸经》相比，《内经》不仅由十一条经脉发展为十二经脉，而且其循行走向很有规律，各经之间相互衔接，互为表里。"③ 中医经络理论中的"十二经脉"，在马王堆出土医书中却作"十一经脉"，与淳化陶罐上的"十一卦"正可互相发明。（案，中医基础理论中的"五脏六腑"说、"五运六气"论，当皆与"五"、"六"天地之中数相关。）扬雄拟《易》而作《太玄》，有《玄首》、《玄冲》、《玄错》、《玄测》、《玄攡》、《玄莹》、《玄数》、《玄文》、《玄掜》、《玄图》、《玄告》十一篇，亦与"十一"之数相合。周大明《远古图符与〈周易〉溯源》中有"河图变体合十一图"，他说："当河图变体至合十一图时，局部和整体均到达平衡态，即各边和中间之数之和均为十一。此河图被认为是万物存在与发展的最佳和最终的状态。"④

2009年8月11日《咸阳日报》报道："淳化县修石桥乡至爷台山景区公路在九庄村取土时，发现陶罐两件，其中一件外饰浮雕动物纹。……罐肩处有一周浮雕为十一个小动物组成的花纹带……确为汉罐中的精品，

---

① 顾净缘：《周易发微》，中国书籍出版社2010年版，第116—117页。
② 鲁兆麟、黄作阵点校：《马王堆医书》，辽宁科学技术出版社1995年版。
③ 石全福、王宫博：《从马王堆医书到〈黄帝内经〉看经络辨证的早期发展》，《针灸临床杂志》2008年第11期，第46页。
④ 周大明：《远古图符与〈周易〉溯源》，人民出版社2010年版，第25页。

具有很高的艺术价值和考古价值。"① 此报道使人自然地联想到了同出于淳化县石桥乡的刻有十一个筮数易卦的陶罐。在跨越了数百年后，虽然筮数易卦变成了动物纹，但"十一"之数（"天中之数"与"地中之数"相加之和）却传承未改。我们有理由相信，"十一"之数，有着特定的文化内涵，并可由此深思，远古社会，我们的先民在天文律历方面所达到的认识高度，这是不容忽视的重要的文化背景。

淳化陶罐环肩十格之三、六分界处为何刻两卦？换言之，三、六分界处有何特殊性？时贤亦未论及。我们认为，或与三才、六爻之数相关。《周易·系辞下》："《易》之为书也，广大悉备，有天道焉，有人道焉，有地道焉，兼三才而两之，故六。"②《周易·说卦》："立天之道曰阴与阳，立地之道曰柔与刚，立人之道曰仁与义，兼三才而两之，故《易》六画而成卦。"③ 顾净缘先生尝论三之数云："三为阴阳合，为参天之数，为天、地、人三才之数。"④ 论六之数云："一个六为六爻之数。两个六为六阴六阳，为一日十二时、一年十二月之数。三个六为十八变而成卦之数。十个六为六十，干支一周之数。三十个六为百八十年，为元气流行一周之数。"⑤

关于数字"三"，还可用"函三为一"之哲学观来诠释。

"函三为一"，首发于刘歆。《汉书》卷二一《律历志上》引其说云："太极元气，函三为一。极，中也。元，始也。行于十二辰，始动于子。……此阴阳合德，气钟于子，化生万物者也。"⑥ "三"，指天、地、人三才；"子"对应于十一月；朱熹以前，人们皆以"中"释"极"。⑦ 此段文字将"三"、"中"、"十一"三者联系到了一起。

"十一月"又对应于十二律中之"黄钟"。宋儒魏天应云："黄钟者，气之母而数之首也。此太极元气函三为一之始也。古人作历必以十一月朔

---

① 姚晓平：《淳化文物新发现 石棺 陶罐》，《咸阳日报》2009年8月11日第A01版。
② 高亨：《周易大传今注》，齐鲁书社1979年版，第592页。
③ 高亨：《周易大传今注》，齐鲁书社1979年版，第609页。
④ 顾净缘：《周易发微》，中国书籍出版社2010年版，第115页。
⑤ 顾净缘：《周易发微》，中国书籍出版社2010年版，第116页。
⑥ （汉）班固：《汉书》卷第二一《律历志上》，中华书局1962年版，第964页。
⑦ （清）胡渭：《易图明辨》卷第七："极皆训中。不从此训，自朱子始。"影印文渊阁《四库全书》第44册，（台湾）商务印书馆1986年。

旦冬至起历者，盖谓此也。"①

《史记·律书》："数始于一，终于十，成于三。气始于冬至，周而复生。"② 宋儒李复以"函三为一"解释"三爻而成卦"云："太极元气，函三为一，故三爻而成卦。"③ 元儒袁桷以"函三为一"解释十二律"三分损益法"云："太极元气，函三为一。三者，天、地、人也，故必以三而损益之。"④

淳化陶罐筮数易卦与以上文献记载一一暗合，颇值得玩味。⑤

第五节　长安西周陶拍筮数易卦研究

20世纪后二十余年，学界对出土发现的筮数易卦的收集和研究渐趋丰富和深入，筮数易卦的研究为探究《周易》在商周时期的表现形式和演变发展提供了前所未有的证据。传本《周易》中阴阳爻符卦是从筮数易卦中渐趋演变发展而来的，换句话说，商周的筮数易卦是传本《周易》的前形式，这一观点虽然在学界还有反面的声音，但其理由也弱，证实虽然还需要更充分的证据和理由，可是证伪也难。上古文化在一些方面表现出来的高度成熟总是使后来研究者由衷的赞叹，而其起源和发展常常是一个秘。

20世纪前发现的筮数易卦虽表明其为商周时期的易卦形式无疑，但是这里有两个问题需要解决：一是筮数易卦通过怎样的一种契机演变成传本《周易》的卦象形式；二是今本《周易》卦序出现甚至成熟时间是否可以向前推导，或者至迟推导到什么时期。这两个问题对于探究《周易》的起源及演变等诸问题是很有意义的，而这个涉及到《易》学渊源的问

---

① （宋）魏天应：《论学绳尺》卷第六，影印文渊阁《四库全书》第1358册，（台湾）商务印书馆1986年版。

② （汉）司马迁：《史记》卷第二十五《律书》，中华书局1959年，第1251页。

③ （宋）李复：《潏水集》卷第四，影印文渊阁《四库全书》第1121册，（台湾）商务印书馆1986年版。

④ （明）袁桷：《清容居士集》，影印文渊阁《四库全书》第1203册，（台湾）商务印书馆1986年版。

⑤ 案，中国科学院高能物理研究所沈经曾从自然科学角度论"三"的文化内涵（参见其《自然界为什么喜欢"三"》，《河洛数理》，1994年合刊）；山东大学刘大钧先生曾从古人重视"三"的角度论《周易》"九"、"六"爻题之由来（参见其《〈周易〉九、六解》，《东岳论丛》1980年第3期，第44—47页）。以上成果，都有助于思索淳化陶罐环肩倒数第三格的特殊性问题。

题，因为没有出土材料作证据，只能陷入不能站稳脚步的想像了，而这种想像是和学术上需要的客观严谨相悖的，故此问题只好一时止步不前了。2001年长安出土的西周陶拍上的筮数易卦为解决上述问题提供了可遇不可求的证据。

一 长安西仁村陶拍筮数易卦简介

该陶拍是陕西省考古研究所在长安县黄良乡西仁村村北约200米处西周窑址采集的，共采集到4件陶拍。"同时采集的还有鬲、簋、豆、罐、盆等陶器残片。从而可以断定，这四件陶拍的时代下限不晚于西周晚期。"① 在编号为CHX采集1—4的4件陶拍中，CHX采集：3和CHX采集：4虽有筮数，但因太简或凌乱，难作深入分析，故只研究CHX采集：1和CHX采集：2。

CHX采集：1陶拍柄下部稍有残损，在柄上并排刻有两组筮数易卦，由筮数易卦中的数字六可知，刻写筮数易卦时陶拍拍面朝上放置（图4-74）。两组筮数易卦为"𡿨𡿨"，这两组筮数易卦是左右并排的，从左到右分别可释为《周易》的未济卦☲☵和既济卦☵☲。那么这两组筮数易卦的阅读顺序是从左到右呢？还是从右到左呢？有三个理由可知应从右到左释读，一是商周文字有从右到左读书写的习惯；二是CHX采集：2四卦的顺序亦是从右到左读。

图4-74 长安西仁村陶拍易卦

---

① 曹玮：《陶拍上的数字卦研究》，《文物》2002年第11期，第65页。

CHX 采集：2 陶拍柄部残断，但环柄部一周所刻筮数易卦清晰可辨，为"󰀀"（图4-75），四筮数易卦环陶拍柄一周刻写，本难定起始，但在卦画中有一箭头符号"󰀀"，曹玮先生释读为"戈"字，而李学勤先生以之为标识方向的符号，"指出了文字环读的走向"[①]，按此，则从右到左得到四筮数易卦八八六八一八、八一六六六六、一一六一一一、一一一六一一，转成《周易》卦象分别是师卦☷、比卦☷、小畜卦☰、履卦☰。这四个卦恰好是今《周易》卦序中的第 7 卦、第 8 卦、第 9 卦和第 10 卦。而 CHX 采集：1 中两个卦（既济卦和未济卦）正好是今《周易》卦序中第 63 卦和第 64 卦。在这两个陶拍柄部所刻六卦与今《周易》卦序如合符契，绝非巧合。李学勤先生由此认为"传本《周易》那时业已存在"。[②] 此种说法可谓中肯。廖名春[③]、董延寿、史善刚[④]等先生撰文时亦接受了这一观点。

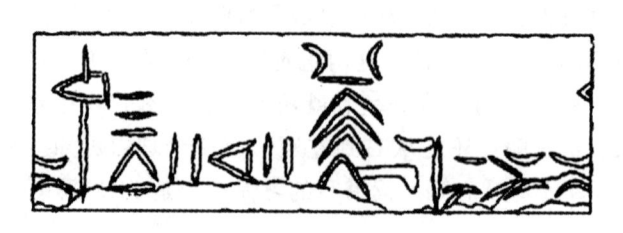

图 4-75 长安西仁村陶拍易卦

二 长安西仁村陶拍筮数易卦在易学史上的重要意义

（一）长安陶拍筮数易卦组成的卦象是由数字卦向阴阳爻符卦卦演变中的重要一环

从长沙马王堆帛书《周易》和上海博物馆藏战国楚竹书《周易》可知，在西汉、战国时，《周易》的卦象组成已经是阴阳爻符了。阳爻和今《周易》完全相同，即为一长实线；阴爻虽然与今《周易》阴爻形状略

[①] 李学勤：《新发现西周筮数的研究》，《周易研究》2003 年第 5 期，第 4 页。
[②] 李学勤：《新发现西周筮数的研究》，《周易研究》2003 年第 5 期，第 5 页。
[③] 廖名春：《长安西仁村陶拍数字卦解读》，《周易研究》2003 年第 5 期，第 8—13 页。
[④] 董延寿、史善刚：《论西周易卦与〈易经〉》，《哲学研究》2011 年第 12 期，第 38—38 页。又参见史善刚主撰《河洛文化与中国易学》，河南人民出版社 2009 年版，第 68—74 页。

别，但皆为两短线的书写变形，其实无别。马王堆帛书《衷》云："子曰：《易》之义萃（萃）阴与阳，六画而成章。曲勾焉柔，正直焉刚。"①文中以"曲勾"、"正直"之语来描述阴阳爻，可谓形象贴切。《周易》在战国基本定型，也包括阴阳爻符卦象的定型。

那么春秋时期的卦画究竟是怎样的呢？《左传》《国语》所载二十二易事中，卦象已经和今《周易》别无二致。《左传》《国语》所载如为当时实录，则春秋时卦画已同于今《周易》所传，故符号易卦无疑可上推至春秋时期。

由春秋时期进一步上推阴阳爻符卦象的渊源，西周陶拍筮数易卦提供了重要证据。

学界将出土的数字符号释读为筮数易卦以来的三十多年，虽然因受材料限制，目前不可能将所有细节弄清楚，但是随着研究的深入，将筮数易卦定为卦象在商周时期的一种存在形式，已经改变了三千年来"三圣"演易的笼统观点。

张政烺先生于1980年第4期《考古学报》上发表的论文《试释周初青铜器铭文中的易卦》是筮数易卦系统研究的发轫之作。张先生通过对当时其所收集到的三十二条筮数易卦材料的统计，认为：在具体的筮占活动中虽使用到了一、二、三、四、五、六、七、八8个数字，但为书写时防止混乱，只能见到一、五、六、七、八。

后来在商周筮数易卦中发现了数字九的例子，修正了张先生所言"筮不用九"的推论，故李零先生在此基础上对商周筮数做出了新的总结："中国早期的易筮，从商代、西周到春秋战国，一直是以一、五、六、七、八、九6个数字来表示，由于二、三、四是被故意省略，十是下一进位的一，所以可以认为它们代表的乃是十进制的数位组合。"②

后来又发现了筮数易卦中用数字十的例子③，故李零先生之说尚需进

---

① 丁四新：《楚竹书与汉帛书〈周易〉校注》，上海古籍出版社2011年版，第521页。
② 李零：《中国方术正考》，中华书局2006年版，第204页。
③ 例一：《小屯南地》上册第二分册4352卜骨刻有筮数易卦"十六五"，见曹定云《新发现的殷周"易卦"及其意义》，《考古与文物》1994年第1期，第48—49页。例二：罗振玉编《三代吉金文存》16.26.7著录 ![爵], 爵名即筮数"六十六六十六"，中华书局1983年版，第1695页。例三：1983年陕西清涧李家崖古城址A区T17第三层中出土的一件三足瓮残沿下刻有筮数易卦 ![卦]，可释为"六六六十"。参见徐锡台《奇偶数与图形画——释四位奇偶数和四位（包括五位）阴阳符号排列组成的图形画》，《周易研究》1990年第1期，第55页。

一步修正。筮数易卦中,十个自然数皆用到了,的确代表了十进制的数位组合。

将目前所能所收集到的具有典型性的筮数易卦对比考察就会发现①,筮数易卦所用数字的偏重有异,或者说所用数字出现的频率有别。对这种区别,李学勤先生早有发现,将数字出现频率的不同断定为由不同的筮法所致。他说:

> 淳化陶罐、扶风和沣西卜骨筮数所代表的揲蓍法,最容易出现一,其次六、八,少见五、九,没有七,可暂称为揲蓍法乙;殷墟甲骨、陶器、岐山卜甲和西周金文筮数所代表的揲蓍法,最容易出现六,其次是七、八,少见一、五、九,可暂称为揲蓍法甲。有没有"七",是区别甲、乙两种揲蓍法的标志,这大约是在揲蓍法乙中"七"极难或不易产生之故。大体说来,揲蓍法甲的例证比揲蓍法乙的要晚一些,但不能由此得出两者前后承袭的推论。②

李学勤先生以有无数字"七"区分两种揲蓍法的思路是很有参考价值的,至于其云"大体说来,揲蓍法甲的例证比揲蓍法乙的要晚一些"的说法则欠妥。恰恰相反,如我们承认李先生的假设,其实正好是揲蓍法甲的例证比揲蓍法乙的要早一些。

细查筮数易卦例,数字使用的区别和时代的前后似有某种联系。这种联系当是筮数易卦演变过程中流行的痕迹。可以看几个典型的易卦例来说明。

1. 筮数易卦使用一、五、六、七、八、九6个数字

(1) 1995年安阳刘家庄殷代遗址出土的卜骨上有筮数易卦:

◎九七七

◎一一六六一五

◎六八八八六六

(2) 1973年,安阳殷墟出土"易卦"卜甲上有筮数易卦:

◎ 𠃊六,𠃊九

---

① 按:参见本书第四章之第一节《考古所见商周筮数易卦综述》内容。
② 李学勤:《西周筮数陶罐的研究》,《人文杂志》1990年第6期,第80页。

◎六七一六七九

◎六七八九六八

◎七七六七六六

上面所选两例属殷商、先周筮例。

2. 筮数易卦使用一、五、六、八 4 个数字

例（1）1980—1982 年安阳苗圃北地 M80 出土磨石，背面皆刻有筮数易卦：

◎八一一一六六（背右）

◎八一一一一六（背左）

例（2）1956 年陕西长安张家坡西周沣镐遗址发现筮数易卦：

◎六六八一一六

◎一六六六六一

◎一一五五一一

◎一一六一一一

上面所选两例亦属殷商、先周筮例。

3. 筮数易卦使用五、六、七、八 4 个数字

例（1）1950 年河南安阳殷墟四盘磨 SP11 探坑出土的卜骨，上刻三个筮数易卦：

◎"七八七六七六"

◎"八六六五八七"

◎"七五七六六六"

例（2）1980—1982 年安阳苗圃北地 M80 出土磨石，正面、侧面皆刻有筮数易卦：

◎七六六六六七（正右）

◎七六八七六七（正中）

◎六六五七六八（正左）

◎六六七六六八（侧面）

例（3）2002 年陕西扶风县齐家村北 H90 出土一片卜骨，上有筮数易卦：

◎八七五六八五

◎八六七六八八

◎八七六八六七

例（4）1986—1990年北京房山区镇江营出土的一件卜骨，上有筮数易卦：

◎六六六六七七

◎七六八六五八

以上卦例从殷商一直到西周中期偏晚。

4. 筮数易卦中只有一、六、八3个数字

（1）周原博物馆展品残陶器圈足所刻三组筮数易卦①：

◎六六六

◎一一八

◎一六六

（2）长安县黄良乡西仁村出土的两件陶拍所刻六组筮数易卦，所用数字集中在一、六、八3个数字。

以上卦例属先周至西周晚期。

综上，筮数由多而少，逐渐归为阴、阳两类，当为由数字卦向符号卦演变的规律。属西周晚期的长安陶拍相对而言时代更近，在某种历史机缘下，更当是阴阳爻符卦的前身了。

（二）长安陶拍筮数易卦排列遵循"二二相耦，非覆即变"的原则

关于今本《易经》乾坤、屯蒙、需讼、师比、小畜履、泰否，以至既济未济的卦序，唐孔颖达以"二二相耦，非覆即变"总结其规律。孔颖达说："今验六十四卦，二二相耦，非覆即变。覆者，表里视之，遂成两卦，屯、蒙、需、讼、师、比之类是也。变者，反覆唯成一卦，则变以对之，乾、坤、坎、离、大过、颐、孚、小过之类是也。"②

"非覆即变"的意思是：每每两卦之间，或为覆卦关系，或为变卦关系。"覆卦"，亦称作反卦、综卦。互为覆卦的两卦的卦象上下颠倒。如屯卦☳☵和蒙卦☶☵便是互为覆卦。"变卦"，亦称作错卦。互为变卦的两卦阴阳爻符互变（阳爻变阴爻，阴爻变变阳爻）。如乾卦☰与坤卦☷便是互为变卦。"二二相耦，非覆即变"的排列规律，反映了"对待"与"流行"的《易》学阴阳观。

---

① 李零：《中国方术正考》，中华书局2006年版，第213页。

② （魏）王弼，（晋）韩康伯注，（唐）孔颖达疏：《周易正义》卷第九《序卦》，北京大学出版社2000年版，第393—394页。

如前所述，长安西仁村陶拍CHX采集：1和CHX采集：2上的三组六卦（师卦、比卦、小畜卦、既济卦、未济卦）正符合"两两相耦，非覆即变"的原则。孔颖达说："《序卦》者，文王既繇六十四卦，分为上下二篇，其先后之次，其理不见，故孔子就上下二《经》，各序其相次之义，故谓之《序卦》焉。"① 依孔颖达之说，文王之时已定六十四卦之序，《序卦》发明其理。而长安陶拍筮数易卦的出现可证明今本卦序不晚于西周晚期。

关于西周陶拍与今本卦序之间的关联，时贤早已指出。李学勤先生说："由师至履、既济至未济两处局部卦序，不难推想当时所用《周易》的卦序大同于今本卦序。换句话说，传本《周易》那时业已存在。"② 廖名春先生说："《周易》六十四卦的卦画结构古往今来人们做了许多的研究，现在看来，其最根本的结构特点当是孔颖达揭示的'二二相耦，非覆即变'。……说这3组卦已蕴含'非覆即变'错综关系的概念，很有道理。承认陶拍2上的数字卦互覆，实质上就承认了它们是以阴阳爻为基础的。道理非常简单，如果它们不是来源于阴阳爻，而仍然是八、六、一这些筮数的话，它们就不能互覆。"③

---

① （魏）王弼，（晋）韩康伯注，（唐）孔颖达疏：《周易正义》卷第九《序卦》，北京大学出版社2000年版，第393—394页。
② 李学勤：《新发现西周筮数的研究》，《周易研究》2003年第5期，第5页。
③ 廖名春：《长安西仁村陶拍数字卦解读》，《周易研究》2003年第5期，第11页。

征引文献

A

［美］艾兰著，汪涛译：《龟之谜：商代神话、祭祀、艺术和宇宙观研究》（增订版），商务印书馆2010年版。

安徽省文物考古研究所：《安徽含山凌家滩新石器时代墓地发掘简报》，《文物》1989年第4期。

安阳地区文物管理委员会：《河南汤阴白营龙山文化遗址》，《考古》1980年第3期。

安阳市文物工作队：《1995—1996年安阳刘家庄殷代遗址发掘报告》，《华夏考古》1997年第2期。

安志敏：《一九五二年秋季郑州二里岗发掘记》，《考古学报》第八册，1954年。

B

［澳］巴纳，张光裕：《中日欧美澳纽所见所拓所摹金文汇编》第八册，（台湾）艺文印书馆1978年版。

（汉）班固：《汉书》，中华书局1964年版。

包头市文物管理所：《内蒙古大青山西段新石器时代遗址》，《考古》1986年第6期。

北京大学、河北省文化局邯郸考古发掘队：《1957年邯郸发掘简报》，《考古》1959年第10期。

北京大学考古文博院、郑州市文物考古研究所：《河南新密市新砦遗址1999年试掘简报》，《华夏考古》2000年第4期。

北京市文物研究所：《镇江营与塔照——拒马河流域先秦考古文化的类型与谱系》，中国大百科全书出版社1999年版。

［日］本田成之：《作易年代考》，江侠庵编译《先秦经籍考》，（上海）商务印书馆1931年版。

步瑞兰：《阳雀文化与中医》，《世界中西医结合杂志》2014年第2期。

C

蔡运章：《洛阳北窑西周墓青铜器铭文简论》，《文物》1996年第7期。

蔡运章：《商周筮数易卦释例》，《考古学报》2004年第2期。

蔡运章：《易学考古导论》，《中国文物报》2006年11月3日。

曹定云：《殷墟四盘磨"易卦"卜骨研究》，《考古》1989年第7期。

曹定云：《论安阳殷墟发现的"易卦"卜甲》，《殷都学刊》1993年第4期。

曹定云：《新发现的殷周"易卦"及其意义》，《考古与文物》1994年第1期。

曹玮：《陶拍上的数字卦研究》，《文物》2002年第11期。

曹玮：《周原甲骨文》，世界图书出版公司2002年版。

曹玮：《周原新出西周甲骨文研究》，《考古与文物》2003年第4期。

岑仲勉：《易卦爻表现着上古的数学知识》，《中山大学学报》（社会科学版）1956年第1期。

昌潍地区艺术馆、考古研究所山东队：《山东胶县三里河遗址发掘简报》，《考古》1977年第4期。

常州市博物馆：《江苏常州圩墩村新石器时代遗址的调查和试掘》，《考古》1974年第2期。

畅文斋、顾铁符：《山西洪赵县坊堆村出土的卜骨》，《文物参考资料》1956年第7期。

晁福林：《商代易卦筮法初探》，《考古与文物》1997年第5期。

陈淳：《考古学研究入门》，北京大学出版社2009年版。

陈道生：《重论八卦的起源——结绳、八卦、二进法、易图的新探索》,《孔孟学报》(台湾) 第 12 期, 1966 年 9 月。

陈恩林、郭守信:《关于〈周易〉"大衍之数"的问题》, 刘大钧主编《大易集述》, 巴蜀书社 1998 年版。

陈鼓应、赵建伟:《周易今注今译》, 商务印书馆 2005 年版。

陈久金、张敬国:《含山出土玉片图形试考》,《文物》1989 年第 4 期。

陈梦家:《殷墟卜辞综述》, 中华书局 1988 年版。

陈全方:《周原与周文化》, 上海人民出版社 1988 年版。

陈旭:《郑州商文化的发现与研究》,《中原文物》1983 年第 3 期。

(宋) 程颐撰, 王孝鱼点校:《周易程氏传》, 中华书局 2011 年版。

D

戴应新:《陕西神木县石峁龙山文化遗址调查》,《考古》1977 年第 3 期。

德州地区文物工作队:《山东禹城县邢寨汪遗址的调查与试掘》,《考古》1983 年第 11 期。

邓昭辉、刘路:《帽正小议》,《收藏界》2007 年第 9 期。

丁四新:《楚竹书与汉帛书〈周易〉校注》, 上海古籍出版社 2011 年版。

董光忠:《本校与山西图书馆美国福利尔艺术陈列馆发掘山西万泉石器时代遗址之经过》,《师大月刊》1931 年第 3 期。

董延寿、史善刚:《论西周易卦与〈易经〉》,《哲学研究》2011 年第 12 期。

董作宾:《殷虚文字外编》, (台湾) 艺文印书馆 1956 年版。

杜金鹏:《关于大汶口文化与良渚文化的几个问题》,《考古》1992 年第 10 期。

杜金鹏:《新砦文化与二里头文化——夏文化再探讨随笔》,《中国古代文明研究通讯》, 2001 年第 2 期。

段绍嘉:《介绍陕西省博物馆的几件青铜器》,《文物》1963 年第 3 期。

F

（南朝宋）范晔：《后汉书》，中华书局 1965 年版。

范毓周《临汝阎村新石器时代遗址出土陶画〈鹳鱼石斧图〉试释》，《中原文物》1983 年第 3 期。

（唐）房玄龄等：《晋书》，中华书局 1974 年版。

冯时：《殷墟"易卦"卜甲探求》，《周易研究》1989 年第 2 期。

冯时：《中国天文考古学》，社会科学文献出版社 2001 年版。

G

甘南藏族自治州博物馆：《甘肃卓尼苤儿遗址试掘简报》，《考古》1994 年第 1 期。

甘肃省博物馆：《甘肃武威皇娘娘台遗址发掘报告》，《考古学报》1960 年第 2 期。

甘肃省博物馆：《武威皇娘娘台遗址第四次发掘》，《考古学报》1978 年第 4 期。

甘肃省文物考古研究所、吉林大学考古学系：《甘肃民乐县东灰山遗址发掘纪要》，《考古》1995 年第 12 期。

高广仁、邵望平：《中国史前时代的灵龟与犬牲》，《中国考古学研究——夏鼐先生考古五十年纪念论文集》，文物出版社 1986 年版。

高亨：《老子注译》，清华大学出版社 2010 年版。

高亨：《周易大传今注》，齐鲁书社 1979 年版。

高亨：《周易杂论》，山东人民出版社 1962 年版。

高文策：《试论易的成书年代与发源地域》，《光明日报》1961 年 6 月 2 日第 4 版。

高煒：《略论二里岗期商文化的分期和商城年代——兼谈其与二里头文化的关系》，《中原文物》1985 年第 2 期。

耿德铭：《施甸陶祖和古代男性生殖崇拜》，《云南师范大学学报》（哲学社会科学版）1990 年第 2 期。

古方主编：《中国出土玉器全集》，科学出版社 2005 年版。

顾颉刚：《〈周易〉卦爻辞中的故事》，《燕京学报》第 6 期，1929 年 12 月。

顾净缘：《周易发微》，中国书籍出版社 2010 年版。

管燮初：《商周甲骨和青铜器上的卦爻辨识》，《古文字研究》（第六辑），中华书局 1981 年版。

管燮初：《数字易卦探讨两则》，《考古》1991 年第 2 期。

广东省博物馆、佛山市博物馆：《佛山河宕遗址——1977 年冬至 1978 年夏发掘报告》，广东人民出版社 2006 年版。

桂娟：《偃师二里头发现 3600 多年前"紫禁城"——迄今为止发现的最早宫城，堪称中国古代宫城的祖源》，《新华每日电讯》2004 年 7 月 21 日第 4 版。

郭宝钧：《一九五〇年春殷墟发掘报告》，《中国考古学报》第五册，1951 年。

郭大顺：《红山文化的"唯玉为葬"与辽河文明起源特征再认识》，《文物》1997 年第 8 期。

郭沫若：《中国古代社会研究》，人民出版社 1954 年版。

郭沫若：《周易之制作时代》，《青铜时代》，文治出版社 1945 年版。

郭沫若主编，胡厚宣总编辑，中国社会科学院历史研究所编：《甲骨文合集》，中华书局 1999 年版。

H

何汉南：《周易爻字考释》，载宋镇豪主编《甲骨文献集成》第十七册，四川大学出版社 2001 年版。

何宁：《淮南子集释》，中华书局 1998 年版。

何驽：《陶寺圭尺"中"与"中国"概念的由来新探》，《三代考古》（四），科学出版社 2011 年版。

河北省博物馆、文物管理处：《河北藁城台西村的商代遗址》，《考古》，1973 年第 5 期。

河北省荆沙铁路考古队：《包山楚简》，文物出版社 1991 年版。

河北省文物管理处：《磁县下潘汪遗址发掘报告》，《考古学报》1975 年第 1 期。

河北省文物管理委员会：《河北唐山市大城山遗址发掘报告》，《考古学报》1959 年第 3 期。

河北省文物局文物工作队：《河北永年县台口村遗址发掘简报》，《考古》1962 年第 12 期。

河北省文物研究所、沧州地区文物管理所：《河北省任丘市哑叭庄遗址发掘报告》，《文物春秋》1992 年增刊。

河南省安阳地区文物管理委员会：《汤阴白营河南龙山文化村落遗址发掘报告》，《考古学集刊》第 3 集，1983 年。

河南省文物考古研究所、新密市炎黄历史文化研究会：《河南新密市古城寨龙山文化城址发掘简报》，《华夏考古》2002 年第 2 期。

河南省文物考古研究所：《河南禹州市瓦店龙山文化遗址 1997 年的发掘》，《考古》2000 年第 2 期。

河南省文物考古研究所：《舞阳贾湖》，科学出版社 1999 年版。

河南省文物考古研究所：《新蔡葛陵楚墓》，大象出版社 2003 年版。

河南省文物研究所、长江流域规划办公室考古队河南分队：《淅川下王岗》，文物出版社 1989 年版。

河南省文物研究所、郾城县许慎纪念馆：《郾城郝家台遗址的发掘》，《华夏考古》1992 年第 3 期。

河南省文物研究所、周口地区文化局文物科：《河南淮阳平粮台龙山文化城址试掘简报》，《文物》1983 年第 3 期。

河南省文物研究所：《河南舞阳贾湖新石器时代遗址第二至六次发掘简报》，《文物》1989 年第 1 期。

河南省文物研究所：《舞阳贾湖遗址的试掘》，《华夏考古》1988 年第 2 期。

河南省文物研究所：《郑州商代城内宫殿遗址区第一次发掘报告》，《文物》1983 年第 4 期。

菏泽地区文物工作队：《山东曹县莘冢集遗址试掘简报》，《考古》1980 年第 5 期。

胡厚宣：《甲骨续存》，上海群联出版社 1955 年版。

胡怀琛：《八卦为上古数目字说》，《东方杂志》第 24 卷 21 期，1927 年 11 月。

胡谦盈：《周文化及相关遗存的发掘与研究》，科学出版社 2010

年版。

胡渭：《易图明辨》，《文渊阁四库全书》第44册，（台湾）商务印书馆1986年版。

胡蕴玉：《论易之命名》，《国学》〔上海大东〕第1卷第3期，1926年12月。

湖北省博物馆：《曾侯乙墓》（上），文物出版社1989年版。

湖北省荆州地区博物馆：《江陵天星观1号楚墓》，《考古学报》1982年第1期。

湖南省博物馆：《湖南安乡县汤家岗新石器时代遗址》，《考古》1982年第4期。

黄陂县文化馆等：《湖北黄陂鲁台山两周遗址和墓葬》，《江汉考古》1982年第2期。

黄河水库考古队甘肃分队：《临夏大何庄、秦魏家两处齐家文化遗址发掘简报》，《考古》1960年第3期。

黄怀信、张懋镕、田旭东：《逸周书汇校集注》，上海古籍出版社1995年版。

黄晖：《论衡校释》，中华书局1990年版。

黄濬：《邺中片羽二集》，（北平）尊古斋1937年版。

黄寿祺：《周易名义考——六庵读易丛考之一》，《福建师大学报》（哲学社会科学版）1979年第2期。

黄寿祺等编：《周易研究论文集》（第一辑），北京师范大学出版社1987年版。

黄懿陆：《安阳殷墟出土易卦卜甲上的鸡卦符号解读——从壮族及其先民鸡卦看〈易〉之起源》，《广西民族研究》2006年第3期。

黄优仕：《周易名义考》，《国学月报》第2卷第11期，1927年11月。

黄蕴平：《内蒙古朱开沟遗址兽骨的鉴定与研究》，《考古学报》1996年第4期。

黄振华：《论日出为易》，《哲学年刊》第5辑，（台湾）商务印书馆1968年版。

（清）惠栋：《松崖文钞》，《续修四库全书》第1427册，上海古籍出版社2002年版。

J

姬乃军:《延安市发现的古代玉器》,《文物》1984年第2期。

季旭升:《古文字中的易卦材料》,刘大钧主编《象数易学研究》(三),巴蜀书社2003年版。

贾兰坡:《北京人》,《中国历史的童年》,中华书局1982年版。

贾兰坡:《远古的食人之风》,《化石》1979年第1期。

贾兰坡、甄朔南:《原始墓葬》,《史学月刊》1985年第1期。

贾连敏:《新蔡葛陵楚墓出土竹简释文》,河南省文物考古研究所《新蔡葛陵楚墓》附录一,大象出版社2003年版。

江苏文物工作队:《江苏邳县刘林新石器时代遗址第一次发掘》,《考古学报》1962年第1期。

江西省文物工作队、靖安县博物馆:《江西靖安郑家坳新石器时代墓葬清理简报》,《东南文化》1989年第4—5期合刊。

晋中考古队:《山西娄烦、离石、柳林三县考古调查》,《文物》1989年第4期。

K

中国科学院考古所宝鸡发掘队:《陕西宝鸡新石器时代遗址发掘纪要》,《考古》1959年第5期。

[美]肯特·弗兰纳利、乔伊斯·马库斯撰,寻婧元译,陈淳校:《认知考古学》,《南方文物》2011年第2期。

(汉)孔安国,(唐)孔颖达疏:《尚书正义》,北京大学出版社2000年版。

L

(明)来集之:《读易隅通》,《续修四库全书》第17册,上海古籍出版社2002年版。

赖祖龙:《筮数易卦源流研究》,山东大学中国哲学专业2008年硕士论文。

蓝万里、张居中、杨玉、魏兴涛：《舞阳贾湖遗址第八次发掘取得重要成果》，《中国文物报》2014年1月17日第8版。

（宋）黎靖德：《朱子语类》，中华书局1986年版。

李伯谦：《关于精神领域的考古学研究》，《中国文物科学研究》2007年第3期。

（唐）李鼎祚：《周易集解》，《文渊阁四库全书》第7册，（台湾）商务印书馆1986年版。

李发旺：《山西省翼城县发现殷周铜器》，《文物》1963年第4期。

（宋）李复：《潏水集》，《文渊阁四库全书》第1121册，（台湾）商务印书馆1986年版。

（清）李光地编纂，刘大钧整理：《周易折中》，巴蜀书社2008年版。

李汉三：《周易卦爻辞时代考》，《建设》（台湾）第3卷11期，1955年。

李镜池：《论周易的著作年代》，《华南师院学报》（社会科学版），1982年第4期。

李镜池：《周易通义》，中华书局1981年版。

李零：《跳出〈周易〉看〈周易〉——"数字卦"的再认识》，《传统文化与现代化》1997年第6期。

李零：《中国方术正考》，中华书局2006年版。

（清）李清平撰，潘雨廷点校：《周易集解纂疏》，中华书局1994年版。

李西兴：《淳化县出土西周陶罐上易卦数符管见》，《文博》1990年第6期。

李学勤、彭裕商：《殷墟甲骨分期新论》，《中原文物》1990年第3期。

李学勤：《西周筮数陶罐的研究》，《人文杂志》1990年第6期。

李学勤：《良渚文化的多字陶文》，《苏州大学学报》吴学研究专辑，1992年。

李学勤：《论含山凌家滩玉龟、玉版》，《中国文化》1992年第1期。

李学勤：《谈安阳小屯以外出土的有字甲骨》，《文物参考资料》1956年第11期。

李学勤：《西周筮法陶罐的研究》，《人文杂志》1990年第6期。

李学勤：《西周中期青铜器的重要标尺——周原庄白、强家两处青铜器窖藏的综合研究》，《中国历史博物馆馆刊》总第1期，1979年。

李学勤：《新发现西周筮数的研究》，《周易研究》2003第5期。

李学勤：《周易溯源》，巴蜀书社2006年版。

李学勤主编：《清华大学藏战国竹简（肆）》，中西书局2013年版。

（北魏）郦道元：《水经注》，《文渊阁四库全书》第573册，（台湾）商务印书馆1986年版。

梁上椿：《岩窟吉金图录》卷下，（北平）彩华印刷局1944年版。

（清）梁诗正等：《西清古鉴》，《文渊阁四库全书》第841册，（台湾）商务印书馆1986年版。

辽宁省博物馆、昭乌达盟文物工作站、敖汉旗文化馆：《辽宁敖汉旗小河沿三种原始文化的发现》，《文物》1977年第12期。

辽宁省考古研究所：《牛河梁红山文化遗址与玉器精粹》，文物出版社1997年版。

辽宁省文物考古研究所：《牛河梁第十六地点红山文化积石冢中心大墓发掘简报》，《文物》2008年第10期。

廖名春：《长安西仁村陶拍数卦解读》，《周易研究》2003年第5期。

（东周）列御寇，（晋）张湛注，（唐）殷敬慎释文：《列子》，《文渊阁四库全书》第1055册，（台湾）商务印书馆1986年版。

林炯阳：《周易卦辞爻辞之作者》，《易经研究论集》，（台湾）黎明文化事业出版公司1981年版。

林忠军：《试论易学象数起源与〈周易〉文本形成》，《哲学研究》2012年第10期。

林忠军：《象数易学发展史》（第一卷），齐鲁书社1994年版。

林忠军：《易学源流与现代阐释》，上海古籍出版社2012年版。

临汝县文化馆：《临汝阎村新石器时代遗址调查》，《中原文物》1981年第1期。

刘保贞：《论〈太玄〉对〈周易〉的模仿与改造》，《周易研究》2001年第1期。

刘大钧总主编：《出土易学文献》，《百年易学菁华集成初编》，上海科学技术文献出版社2010年版。

刘大钧:《〈周易〉九、六解》,《东岳论丛》1980年第3期。

刘大钧:《周易概论》(修订本),齐鲁书社1988年版。

刘国祥、田彦国:《敖汉兴隆沟发现红山文化罕见整身陶人》,《中国文物报》2012年7月18日第1版。

刘莉、阎毓民、秦小丽:《陕西临潼康家龙山文化遗址1990年发掘动物遗存》,《华夏考古》2001年第1期。

刘庆柱主编:《中国考古发现与研究(1949—2009)》,人民出版社2010年版。

刘少敏、庞文龙版:《陕西岐山新出土周初青铜器等文物》,《文物》1992年第6期。

刘雨、沈丁、卢岩、王文亮版:《商周金文总著录表》,中华书局2008年版。

刘玉建:《〈周易正义〉导读》,齐鲁书社2005年版。

刘玉建:《两汉象数易学研究》,广西教育出版社1996年版。

刘钰:《关于易经卦画起源之研究》,《求真杂志》第1卷第8期,1946年12月。

(明)刘元卿:《大象观》,《四库全书存目丛书》经部第10册,齐鲁书社1995年版。

刘钊:《古文字构形学》,福建人民出版社2011年版。

柳冬青:《红山文化》,内蒙古大学出版社2002年版。

鲁兆麟、黄作阵点校:《马王堆医书》,辽宁科学技术出版社1995年版。

陆侃如:《论卦爻辞的年代》,《清华周刊》第37卷第9期,1932年。

吕智荣:《陕西清涧李家崖古城址陶文考释》,《文博》1987年第3期。

栾丰实、方辉、靳桂云:《考古学理论·方法·技术》,文物出版社2002年版。

罗福颐:《三代吉金文存释文》,(香港)问学社1983年版。

罗西章、王均显:《周原扶风地区出土西周甲骨的初步认识》,《文物》1987年第2期。

罗振玉编:《三代吉金文存》,中华书局1983年版。

洛阳博物馆:《孟津小潘沟遗址发掘简报》,《考古》1978年第4期。

洛阳市文物工作队：《洛阳东周王城战国陶窑遗址发掘报告》，《考古学报》2003第4期。

洛阳文物工作队：《1975—1979年洛阳北窑西周铸铜遗址的发掘》，《考古》1983年第5期。

N

内蒙古文物工作队：《敖汉旗范仗子古墓群发掘简报》，《内蒙古文物考古》1984年第3期。

内蒙古文物考古研究所：《岱海考古（一）——老虎山文化遗址发掘报告集》，科学出版社2000年版。

内蒙古文物考古研究所：《内蒙古朱开沟遗址》，《考古学报》1988年第3期。

［日］内藤虎次郎：《易疑》，江侠庵编译《先秦经籍考》，（上海）商务印书馆1931年版。

南京博物院、吴县文管会：《江苏吴县澄湖古井群的发掘》，《文物资料丛刊》第9辑，文物出版社1985年版。

南京博物院：《江苏海安青墩遗址》，《考古学报》1983年第2期。

南京博物院：《江苏邳县四户镇大墩子遗址探掘报告》，《考古学报》1964年第2期。

P

庞朴：《八卦卦象与中国远古万物本源说》，《光明日报》1984年4月23日第3版。

庞朴：《中国文化十一讲》，中华书局2008年版。

濮茅左：《楚竹书〈周易〉研究——兼述先秦两汉出土与传世易学文献资料》，上海古籍出版社2006年版。

濮阳市文物管理委员会、濮阳市博物馆、濮阳市文物工作队：《河南濮阳西水坡遗址发掘简报》，《文物》1988年第3期。

Q

（清）钱大昕撰，吕友仁校：《潜研堂文集》，《潜研堂集》，上海古籍出版社 1989 年版。

钱穆：《中国思想通俗讲话》，生活·读书·新知三联书店 2002 年版。

屈万里：《易卦源于龟卜考》，（台湾）《中央研究院历史语言研究所集刊》二十七本，1956 年 4 月。

缺名：《太上登真三蹻灵应经》一卷，《正统道藏·洞真部·众术类》，（上海）商务印书馆景印明正统刊本 1923—1927 年版。

R

饶宗颐：《凌家滩玉版——远古表示方位与数（九天）的图纹》，《饶宗颐二十世纪学术文集》卷一《史溯》，（台北）新文丰出版股份有限公司 2003 年版。

饶宗颐：《未有文字以前表示"方位"与"数理关系"的玉版——含山出土玉版小考》，宋镇豪主编《甲骨文献集成》第 30 册，四川大学出版社 2001 年版。

饶宗颐：《殷代易卦及有关占卜诸问题》，《文史》第 20 辑，中华书局 1983 年版。

S

山东省博物馆、聊城地区文化局、茌平县文化馆：《山东茌平县尚庄遗址第一次发掘简报》，《文物》1978 年第 4 期。

山东省博物馆、山东省文物考古研究所：《邹县野店》，文物出版社 1985 年版。

山东省文物管理处、济南市博物馆：《大汶口——新石器时代墓葬发掘报告》，文物出版社 1974 年版。

山东省文物考古所：《大汶口续集——大汶口第二、三次发掘报告》，科学出版社 1997 年版。

山东省文物考古研究所、山东省博物馆等编：《曲阜鲁国故城》，齐鲁书社 1982 年版。

山东省文物考古研究所：《茌平尚庄新石器时代遗址》，《考古学报》1985 年第 4 期。

陕西省考古研究所：《龙岗寺——新石器时代发掘报告》，文物出版社 1990 年版。

陕西省考古研究所、陕西省文物管理委员会、陕西省博物馆：《陕西出土商周青铜器》（二、三），文物出版社 1980 年版。

陕西省文物管理委员会：《长安张家坡村西周遗址的重要发现》，《文物参考资料》1956 年第 3 期。

陕西周原考古队：《陕西岐山凤雏村发现周初甲骨文》，《文物》1979 年第 10 期。

陕西周原考古队：《陕西岐山凤雏村西周建筑基址发掘简报》，《文物》1979 年第 10 期。

陕西周原考古队：《陕西岐山贺家村西周墓发掘报告》，《文物资料丛刊》1983 年第 8 期。

上海市文物保管委员会：《崧泽——新石器时代遗址发掘报告》，文物出版社 1987 年版。

上海市文物管理委员会：《福泉山——新石器时代遗址发掘报告》，文物出版社 2000 年版。

沈经：《自然界为什么喜欢"三"》，《河洛数理》，1994 年合刊。

石全福、王宫博：《从马王堆医书到〈黄帝内经〉看经络辨证的早期发展》，《针灸临床杂志》2008 年第 11 期。

史善刚主撰：《河洛文化与中国易学》，河南人民出版社 2009 年版。

（汉）司马迁《史记》，中华书局 1959 年版。

四川省博物馆：《巫山大溪遗址第三次发掘》，《考古学报》1981 年第 4 期。

宋兆麟、黎家芳、杜耀西：《中国原始社会史》，文物出版社 1983 年版。

苏秉琦：《华人·龙的传人·中国人——考古寻根记》，辽宁大学出版社 1994 年版。

苏秉琦：《苏秉琦考古学论述选集》，文物出版社 1984 年版。
苏秉琦：《中国文明起源新探》，辽宁人民出版社 2009 年版。
随县擂鼓墩一号墓考古发掘队：《湖北随县曾侯乙墓发掘简报》，《文物》1979 年第 7 期。
孙自法：《敖汉陶人是中华文明 5000 多年重要考古实证》，《中国新闻网》2013 年 4 月 14 日。

T

唐兰：《西周青铜器铭文分代史证》，中华书局 1986 年版。
唐兰：《在甲骨金文中所见的一种已经遗失的中国古代文字》，《考古学报》1957 年第 2 期。
田广金：《凉城县老虎山遗址 1982—1983 年发掘简报》，《内蒙古文物考古》1986 年第 4 期。

W

汪宁生：《八卦起源》，《考古》1976 年第 4 期。
（魏）王弼，（晋）韩康伯注，（唐）孔颖达疏：《周易正义》，北京大学出版社 2000 年版。
王辰：《续殷文存》，（北平）大业印刷局 1935 年版。
（宋）王黼《重修宣和博古图》，《文渊阁四库全书》第 840 册，（台湾）商务印书馆 1986 年版。
王开府：《周易经传著作问题初探》，《易经研究论集》，（台湾）黎明文化事业出版公司 1981 年版。
王明：《抱朴子内篇校释》（增订本），中华书局 1986 年版。
（清）王聘珍：《大戴礼记解诂》，中华书局 1983 年版。
王世舜、韩慕君：《试论周易产生的年代》，《齐鲁学刊》1981 年第 2 期。
王学荣、谷飞：《偃师商城宫城布局与变迁研究》，《中国历史文物》2006 年第 6 期。
（宋）魏天应：《论学绳尺》，《文渊阁四库全书》第 1358 册，（台湾）商务印书馆 1986 年版。

闻一多：《闻一多全集》，湖南人民出版社 1993 年版。

（清）吴大澂：《吴清卿学使金文考》，缩微文献，中国国家图书馆馆藏。

（清）吴大澂：《学使金文考读古陶文记》，谢国桢编《吴愙斋尺牍》第七册，（台北）文海出版社 1971 年版。

（清）吴大澂：《古玉图考》，《续修四库全书》第 1107 册，上海古籍出版社 2002 年版。

吴汝祚：《试析浙江余杭反山、瑶山良渚文化墓地的几个问题》，《华夏考古》1991 年第 4 期。

吴汝祚：《余杭反山良渚文化玉琮的神像形纹新释》，《中原文物》1996 年第 4 期。

武进县文化馆、常州市博物馆：《江苏武进潘家塘新石器时代遗址调查与试掘》，《考古》1979 年第 5 期。

X

西安半坡博物馆、陕西省考古研究所、临潼县博物馆：《临潼姜寨——新石器时代遗址发掘报告》，文物出版社 1988 年版。

西安半坡博物馆：《铜川李家沟新石器时代遗址发掘报告》，《考古与文物》1984 年第 1 期。

［美］夏含夷：《〈周易〉筮数原无"之卦"考》，《周易研究》1988 年第 1 期。

夏鼐：《所谓玉璇玑不是天文仪器》，《考古学报》1984 年第 4 期。

夏商周断代工程专家组：《夏商周断代工程 1996—2000 年阶段成果报告》，世界图书出版公司 2000 年版。

萧汉明：《〈杂卦〉论》，《周易研究》1988 年第 2 期。

肖凤春：《良渚文化高柄盖罐的"尚中"思想》，《四川文物》2009 年第 1 期。

肖楠：《安阳殷墟发现"易卦"卜甲》，《考古》1989 年第 1 期。

谢端琚：《甘肃永靖秦魏家齐家文化墓地》，《考古学报》1975 年第 2 期。

谢端琚：《论大何庄与秦魏家齐家文化的分期》，《考古》1980年第3期。

忻州考古队：《山西忻州市游邀遗址发掘简报》，《考古》1989年第4期。

邢文：《数的图式：凌家滩玉版与河图、洛书》，《民族艺术》2011年第2期。

（明）邢云路：《古今律历考》，《文渊阁四库全书》第787册，（台湾）商务印书馆1986年版。

徐锡台、楼宇栋：《西周卦画探源——周原出土卜甲上卦画初探》，《中国考古学会第一次年会论文集1979》，文物出版社1980年版。

徐锡台：《淳化出土西周陶罐刻划奇偶数图形画研讨》，《考古与文物》1994年第1期。

徐锡台：《奇偶数与图形画——释四位奇偶数和四位（包括五位）阴阳符号排列组成的图形画》，《周易研究》1990年第1期。

徐锡台：《周原甲骨文综述》，三秦出版社1991年版。

徐旭生：《1959年夏豫西调查"夏墟"的初步报告》，《考古》1959年第11期。

徐中舒主编：《殷周金文遗录》，四川人民出版社1984年版。

许宏：《最早的中国》，科学出版社2009年版。

许钦彬：《易与古文明》，社会科学文献出版社2012年版。

（汉）许慎：《说文解字》，中华书局1963年版。

（汉）许慎撰，（清）段玉裁注：《说文解字注》，浙江古籍出版社2006年版。

（汉）荀悦，（晋）袁宏著，张烈点校：《两汉纪·汉纪、后汉纪》，中华书局2002年版。

Y

严灵峰：《易经小象成立的年代及其内容》，《哲学年刊》第2辑，（台湾）商务印书馆1967年版。

严文明：《〈鹳鱼石斧图〉跋》，《文物》1981年第12期。

严文明：《中国新石器时代聚落形态的考察》，本书编辑组《庆祝苏秉琦考古五十五年论文集》,文物出版社 1989 年版。

杨伯达主编:《中国玉器全集》,河北美术出版社 2005 年版。

杨伯峻:《春秋左传注》,中华书局 1990 年版。

杨建芳:《仰韶时期已进入父系氏族社会了吗?》,《考古》1962 年第 1 期。

杨效雷:《吴澄的卦统、卦主、卦变说》,《周易研究》2012 年第 5 期。

杨效雷:《诠释学视角下的易学》,华南理工大学出版社 2015 年版。

杨子范:《山东宁阳县堡头遗址清理简报》,《文物》1959 年第 10 期。

姚生民:《淳化县发现西周易卦符号文字陶罐》,《文博》1990 年第 3 期。

姚晓平:《淳化文物新发现 石棺 陶罐》,《咸阳日报》2009 年 8 月 11 日第 A01 版。

姚孝遂、肖丁:《小屯南地甲骨考释》,中华书局 1985 年版。

叶国庆:《八卦所含之数字性》,《厦门大学学报》第 6 期,1936 年 2 月。

殷墟孝民屯考古队:《河南安阳市孝民屯商代铸铜遗址 2003—2004 年的发掘》,《考古》2007 年第 1 期。

(清)永瑢等:《四库全书总目》,中华书局 1965 年版。

于省吾:《商周金文遗录》,中华书局 2009 年版。

余永梁:《易卦爻辞的时代及其作者》,《历史语言研究所集刊》第 1 卷第 1 册,1928 年。

俞伟超:《关于"考古类型学"的问题》,水涛、何云翔编著《考古学与博物馆学研究导引》(上),南京大学出版社 2011 年版。

俞伟超:《含山凌家滩玉器反映的信仰状况》,《古史的考古学探究》,文物出版社 2002 年版。

尉迟治平:《〈易〉筮溯源——古筮法研究之一》,《华中理工大学学报》(社会科学版)1996 年第 1 期。

(元)袁桷:《清容居士集》,《文渊阁四库全书》第 1203 册,(台湾)商务印书馆 1986 年版。

詹秀慧:《周易卦爻辞中著成年代》,《易经研究论集》,(台湾)黎明文化事业出版公司 1981 年版。

Z

［美］张光直：《濮阳三蹻与中国古代美术上的人兽母题》，《文物》1988 年第 11 期。

张国强、刘晓琳：《红山文化敖汉陶人探析》，《赤峰学院学报》（汉文哲学社会科学版）2013 年 10 月。

张惠言：《周易虞氏义》，《续修四库全书》第 26 册，上海古籍出版社 2002 年版。

张家口考古队：《一九七九年蔚县新石器时代考古的主要收获》，《考古》1981 年第 2 期。

张金平、杨效雷：《〈左传〉、〈国语〉引〈易〉类析》，《辽东学院学报》（社会科学版）2014 年第 2 期。

张居中：《试论贾湖类型的特征及与周围文化的关系》，《文物》1989 年第 1 期。

张绍文：《原始艺术的瑰宝——记仰韶文化彩陶上的〈鹳鱼石斧图〉》，《中原文物》1981 年第 1 期。

张舜徽：《郑学丛著》，齐鲁书社 1984 年版。

张文智：《〈周易集解〉导读》，齐鲁书社 2005 年版。

张亚初、刘雨：《从商周八卦数字符号谈筮法的几个问题》，《考古》1981 年第 2 期。

张政烺：《张政烺论易丛稿》，中华书局 2011 年版。

张政烺：《试释周初青铜器铭文中的易卦》，《考古》1980 年第 4 期。

张政烺：《易辨——近几年根据考古材料探讨〈周易〉问题的综述》，唐明邦等编《周易纵横绿》，湖北人民出版社 1986 年版。

张政烺：《殷墟甲骨文中所见的一种筮卦》，《文史》第 24 辑，中华书局 1985 年版。

张之恒、周裕兴：《夏商周考古》，南京大学出版社 1995 年版。

张之恒主编：《中国考古通论》，南京大学出版社 2009 年版。

张忠培：《窥探凌家滩墓地》，《文物》2000 年第 5 期。

章太炎：《八卦释名》，《国粹学报》卷第五第 2 期，1909 年。

赵宾福：《关于小河沿文化的几点认识》，《文物》2005年第7期。

赵丛苍、郭妍利：《两周考古》，文物出版社2004年版。

赵国华：《八卦符号与半坡鱼纹——从印度的六字真言说起》，载苏秉琦主编《考古学文化论集》（二），文物出版社1987年版。

赵国华：《生殖崇拜文化略论》，《中国社会科学》1988年第1期。

赵会军、曾晓敏：《河南登封程窑试掘简报》，《中原文物》1982年第2期。

赵振华：《洛阳两周卜用甲骨的初步考察》，《考古》1985年第4期。

浙江省文物考古研究所反山考古队：《浙江余杭反山良渚墓地发掘简报》，《文物》1988年第1期。

郑德坤：《四川古代文化史》，《郑德坤古史论集选》，商务印书馆2007年版。

郑若葵：《安阳苗圃北地新发现的殷代刻数石器及相关问题》，《文物》1986年第2期。

郑晓旭：《试论中原地区原始聚落、居住建筑的尚中思想及其缘起》，《濮阳职业技术学院学报》2010年第2期。

（汉）郑玄注，（唐）贾公彦疏：《周礼注疏》，北京大学出版社2000年版。

（汉）郑玄注，（唐）孔颖达疏：《礼记正义》，北京大学出版社2000年版。

郑州大学文博学院、开封市文物工作队：《豫东杞县发掘报告》，科学出版社2000年版。

中国大百科全书编辑委员会：《中国大百科全书·考古学》，中国大百科全书出版社1986年版。

中国科学技术大学等：《河南舞阳贾湖遗址2001年春发掘简报》，《华夏考古》2012年第2期。

中国科学院考古研究所、陕西省西安半坡博物馆：《西安半坡》，文物出版社1963年版。

中国科学院考古研究所：《1958—1959年殷墟发掘简报》，《考古》1961年第2期。

中国科学院考古研究所：《1969—1977年殷墟西区墓葬发掘报告》，《考古学报》1979年第1期。

中国科学院考古研究所：《沣西发掘报告》，文物出版社1963年版。

中国科学院考古研究所：《京山屈家岭》，科学出版社1965年版。

中国科学院考古研究所：《美帝国主义掠夺的我国殷周铜器集录》，科学出版社1962年版。

中国社会科学院考古研究所安阳工作队：《1980—1982年安阳苗圃北地遗址发掘简报》，《考古》1986年第2期。

中国科学院考古研究所丰镐考古队：《1961—1962年陕西长安沣东试掘简报》，《考古》1963年第8期。

中国科学院考古研究所甘肃工作队：《永靖大何庄遗址发掘报告》，《考古学报》1974年第2期。

中国科学院考古研究所洛阳发掘队：《洛阳涧滨东周城址发掘报告》，《考古学报》1959年第2期。

中国科学院考古研究所内蒙古发掘队：《赤峰药王庙、夏家店遗址试掘简报》，《考古》1961年第2期。

中国科学院考古研究所山东发掘队：《山东平阴县朱家桥殷代遗址》，《考古》1961年第2期。

中国社会科学院考古所内蒙古工作队：《内蒙古巴林左旗富河沟门遗址发掘简报》，《考古》1964年第1期。

中国社会科学院考古所山东工作队、山东省潍坊地区艺术馆：《潍县鲁家口新石器时代遗址》，《考古学报》1985年第3期。

中国社会科学院考古研究所、中国历史博物馆、山西省文物工作委员会东下冯考古队：《山西夏县东下冯龙山文化遗址》，《考古学报》1983年第1期。

中国社会科学院考古研究所：《大甸子——夏家店下层文化遗址与墓地发掘报告》，科学出版社1996年版。

中国社会科学院考古研究所：《胶县三里河》，文物出版社1988年版。

中国社会科学院考古研究所：《山东王因——新石器时代遗址发掘报告》，科学出版社2000年版。

中国社会科学院考古研究所：《小屯南地甲骨》，中华书局1983年版。

中国社会科学院考古研究所：《殷虚妇好墓》，文物出版社1980

年版。

中国社会科学院考古研究所:《殷周金文集成》,中华书局2007年版。

中国社会科学院考古研究所:《中国考古学中碳十四年代数据集1965—1991》,文物出版社1992年版。

中国社会科学院考古研究所安阳队:《安阳大寒村南岗遗址》,《考古学报》1990年第1期。

中国社会科学院考古研究所安阳工作队:《2000—2001年安阳孝民屯东南地殷代铸铜遗址发掘报告》,《考古学报》2006年第3期。

中国社会科学院考古研究所二里头工作队:《河南偃师市二里头遗址宫城及宫殿区外围道路的勘察与发掘》,《考古》2004年第11期。

中国社会科学院考古研究所丰镐工作队:《1997年沣西发掘报告》,《考古学报》2000年第2期。

中国社会科学院考古研究所沣西发掘队:《1967年长安张家坡西周墓葬的发掘》,《考古学报》1980年第4期。

中国社会科学院考古研究所甘青考察队:《甘肃武山傅家门史前文化遗址发掘简报》,《考古》1995年第4期。

中国社会科学院考古研究所河南二队:《河南密县新砦遗址的试掘》,《考古》1981年第5期。

中国社会科学院考古研究所山东队、滕县博物馆:《山东滕县古遗址调查简报》,《考古》1980年第1期。

中国社会科学院考古研究所山西工作队、临汾地区文化局:《山西襄汾县陶寺遗址发掘简报》,《考古》1980年第1期。

中国社会科学院考古研究所实验室:《放射性碳素测定年代报告(二二)》,《考古》1995年第7期。

钟晓青:《秦安大地湾建筑遗址》,《文物》2000年第5期。

周大明:《远古图符与〈周易〉溯源》,人民出版社2010年版。

周原考古队:《2002年周原遗址(齐家村)发掘简报》,《考古与文物》2003年第4期。

周振甫:《周易译注》,中华书局1991年版。

朱伯崑:《易学哲学史》,昆仑出版社2009年版。

朱伯崑主编:《易学基础教程》,九州出版社2011年版。

朱成杰:《红山文化研究的新发现——牛河梁红山文化庙、坛、冢的八卦布局》,《辽宁师专学报》(社会科学版) 1999 年第 1 期。

(宋)朱鑑:《文公易说》,《文渊阁四库全书》第 18 册,(台湾)商务印书馆 1986 年版。

(宋)朱熹:《晦庵文集》,朱杰人等编《朱子全书》,上海古籍出版社、安徽教育出版社 2002 年版。

朱彦民:《"七月流火"之我见》,《中国文化》2007 年第 3 期。

朱帜:《舞阳贾湖遗址调查简报》,《中原文物》1983 年第 1 期。

庄天山:《对高文策先生试论易的成书年代与发源地域一文的几点意见》,《光明日报》1961 年 9 月 1 日第 4 版。

(周)左丘明传,(晋)杜预注,(唐)孔颖达疏:《春秋左传正义》,北京大学出版社 2000 年版。

附录一

《左传》、《国语》引《易》类析①

《左传》、《国语》中记载的《易》例,是探讨春秋时期《易》学的重要根据。前人虽多有分析,但仍有未尽之义。《左传》、《国语》中引《易》例有二十二事,其中《昭公七年》一事中含两个筮例。现将其引《易》实例归类分析,以见春秋时期的筮法以及《周易》在当时的应用。

（一）非筮占类引《易》

《左传》中记载了六个非筮占类引《易》实例,说明当时《周易》不仅用于筮占,而且用于说理劝诫。"人文主义、理性主义介入《易》筮,促进了《周易》文本的经典化,哲理化"。②

1. 引《易》论郑公子曼满必败

《左传·宣公六年》：郑公子曼满与王子伯廖语,欲为卿。伯廖告人曰："无德而贪,其在《周易》丰☷之离☲,弗过之矣。"间一岁,郑人杀之。③

九、六爻题出现于战国时期,在非筮占类引《易》史料中,以"某卦之某卦"的形式表示爻题。"丰☷之离☲"表示丰卦上六爻题。丰卦上六爻辞："丰其屋,蔀其家,窥其户,阒其无人。三岁不觌,凶。"《周

---

① 按：此文为笔者与杨效雷师合撰,曾发表于《辽东学院学报》（社会科学版）2014年第2期,第60—67页。
② 黄黎星：《先秦易筮反映的思想文化观念的变化》,《理论学刊》2011年第8期,第40页。
③ 杨伯峻：《春秋左传注》,中华书局1990年版,第689—690页。

易》卦爻辞中的吉凶占断之语往往是有条件的。在引用《周易》卦爻辞判断吉凶时，往往根据卦爻辞所揭示的吉凶之理，而不必从术数预测的角度理解。"福祸无门，人自招之！""多行不义必自毙！"都揭示了咎由自取的吉凶之理。丰卦上九爻是丰卦的最后阶段，丰卦虽然丰大，但是"日中而昃"，当此阶段，君子应牢记盈虚消长的变化规律，要有居安思危的意识，虽然盛大，仍须谨言慎行，否则就会有"三岁不觌，凶"的结局。公子曼满"无德而贪"，其膨胀之心正符合"凶"的条件，故伯廖判定郑公子曼满必败。

2. 引《易》论彘子违命出师

《左传·宣公十二年》：楚子围郑……晋师救郑。……及河，闻郑及楚平，桓子欲还……彘子曰："不可。晋所以霸，师武、臣力也。今失诸侯，不可谓力。有敌而不从，不可谓武。由我失霸，不如死。且成师以出，闻敌强而退，非夫也。命为军帅，而卒以非夫，唯羣子能，我弗为也。"以中军佐济。知庄子曰："此师殆哉！《周易》有之，在师䷆之临䷒，曰：'师出以律，否臧，凶。'执事顺成为臧，逆为否，众散为弱，川壅为泽。有律以如己也，故曰律。否臧，且律竭也，盈而以竭，夭且不整，所以凶也。不行之谓临，有帅而不从，临孰甚焉？此之谓矣。果遇，必败，彘子尸之。虽免而归，必有大咎。"①

史料中"师之临"表示师卦初六爻题。师卦初六爻辞："师出以律，否臧，凶。"意为军队出征一定要严守军律，否则必凶。彘子违命出师，知庄子引师卦初六爻辞论彘子"必有大咎"，是根据师卦初六爻辞所揭示的吉凶之理。

3. 引《易》论楚子将死

《左传·襄公二十八年》：郑伯使游吉如楚……告子展曰："楚子将死矣。不修其政德，而贪昧于诸侯，以逞其愿，欲久，得乎？《周易》有之，在复䷗之颐䷚曰：'迷复，凶'，其楚子之谓乎！欲复其

---

① 杨伯峻：《春秋左传注》，中华书局1990年版，第718—727页。

愿，而弃其本，复归无所，是谓迷复，能无凶乎？君其往也，送葬而归，以快楚心。楚不几十年，未能恤诸侯也，吾乃休吾民矣。"①

复卦上六爻辞："迷复，凶。"意为迷失之后才悔悟，悔之晚矣！郑游吉根据复卦上六爻辞所揭示的吉凶之理，判定"楚子将死矣！"。在筮占类史料中，"复之颐"表示变卦；在非筮占类的史料中，"复之颐"表示爻题。《易经》卦爻辞可以用来占筮，但《易经》卦爻辞本是阐述吉凶之理的。掌握了吉凶之理，就可以趋吉避凶，"不占而已矣！"②

4. 引《易》论晋侯病

《左传·昭公元年》：晋侯求医于秦，秦伯使医和视之，曰："疾不可为也。是谓近女室，疾如蛊。……"赵孟曰："何谓蛊？"对曰："淫溺惑乱之所生也。于文，皿虫为蛊。谷之飞亦为蛊。在《周易》，女惑男、风落山谓之蛊䷑。皆同物也。"③

晋君贪欲女色，病重难起，秦国派医和前往视诊，医和引蛊卦以论晋侯之病。蛊卦下卦为巽卦、上卦为艮卦，巽为长女、艮为少男，巽为风、艮为山，故医和有"女惑男、风落山谓之蛊䷑"的分析。程颐对"女惑男、风落山"的解释为："以长女下于少男，乱其情也。风遇山而回，物皆扰乱，是为有事之象，故云蛊者事也。既蛊而治之，亦事也。以卦之象言之，所以成蛊卦也；以卦之才言之，所以治蛊也。"④ 此亦为引经据典以说理。

5. 引《易》论龙

《左传·昭公二十九年》：魏献子问于蔡墨曰："吾闻之，虫莫知于龙，以其不生得也，谓之知，信乎？"对曰："……不然。《周易》有之：在乾䷀之姤䷫曰：'潜龙勿用'；其同人䷌曰：'见龙在田'；其大有䷍曰'飞龙在天'；其夬䷪曰'亢龙有悔'；其坤䷁曰'见群

---

① 杨伯峻：《春秋左传注》，中华书局 1990 年版，第 1142—1144 页。
② 杨伯峻：《论语译注》，中华书局 1980 年版，第 141 页。
③ 杨伯峻：《春秋左传注》，中华书局 1990 年版，第 1221—1223 页。
④ （宋）程颐著，王孝鱼点校：《周易程氏传》，中华书局 2011 年版，第 101—102 页。

龙无首，吉'；坤之剥☷☶曰'龙战于野'。若不朝夕见，谁能物之？"①

史墨引乾卦初九、九二、九五、上九、用九爻辞，以及坤卦上六爻辞，论龙为古时"朝夕可见"之物。所引爻辞与吉凶筮占无关。"乾之姤"、"乾之同人"、"乾之大有"、"乾之夬"、"乾之坤"分别表示乾卦初九、九二、九五、上九、用九爻题，"坤之剥"表示坤卦上六爻题。

6. 引《易》论季氏掌政

《左传·昭公三十二年》：赵简子问于史墨曰："季氏出其君，而民服焉，诸侯与之；君死于外而莫之或罪也，何也？"对曰："……社稷无常奉，君臣无常位，自古以然，故《诗》曰'高岸为谷，深谷为陵'。三后之姓于今为庶，主所知也。在《易》卦，雷乘乾曰大壮☳☰，天之道也。"②

鲁国季氏以臣子的身份而放逐其国君，可是人们却服从他，各诸侯也与他建交，鲁君死在外面，也没有人向季氏问罪。赵简子对此现象不解，向史墨垂询。史墨引大壮卦以论"社稷无常奉，君臣无常位"之理。大壮卦之上卦为震，震为臣，下卦为乾，乾为君。臣在君上，卦名大壮，故季氏得政是不可逆转的历史的必然（天之道）。

（二）筮占类引《易》

《左传》、《国语》记录了具体有疑而占筮的例子，有筮得本卦者、有筮得变卦者。观卦而断吉凶时，或以卦爻辞为占断依据，或以卦象为占断依据，或二者合用。虽然材料不够丰富，但通过排比归类，仍可窥见春秋时筮法之大概。

1. 六爻俱静例

六爻俱静例凡三。筮得本卦，依卦辞断，同时结合卦象。

《左传·僖公十五年》：秦伯伐晋，卜徒父筮之："吉，涉河，侯车败。"诘之，对曰："乃大吉也，三败必获晋君。其卦遇蛊☶☴，曰：

---

① 杨伯峻：《春秋左传注》，中华书局1990年版，第1500—1503页。
② 杨伯峻：《春秋左传注》，中华书局1990年版，第1519—1520页。

'千乘三去，三去之余，获其雄狐。'夫狐蛊，必其君也。蛊之贞，风；其悔，山也。岁云秋矣，我落其实，而取其材，所以克也。"①

秦伐晋，令卜徒父占筮，筮得蛊卦。所引卦辞"千乘三去，三去之余，获其雄狐"不同于今本《周易》，而颇似所谓《归藏》易，说明当时所用之《易》不限于今本《周易》。案，《归藏》易断占之辞仅有卦辞而无爻辞。卜徒父认为，"狐蛊"指晋惠公。又分析卦象，内卦（贞）为风，代表秦；外卦（悔）为山，代表晋。风吹落山上的果实，所以秦必胜晋。

《左传·成公十六年》：公筮之。史曰："吉。其卦遇复䷗，曰：'南国蹙，射其元王，中厥目。'国蹙、王伤，不败何待？"②

晋、楚两国的军队相遇于鄢陵，晋侯占问吉凶，筮得复卦。所引卦辞"南国蹙，射其元王，中厥目"亦不见于今本《周易》而颇似所谓《归藏》易。巫史通过分析卦辞，得出楚国必败的结论。晋、楚之战的结局：晋将吕锜射中了楚王的眼睛。

《左传·昭公七年》：晋韩宣子为政聘于诸侯之岁，婤姶生子，名之曰元。孟絷之足不良能行。孔成子以《周易》筮之，曰："元尚享卫国，主其社稷。"遇屯䷂。③

卫襄公夫人姜氏无子，嬖人婤姶生了两个儿子，长子名叫孟絷，孟絷有脚疾，次子名叫元。孔成子以《周易》占问立嗣取舍，筮得"屯"，判断次子元承嗣。判断依据是屯卦卦辞："元亨，勿用有攸往，利建侯。"

2. 一爻变例

一爻变例凡十。《左传》中记载的筮例以一爻变者最多，故当时流行的筮法未必是《周易·系辞》中所记载的大衍之数起卦法，而很可能是

---

① 杨伯峻：《春秋左传注》，中华书局1990年版，第352—354页。
② 杨伯峻：《春秋左传注》，中华书局1990年版，第885页。
③ 杨伯峻：《春秋左传注》，中华书局1990年版，第1298页。

类似于梅花易数的起卦法。

《左传·庄公二十二年》：陈侯使筮之，遇观䷓之否䷋。曰："是谓'观国之光，利用宾于王'。此其代陈有国乎？不在此，其在异国；非此其身，在其子孙。光，远而自他有耀者也。坤，土也；巽，风也；乾，天也；风为天；于土上，山也。有山之材，而照之以天光，于是乎居土上，故曰'观国之光，利用宾于王'。庭实旅百，奉之以玉帛，天地之美具焉，故曰'利用宾于王'。犹有观焉，故曰其在后乎！风行而著于土，故曰其在异国乎！"①

陈侯使人占筮得到观䷓之否䷋，然后用观卦的六四爻辞"观国之光，利用宾于王"，结合观卦和否卦的卦象来占断。有学者认为"观之否"仅表示观卦六四爻题，不妥。从史料中可以看到，当时人占断时除了引用观卦六四爻辞，还分析了否卦的卦象。若"观之否"中"否"的作用仅为表示观卦六四爻题，那么，否卦卦象的分析便毫无必要。因此，否卦只能理解为观卦变出之卦，即：观卦为本卦，否卦为之卦。史料中的"犹有观焉"，尚秉和认为与五爻互体有关。尚氏云："否初至五仍为观，故曰'犹有观'。"②

《左传·闵公元年》：初，毕万筮仕于晋。遇屯䷂之比䷇，辛廖占之，曰："吉。屯固、比入，吉孰大焉？其必蕃昌。震为土，车从马，足居之，兄长之，母覆之，众归之，六体不易，合而能固，安而能杀，公侯之卦也。公侯之子孙，必复其始。"③

毕万占问在晋国的仕途，筮得"屯䷂之比䷇"，通过对卦象的分析，认为大吉。案，依朱熹提出的断卦之法，应据屯初爻断，但毕万并未引据屯卦初爻爻辞。验之于《左传》、《国语》中的筮例，朱熹在《易学启

---

① 杨伯峻：《春秋左传注》，中华书局1990年版，第222—224页。
② 尚秉和：《周易尚氏学》，中华书局2010年版，第343页。
③ 杨伯峻：《春秋左传注》，中华书局1990年版，第259—260页。

蒙》中所提出的断卦原则①，或与史相左，或与史无征，是否先秦古法，大有疑问。另，有学者认为，"屯之比"只是表示屯初爻爻题，亦不妥。据史料可知，当时人不仅未引屯卦初九爻辞，反而说"屯固比入"，又说"震为土"。屯卦下卦为震，比卦下卦为坤，坤为土。显然，只有把"屯之比"理解为"屯卦变为比卦"，才能合理地解释《左传》中的"屯固比入"和"震为土"等。

　　《左传·闵公二年》：成季之将生也，桓公使卜楚丘之父卜之。曰："男也。其名曰友，在公之右，间于两社，为公室辅。季氏亡，则鲁不昌。"又筮之，遇大有☲之乾☰。曰："同复于父，敬如君所。"②

　　成季将出生时，桓公使人占卜，卜得吉兆。又使人占筮，筮得"大有☲之乾☰"，筮者审视本卦、之卦卦象后，断定结果为"同复于父，敬如君所"。大有卦上离下乾，变为乾卦后，上下俱乾。乾为父为君，故曰"同复于父，敬如君所"。高亨先生云："大有卦是上离下乾，乾卦是上乾下乾。乾为父，离为子，那么，大有上卦的离变为乾，是象征子与其父同德，'无改于父之道'，所以说：'同复于父。'（复，行故道也。）乾又为君，离又为臣，那么，大有上卦的离变为乾，又象征臣与其君同心，常在君的左右，所以又说：'敬如君所。'（如，往也。所，处也。）"③ 其说可从。该筮例反映了先秦卜筮并用的礼俗。《侯马盟书》亦有卜筮并占之例："卜以吉，筮□□。"筮字下有两字残缺不清，应为筮占结果。"盟书上的这条记载是我国古代卜法和筮法并用的一条较原始的记录"。④ 另，按朱熹所言断卦原则，当以大有卦六五爻辞"厥孚交如，威如，吉"来占断，但此筮例却仅根据大有和乾两卦的卦象揭示，与朱熹提出的断卦方法不相符。

---

　　① （宋）朱熹著，朱杰人等主编：《朱子全书》第1册《易学启蒙》，上海古籍出版社、安徽教育出版社2002年版，第258页。
　　② 杨伯峻：《春秋左传注》，中华书局1990年版，第263—264页。
　　③ 高亨：《周易杂论》，齐鲁书社1979年版，第88—89页。
　　④ 山西省文物工作委员会：《侯马盟书》，文物出版社1976年版，第47页。

《左传·僖公十五年》：初，晋献公筮嫁伯姬于秦，遇归妹䷸之睽䷥。其繇曰："士刲羊，亦无衁也。女承筐，亦无贶也。西邻责言，不可偿也。归妹之睽，犹无相也。"震之离，亦离之震。"为雷为火，为嬴败姬。车说其輹，火焚其旗，不利行师，败于宗丘。归妹睽孤，寇张之弧，侄其从姑，六年其逋，逃归其国，而弃其家，明年其死于高梁之虚。"及惠公在秦，曰："先君若从史苏之占，吾不及此夫！"韩简侍，曰："龟，象也；筮，数也。物生而后有象，象而后有滋，滋而后有数。"①

晋献公欲嫁女到秦国，筮得归妹䷸之睽䷥，引归妹卦上六爻辞并结合卦象以为占。分析吉凶时，还涉及到了睽卦上九爻辞"睽孤……先张之弧"。另，史料中"龟，象也；筮，数也。物生而后有象，象而后有滋，滋而后有数"涉及到"象占"与"数占"孰早孰晚的问题。许多学者认为，"象占"早而"数占"晚，其实，征之于史前贾湖文化龟甲石子等文物②，"数占"未必晚于"象占"。

《左传·僖公二十五年》：秦伯师于河上，将纳王，狐偃言于晋侯曰："求诸侯，莫如勤王。诸侯信之，且大义也。继文之业，而信宣于诸侯，今为可矣。"使卜偃卜之，曰："吉，遇黄帝战于阪泉之兆。"公曰："吾不堪也。"对曰："周禮未改，今之王，古之帝也。"公曰："筮之。"筮之，遇大有䷍之睽䷥。曰："吉。遇'公用享于天子'之卦。战克而王飨，吉孰大焉？且是卦也，天为泽以当日。天子降心以逆公，不亦可乎？大有去睽而复，亦其所也。"③

此筮例亦反映了卜筮并用的先秦礼俗。卜偃卜得"黄帝战于阪泉之兆"，晋文公说："吾不堪也。"反映了当时人的理念：有德以当之，则吉；反之，则凶。有学者认为，"大有之睽"仅表示大有卦九三爻题，不妥。时人固然引述了大有卦九三爻辞"公用享于天子"，但又说"天为泽

---

① 杨伯峻：《春秋左传注》，中华书局1990年版，第363—365页。
② 河南省文物考古研究所：《舞阳贾湖》，科学出版社1999年版，第455—458页。
③ 杨伯峻：《春秋左传注》，中华书局1990年版，第431—432页。

以当日"。大有卦下卦为乾为天,睽卦下卦为兑为泽,大有卦和睽卦的上卦都为离为日,故曰"天为泽以当日"。若不将睽卦视为大有卦变出之卦,则仅引大有卦九三爻辞足矣,何须论及睽卦卦象?类似例证尚有不少。如,《左传·僖公十五年》"归妹之睽"筮例,时人占断时论及睽卦;《左传·襄公二十五年》"困之大过"筮例,时人占断时论及大过卦;《左传·昭公五年》"明夷之谦"筮例,时人占断时论及谦卦等。兹不一一赘述。

《左传·襄公二十五年》:齐棠公之妻,东郭偃之姊也。东郭偃臣崔武子。棠公死,偃御武子以吊焉。见棠姜而美之,使偃取之。偃曰:"男女辨姓,今君出自丁,臣出自桓,不可。"武子筮之,遇困☵之大过☴。史皆曰"吉"。示陈文子,文子曰:"夫从风,风陨妻,不可娶也。且其繇曰:'困于石,据于蒺藜,入于其宫,不见其妻,凶。'困于石,往不济也;据于蒺藜,所恃伤也;入于其宫,不见其妻,凶,无所归也。"崔子曰:"嫠也,何害?先夫当之矣。"①

崔杼欲娶棠姜,筮遇"困☵之大过☴",陈文子根据困卦六三爻辞,结合困卦和大过卦的卦象,认为"不可娶"。困下卦坎为中男,为夫;大过下卦为巽,为风。故云"夫从风"。清毛奇龄《春秋占筮书》:"坎为中男,故曰夫,变而为风,故从风,然而风能陨物,则此妻何可娶也。"②

《左传·昭公五年》:初,穆子之生也,庄叔以《周易》筮之,遇明夷☷之谦☷,以示卜楚丘。楚丘曰:"是将行,而归为子祀,以谗人入,其名曰牛,卒以馁死。明夷,日也,日之数十,故有十时,亦当十位。自王已下,其二为公,其三为卿,日上其中,食日为二,旦日为三。明夷之谦,明而未融。其当旦乎,故曰'为子祀'。日之谦,当鸟,故曰'明夷于飞。'明而未融,故曰'垂其翼。'象日之动,故曰'君子于行'。当三在旦,故曰'三日不食'。离,火也;

---

① 杨伯峻:《春秋左传注》,中华书局1990年版,第1095—1096页。
② (清)毛奇龄:《春秋占筮书》卷第二,《文渊阁四库全书》第41册,(台湾)商务印书馆1986年影印。

艮，山也。离为火，火焚山。山败。于人为言，败言为谗。故曰'有攸往，主人有言'。言必谗也。纯离为牛，世乱谗胜，胜将适离，故曰'其名曰牛'。谦不足，飞不翔，垂不峻，翼不广。故曰'其为子后乎'。吾子，亚卿也；抑少不终。"①

穆子出生的时候，庄叔筮得明夷之谦。卜楚丘解卦时，虽涉及明夷初九爻辞，但主要运用卦名、卦象分析。需要指出，卜楚丘占断谗人名牛的依据是"纯离为牛"，与《周易·说卦》"坤为牛"不同，然与离卦卦辞"畜牝牛"相合。王弼云："义苟在健，何必马乎？类苟在顺，何必牛乎？爻苟和顺，何必坤乃为牛？义苟应健，何必乾乃为马？"②信哉斯言。

《左传·昭公七年》：卫襄公夫人姜氏无子，嬖人婤姶生孟絷。孔成子梦康叔谓己："立元，余使羁之孙圉与史苟相之。"史朝亦梦康叔谓己："余将命而子苟与孔烝鉏之曾孙圉相元。"史朝见成子，告之梦，梦协。晋韩宣子为政聘于诸侯之岁，婤姶生子，名之曰元。孟絷之足不良能行。孔成子以《周易》筮之，曰："元尚享卫国，主其社稷。"遇屯䷂。又曰："余尚立絷，尚克嘉之。"遇屯䷂之比䷇。以示史朝。史朝曰："'元亨'，又何疑焉？"成子曰："非长之谓乎？"对曰："康叔名之，可谓长矣。孟非人也，将不列于宗，不可谓长。且其繇曰：'利建侯。'嗣吉，何建？建非嗣也。二卦皆云，子其建之！康叔命之，二卦告之，筮袭于梦，武王所用也，弗从何为？弱足者居。侯主社稷，临祭祀，奉民人，事鬼神，从会朝，又焉得居？各以所利，不亦可乎？"故孔成子立卫灵公。③

此史料的前半部分在六爻俱静的筮例中已分析。后半部分孔成子还想立跛足的孟絷，筮得"屯之比"。史朝据屯卦辞"元亨利贞，勿用有攸往，利建侯"判断应立次子元承嗣。有学者认为该筮例以屯初爻爻辞占断，但屯初爻爻辞仅有"利建侯"，并无"元亨"，与史朝之言"'元

---

① 杨伯峻：《春秋左传注》，中华书局1990年版，第1263—1265页。
② （魏）王弼著，楼宇烈校释：《周易注（附周易略例）》，中华书局2011年版，第415页。
③ 杨伯峻：《春秋左传注》，中华书局1990年版，第1297—1298页。

亨'，又何疑焉"不相符。

《左传·昭公十二年》：南蒯之将叛也……南蒯枚筮之，遇坤☷之比☵，曰，"黄裳元吉"，以为大吉也。示子服惠伯，曰："即欲有事，何如？"惠伯曰："吾尝学此矣。忠信之事则可，不然，必败。外强内温，忠也；和以率贞，信也，故曰'黄裳元吉'。黄，中之色也；裳，下之饰也；元，善之长也。中不忠，不得其色；下不共，不得其饰；事不善，不得其极。外内倡和为忠，率事以信为共，供养三德为善，非此三者弗当。且夫《易》，不可以占险。将何事也，且可饰乎？中美能黄，上美为元，下美则裳，参成可筮。犹有阙也，筮虽吉，未也。"①

南蒯将叛，筮得"坤之比"，据坤卦六五爻辞"黄裳，元吉"，以为大吉。然惠伯认为，如无忠、信、善三德，则"筮虽吉，未也"。惠伯之言反映了占断时的义理倾向，同时也反映了"先蔽志"、"不占险"的古代占筮原则。宋朱鑑编《文公易说》："先生论《易》，云：《易》本是卜筮之书，若人卜得此爻，便要人玩此一爻之义，如'利贞'之类，只是正者便利，不正者便不利，不曾说道利不贞者。人若能见得道理，十分分明，则亦不需更卜。"②

《左传·哀公九年》：阳虎以《周易》筮之，遇泰☷之需☵，曰："宋方吉，不可与也。微子启，帝乙之元子也。宋、郑，甥舅也。祉，禄也。若帝乙之元子归妹而有吉禄。我安得吉焉？"乃止。③

晋伐宋救郑，筮得"泰之需"，阳虎据《周易》泰卦六五爻辞占断，与朱熹提出的断卦原则偶合。宋国的始祖为帝乙之长子微子启，泰卦六五爻辞："帝乙归妹，以祉元吉。"故阳虎判断伐宋不宜。

3. 三爻变例

三爻变例凡二，皆出自《国语》。

---

① 杨伯峻：《春秋左传注》，中华书局1990年版，第1336—1338页。
② （宋）朱鑑：《文公易说》卷第二十一，《文渊阁四库全书》第18册，（台湾）商务印书馆1986年影印。
③ 杨伯峻：《春秋左传注》，中华书局1990年版，第1653—1654页。

《国语·周语》：（单襄公）曰："成公之归也，吾闻晋之筮之也，遇乾之否，曰：'配而不终，君三出焉。'一既往矣，后之不知，其次必此。"①

晋成公原客于周。晋赵穿杀晋灵公，迎成公为晋君。当成公由周归晋时，曾筮得"乾之否"。《国语》韦昭注："乾下乾上，乾也。坤下乾上，否也。乾初九、九二、九三变而之否也。乾，天也，君也，故曰配，配先君也。不终，子孙不终为君也。乾下变而为坤，坤，地也，臣也。天地不交曰否，变有臣象。三爻，故三世而终。上有乾，乾，天子也。五亦天子，五体不变，周天子国也。三爻有三变，故君三出于周也。"② 据韦昭注，晋筮成公之归，乃据本卦和变卦的卦象占断，与朱熹提出的断卦原则亦不相符。

《国语·晋语四》：公子（重耳）亲筮之，曰："尚有晋国。"得贞屯，悔豫，皆八也。筮史占之，皆曰："不吉。闭而不通，爻无为也。"司空季子曰："吉。是在《周易》，皆利建侯。不有晋国，以辅王室，安能建侯？我命筮曰'尚有晋国'，筮告我曰'利建侯'，得国之务也，吉孰大焉！震，车也。坎，水也。坤，土也。屯，厚也。豫，乐也。车班外内，顺以训之，泉原以资之，土厚而乐其实。不有晋国，何以当之？震，雷也，车也。坎，劳也，水也，众也。主雷与车，而尚水与众。车有震，武也。众而顺，文也。文武具，厚之至也，故曰屯。其繇曰：'元，亨，利贞，勿用，有攸往，利建侯。'主震雷，长也，故曰元。众而顺，嘉也，故曰亨。内有震雷，故曰利贞。车上水下，必伯。小事不济，壅也。故曰'勿用，有攸往'。一夫之行也，众顺而有武威，故曰'利建侯'。坤，母也。震，长男也。母老子强，故曰豫。其繇曰：'利建侯行师。'居乐出威之谓也。是二者，得国之卦也。"③

---

① 徐元诰著，王树民、沈长云点校：《国语集解》，中华书局2002年版，第90页。
② 徐元诰著，王树民、沈长云点校：《国语集解》，中华书局2002年版，第90页。
③ 徐元诰著，王树民、沈长云点校：《国语集解》，中华书局2002年版，第340—342页。

公子重耳欲借秦的力量返回晋国为君，筮得"贞屯悔豫"，即本卦为屯，变卦为豫。屯卦初九、六四、九五爻变后为豫卦，不变的屯六二、六三、上六都是阴爻。八，少阴之数。故云："贞屯悔豫，皆八也。"另，虞翻解《易》以坤、坎为车，与史料中所提及的"震为车"不相符。

4. 五爻变例

五爻变例凡二，一出于《左传》，另一出于《国语》。

《左传·襄公九年》：（穆姜）始往而筮之，遇艮䷳之八。史曰："是谓艮之随䷐。随，其出也。君必速出！"姜曰："亡！是于《周易》曰：'随：元、亨、利、贞，无咎。'元，体之长也；亨，嘉之会也；利，义之和也；贞，事之干也。体仁足以长人，嘉德足以合礼，利物足以和义，贞固足以干事。然，故不可诬也。是以虽随无咎。今我妇人，而与于乱。固在下位，而有不仁，不可谓元。不靖国家，不可谓亨。作而害身，不可谓利。弃位而姣，不可谓贞。有四德者，随而无咎。我皆无之，岂随也哉？我则取恶，能无咎乎？必死于此，弗得出矣！"①

穆姜始迁东宫时，筮得"艮之随"。史官据随卦卦辞占断为吉，而穆姜认为，自己不具备"元亨利贞"四德，难当随卦辞"元亨利贞，无咎"之义，反映了占断时的义理倾向。另，如依朱熹提出的断卦原则，五爻变时，当以随卦不变爻辞占，而史官据随卦卦名占，穆姜据随卦卦辞占，均与朱熹提出的断卦原则不相符。

《国语·晋语四》：七月，惠公卒。十一月，秦伯纳公子。……董因逆公于河。公问焉，曰："吾其济乎？"对曰："岁在大梁，将集天行。……臣筮之，得泰之八，曰：'是谓天地配亨，小往大来。'今及之矣，何不济之有？"②

晋惠公死后，秦穆公送公子重耳回晋国，晋国大夫董因在黄河边上迎

---

① 杨伯峻：《春秋左传注》，中华书局1990年版，第964—966页。
② 徐元诰著，王树民、沈长云点校：《国语集解》，中华书局2002年版，第342—345页。

接重耳。筮得"泰之八"。《左传·襄公九年》"艮之八"筮例，史官明言："是谓艮之随。""艮之随"属五爻变筮例，故"泰之八"亦当属五爻变筮例，可能是泰之萃、泰之晋、泰之观三种情况之一种。有学者将"泰之八"归于六爻俱静例，不妥。另，朱熹说："五爻变，则以之卦不变爻占。"① 与此史料相左。

综上所述，春秋时期卜、筮并用，占断吉凶的依据不限于《周易》，得到卦象的方法也未必是《周易·系辞传》中所记载的大衍之数起卦法。《周易》卦爻辞的写作目的本是阐述吉凶之理，故判断吉凶，未必通过卜筮。"某卦之某卦"有时用来表示爻题，有时则表示变卦，不可执泥其一。朱熹在《易学启蒙》中提出的断卦原则，或于史无征，或与史相左，当非先秦古法。

---

① （宋）朱熹著，朱杰人等主编：《朱子全书》第 1 册《易学启蒙》，上海古籍出版社、安徽教育出版社 2002 年版，第 258 页。

附录二

《左传》《国语》含"八"筮例解析[①]

《左传》、《国语》所载二十二个易事（其中《昭公七年》一事中含两个筮例），是研究春秋时《周易》流传和筮占应用的重要文献根据。其中有三个筮例中含有数字"八"，对数字八的解读，限于文献记载是少之又少，时至今日，也没得出一个受到公认的结论，本书试图就这三条材料探讨解析，以求接近其本来的真面目。

先将这三条材料罗列出来，以方便讨论：

1. 公子（重耳）亲筮之，曰："尚有晋国。"得贞屯，悔豫，皆八也。筮史占之。筮史占之曰，皆曰："不吉。闭而不通，爻无为也。"司空季子曰："吉。是在《周易》，皆利建侯。不有晋国，以辅王室，安能建侯？我命筮曰：'尚有晋国'筮告我曰'利建侯'，得国之务也，吉孰大焉！震，车也。坎，水也。坤，土也。屯，厚也。豫，乐也。车班外内，顺以顺之，泉原以资之，土厚而乐其实。不有晋国，何以当之？震，雷也，车也。坎，劳也，水也，众也。主雷与车，而尚水与众。车有震，武也。文武具，厚之至也，故曰屯。其繇曰：'元，亨，利贞，有攸往，利建侯。'主震雷，长也，故曰元。众而顺，嘉也，故曰亨。内有震雷，故曰利贞。车上水下，必伯。小事不济，壅也。故曰'勿用，有攸往'。一夫之行也，众顺而有武威，故曰'利建侯'。坤，母也。震，长男也。母老子强，故曰豫。

[①] 按：此文曾发表于《兰台世界》（下旬刊）2013年10月刊，第10—11页。

其繇曰：'利建侯行师。'居乐出威之谓也。是二者得国之卦也。"①

2. 七月，惠公卒。十一月，秦伯纳公子。及河，子犯授公子载璧，曰："臣从君还轸巡于天下，恶气多矣！臣犹知之，而况君乎？不忍其死，请由此亡。"公子曰："所不与舅氏同心者，有如河水！"沈璧以质。董因泥公于河。公问焉，曰："吾其济乎？"对曰："岁在大梁，将集天行。元年始授，实沈之星也。实沈之虚，晋人是居，所以兴也。君之行也，岁在大火。大火，阏伯之星也，是谓大辰。辰以成善，后稷是相，《瞽史记》曰：'嗣续其祖，如谷之滋。'必有晋国。臣筮之，得泰之八，曰：'是谓天地配，亨，小往大来。'今及之矣，何不济之有？且以辰出，而以参入，皆晋祥也，而天之大纪也。济且秉成，必伯诸侯。子孙赖之，君无惧矣。"②

3. 始往而筮之，遇艮之八䷳。史曰："是谓艮之随䷐。随，其出也。君必速出！"姜曰："亡！是于《周易》曰：'随：元、亨、利、贞，无咎。'元，体之长也；亨，嘉之会也；利，义之和也；贞，事之干也。体仁足以长人，嘉德足以合礼，利物足以和义，贞固足以干事。然，故不可诬也。是以虽随无咎。今我妇人，而与于乱。固在下位，而有不仁，不可谓元。不靖国家，不可谓亨。作而害身，不可谓利。弃位而姣，不可谓贞。有四德者，随而无咎。我皆无之，岂随也哉？我则取恶，能无咎乎？必死于此，弗得出矣！"③

（一）筮例中"八"之含义为阴爻不变

先看第一条材料，"贞屯悔豫皆八也"。贞屯悔豫的意思是：本卦为屯卦，之卦为豫卦。屯卦䷂和豫卦䷏的卦象相比，属于三爻变的卦例。该卦例最明显的特点是：不变爻皆为阴爻。因不变爻皆为阴爻，故曰"皆八也"。案，"八"乃少阴之数。

由此可以合理的推论：含"八"筮例，是以不变的阴爻为占断依据。我们知道，上古时《易》书至少有《连山》、《归藏》、《周易》三种，春秋时期的易占方法，并非仅有一种。"大衍筮法"因《易传》的记载而最

---

① 徐元诰撰，王树民、沈长云点校：《国语集解》，中华书局2002年版，第340—342页。
② 徐元诰撰，王树民、沈长云点校：《国语集解》，中华书局2002年版，第342—345页。
③ （周）左丘明注，（晋）杜预注，（唐）孔颖达正义：《春秋左传正义》，北京大学出版社2000年版，第997—999页。

为流行，但《左传》、《国语》中所记载的含"八"筮例，有别于熟知的以变爻作为占断依据的"大衍筮法"。

以上结论，在第三条材料中也可以得到验证。筮遇艮䷳之八，史云"是谓艮之随䷐"。在这条筮例中，筮官明确指出本卦为艮卦、之卦为随卦。分析两卦的卦象可知，艮之随是一个五爻变的筮例，不变的第二爻是阴爻。这和第一条材料中，有三阴爻不变称为"皆八"是一致的。

对于"八"的含义，前辈时贤多有论及，今略作列举：

对第三条材料，西晋杜预在释"艮之八"时云："《周礼》：'大卜掌《三易》。'然则杂用《连山》、《归藏》、《周易》。二《易》皆以七、八为占。"唐朝孔颖达《正义》亦云："然则周世之卜，杂用《连山》、《归藏》、《周易》也。《周易》之爻，唯有九六，此筮乃言遇艮之八，二《易》皆以七八为占。故此筮遇八，谓艮之八，谓艮之第二爻不变者，是八也。揲蓍求爻，《系辞》有法。其揲所得，有七八九六。说者谓七为少阳，八为少阴，其爻不变也。九为老阳，六为老阴，其爻皆变也。《周易》以变为占，占九六之爻，传之诸筮，皆是变爻也。其《连山》、《归藏》以不变为占，占七八之爻。二《易》并亡，不知实然以否。世有《归藏易》者，伪妄之书，非殷《易》也。假令二《易》俱占七八，亦不知意何所道。以为先代之《易》，其言亦无所据，贾、郑先儒相传耳。"①孔颖达遵从疏不破注的原则，承认《连山》、《归藏》皆以七八为占，但因二《易》俱亡，无文献可资，对二《易》具体的筮占应用已不能肯定，采用了有缺存疑的态度。

三国韦昭注第一条材料时曰："内卦曰贞，外卦曰悔。得此两卦，震在屯为贞，在豫为悔。八谓震两阴爻在贞、在悔皆不动，故曰'皆八'，为爻无为也。"②清代李道平反驳其说"此筮若韦注，凡不动之卦有阴爻者，皆可名八。独不思此卦阴阳爻皆有，何以必言少阴八，而不言少阳七乎？"③通过我们上面的分析可知，韦、李二人的观点皆有合理之处。韦昭认为"八"为无为之爻，指出了问题的要点。李道平的反驳也极具启发性。含"八"的筮例以不变阴爻为占，只要不变爻为阴爻即可称

---

① （周）左丘明注，（晋）杜预注，（唐）孔颖达正义：《春秋左传正义》，北京大学出版社2000年版，第997页。

② 徐元诰撰，王树民、沈长云点校：《国语集解》，中华书局2002年版，第340页。

③ （清）李道平：《周易集解纂疏》，中华书局2006年版，第756页。

"八"，这是我们所采纳的观点。

近人尚秉和亦不同意杜、韦等人的观点："《左传》'艮之八'，《国语》'泰之八'、'贞屯悔豫皆八'，杜预、韦昭注皆不能自圆其说。杜注'艮之八'云：'《连山》、《归藏》以七八占，故曰'艮之八'。然何无言七者？赖史曰：'是谓艮之随，方知五爻皆变，惟六二变耳。'于是后人谓八指六二阴爻言。如是说也，是《连山》、《归藏》不占变，故不曰艮之随，而曰艮之八。凡言八者，皆用《归》、《连》占也。然何以公子重耳既占得屯，又变为豫？是明明用《周易》占变矣，而何以亦曰八也？是杜氏之说不可信也。且'皆八'皆字殊费解。韦昭云：'震两阴爻在贞在悔皆不变，故曰皆八。'推是说也，艮之随，艮六二阴爻在贞在悔亦皆不变，史何不曰贞艮悔随皆八乎？且屯之豫，屯上六亦不变也，亦八也，胡独于屯六二、六三之不变而谓八乎？是韦注亦自相抵牾也，不可信也。韦注于泰之八云：'泰无动爻，筮为侯，泰三至五震为侯，阴爻不动，其数皆八。'夫泰既不动，则内卦三阳爻皆七也。数爻当自初起，史何不曰泰之七，而必曰泰之八乎？是亦不协也。"① 尚先生指出筮例中是用《周易》来解占吉凶结果的，这个观点是中肯之论。

从以上罗列的历来主要观点可知：用筮数解释"八"，较接近事实。一次占筮活动，如果不变爻是一个阴爻，就可称为"八"；如果有几个不变爻都是阴爻，就可称为"皆八"。

（二）含"八"筮例中解卦所依据的卦爻辞解析

下面讨论含"八"筮例占断时所依据的卦爻辞。《左传》中"艮之八"的筮例以随卦卦辞占断，而《国语》中"泰之八"筮例用泰卦卦辞占断。两个筮例比较可知一用本卦卦辞，一用之卦卦辞。何时用本卦卦辞？何时用之卦卦辞？难得其详。"艮之八"作为一阴爻不变的筮例，《左传》中明确指出"是谓艮之随。"故"泰之八"当存在以下几种可能：泰之萃、泰之晋、泰之观。具体的占筮实践中，"艮之八"、"泰之八"所对应的变卦是哪一个？对于当事人来说应当是明白无疑的。

另外，在"艮之八"即为艮之随的具体占筮中，根据上面的分析，本卦之卦卦辞都是用来占断的根据，但是史只是采用随卦卦辞来占断，为穆姜的行动提供建议。若用艮卦卦辞解也正符合穆姜对自己命运的判断。

---

① 尚秉和：《周易古筮考》，中国大百科全书出版社2005年版，第143页。

艮卦卦辞为："艮其背，不获其身，行其庭，不见其人，无咎。"《象传》的解释为："时止则止，时行则行，动静不失其时，其道光明。""无咎"，或者说"其道光明"的前提是顺应时机，当行则行，当止则止，这样就是吉祥的结果，否则就是凶险了。穆姜是"今我妇人，而与于乱。"其结果就不吉了。用艮卦卦辞和随卦卦辞都能得出同样的结果，由此也证明《周易》卦爻辞是含有劝善惩恶的义理著作。《周易》的卦爻辞寓于占筮的语言中而内含哲理，在每一个筮的卦的具体环境中，有吉凶悔吝的结果。每一种结果都是在一定的前提条件下产生的，结果具有警示作用。吉祥的结果是在具体卦的条件下产生的，可是改变条件，就不会吉祥了。凶咎的结果也是在具体卦的条件下产生的，改变了条件就会逢凶化吉了。这正是《周易》含有哲理，对人的行动有指导作用的价值所在。

下面进一步讨论"贞屯悔豫"的卦辞应用。"公子（重耳）亲筮之，曰：'尚有晋国。'"占问之事为能否拥有晋国，因为筮得"贞屯悔豫"的筮例。在分析吉凶时涉及三个方面，一是分析本卦和之卦的上下卦的卦象，"震，车也。坎，水也。坤，土也。"二是解读本卦和之卦卦名含义，"屯，厚也。豫，乐也。"三是依据本卦的卦辞预测吉凶。这个筮例在占断时应用到因素可谓全备，分析具体而微，结论有说服力。从上面的三个材料中在占筮时的依据可以得出，一，它是以传世本《周易》作为判断吉凶的根据的。二，或用本卦卦辞，或用之卦卦辞，王家台秦简《易》有卦辞而无爻辞，与此是否有关？三，或者分析本之卦的卦义和本卦、之卦的上下卦的卦象。至于何时用本卦卦辞，何时用之卦卦辞，尚看不到规律，应该是占筮者当时有一个明确的标准，而灵活采纳的，我们现在不容易知道了。

（三）由艮之八即为艮之随，合理推出的几种可能情况

在《左传》、《国语》记载有"艮之八"等含有"八"的三个筮例，历来对"八"的解读虽多，但观点各异，难以统一。又因材料太少，无佐证可资，论证多迷茫朦胧。尽管如此，现就三条材料入手，探究其筮法。别人的论点不予列举。

上面我们对"艮之八"即为艮之随的分析，得出这是一种五爻变且不变的一爻为一阴爻的筮例的结论。引而伸之，"艮之八"作为一阴爻不变，除了《左传》文中提到的是"艮之随"这种变例，还可能是艮之困䷯、艮之节䷻、艮之归妹䷵三种情况中之一种。"艮之八"当存在四种情

况，《左传》中已经明确实际得出的是"艮之随"，且用随卦的卦辞占断。

在上述列举的三组材料中，首先探究"艮之八，其意为何？"这是解开三组材料中"八"之含义的钥匙。因为《左传》对此有明确的解释，"艮之八"就是"艮之随"。艮卦和随卦的卦象相比，只有六二爻没变，六二爻是阴爻。所以说"艮之八"属于五爻变的卦例，即为一爻不变的卦例，且不变爻为阴爻。既然艮之八是五爻变的卦例，且不变爻为阴爻，那么泰之八也应是五爻变且不变爻为阴爻的卦例。《左传》文中虽然没有解释泰之八，但是解释了艮之八，由此可知泰之八也应归于一阴爻不变的卦例。"泰之八"的一阴爻不变就应是泰之萃、或者是泰之晋、或者是泰之观三种情况之一种。

总之，含"八"的筮例虽然仅有三例，欲完全了解其筮占体例方法是几乎不可能的。有一份材料说一份话，不可走得太远。这三个筮例仍然给我们一些启示，丰富我们对春秋时易学实践的研究，从而增加一条易学在春秋时发展的线索，从这个意义上说，这三个含"八"的筮例，是弥足珍贵的材料。

附录三

《周易》爻题考释①

由传世本《周易》和出土《周易》的材料可知，至迟于战国时，爻题已开始使用。阳爻和阴爻为何用九、六来指称，至今纷纭未决。本书拟综合文献资料和考古资料，对爻题九、六的相关问题进行探讨。

（一）

不论八卦和六十四卦产生的时代谁先谁后，六十四卦产生的时间一定足够早。如，1958 年，山东平阴县朱家桥商代晚期墓 M9 出土一件陶罐的肩部刻有筮数一 八 八 六 一 一（可译为损卦）。② 再如，1982 年春，安阳苗圃北地殷代墓葬 M80 出土红色粗砂石一件，三面刻有六组筮数，分别是七 六 六 六 六 七（可译为颐卦）、七 六 八 七 六 七（可译为贲卦）、六 六 五 七 六 八（可译为小过卦）、八 一 一 一 六 六（可译为咸卦）、八 一 一 一 一 六（可译为大过卦）、六 六 七 六 六 八（可译为豫卦）。③ 又如，1995 年，安阳刘家庄殷代遗址出土的 95TIJI:4 号卜骨上，刻有三组筮数，其中一组为三爻易卦，两组为六爻易卦。两组六爻易卦分别是一 一 六 六 一 五（可译为中孚卦）、六 八 八 八 六 六（可译为坤卦）。④

---

① 按：此文曾发表于《国际易学研究》第 12 辑，中国书籍出版社 2012 年版，第 229—236 页。又以《思想文化视野下的〈周易〉九、六爻题》为题，发表于《兰台世界》（上旬刊）2013 年 7 月刊，第 130—131 页。
② 中国科学院考古研究所山东发掘队：《山东平阴县朱家桥殷代遗址》，《考古》1961 年第 2 期，第 93 页。
③ 郑若葵：《安阳苗圃北地新发现的殷代刻数石器及相关问题》，《文物》1986 年第 2 期，第 49 页。
④ 安阳市文物工作队：《1995—1996 年安阳刘家庄殷代遗址发掘报告》，《华夏考古》1997 年第 2 期，第 34 页。

以上筮数易卦皆由六个数字组成，表明六爻卦的产生至迟可溯源至商。据传世文献《周礼》的记载，六爻卦甚至可以进一步上溯至夏，甚至黄帝、伏羲。《周礼·大卜》："大卜掌《三易》之法，一曰《连山》，二曰《归藏》，三曰《周易》，其经卦皆八，其别皆六十有四。"郑玄注引杜子春云："《连山》，宓羲；《归藏》，黄帝。"

司马迁将演六十四卦之功归于周文王。《史记·周本纪》："西伯……囚羑里，盖益《易》之八卦为六十四卦。"《史记·日者列传》："自伏羲作八卦，周文王演三百八十四爻，而天下治。"《报任安书》："文王拘而演《周易》。"随后文王演易成为传统的观点。到了1929年，顾颉刚先生撰文，揭示《周易》卦爻辞中有商周时期的史事，如殷商先祖王亥丧牛羊于有易、高宗武丁伐鬼方、帝乙归妹、箕子之明夷以及周武王弟康侯用赐马蕃庶，认为《周易》当成书于西周初年，卦爻辞虽可能后世有增改，但主体已经形成。①

由六爻组成的六十四卦产生的时间下限，可断至商代，当无疑义。下面的问题是，六十四卦每卦每爻的指称（即爻题）问题。

《左传》、《国语》中所记载的二十二条筮例，无爻题使用记录。现存有关春秋时代文献资料亦查不到爻题，究其原因当为爻题在春秋时代还没有产生。《左传》、《国语》在记录占筮事例时，皆用"遇某卦之某卦"来表示。如，《左传·昭公十二年》："南蒯之将叛也，枚筮之，遇坤之比，曰：'黄裳元吉'。""黄裳元吉"是坤六五爻辞，而不说"遇坤之六五。"可见那时还没有爻题可资使用。再有，《左传·昭公二十九年》："《周易》有之，在乾之姤曰：'潜龙勿用。'其同人曰：'见龙在田'，其《大有》曰：'飞龙在天'，其夬曰：'亢龙有悔'，其坤曰：'见群龙无首，吉。'坤之剥曰：'龙战于野'，若不朝夕见，谁能物之。"上段中所引"乾之姤"即乾之初九，"乾之同人"即乾之初二，"乾之大有"即乾之九五，"乾之夬"即乾之上九，"乾之坤"即乾之用九。综观《左传》、《国语》两书所引《周易》占筮事例，皆无爻题。因此，高亨先生认为："然则谓《周易》之爻题似晚周人所加，可云有征矣。《周易》初时原无爻题，每卦中各爻爻辞之间，可能皆有空格，晚周人加以爻题，标明各爻

---

① 顾颉刚：《周易卦爻辞中的故事》，见黄寿祺、张善文《周易研究论文集》（四），北京师范大学出版社1990年版，第1—37页。

之爻位与爻性,此《周易》组织上之一大进步也。"① 这是高亨先生在传世本《周易》免遭秦火之厄传之西汉,后又相沿传袭至今的基础上,合理的推导出来的结论。这一结论为后来出土的马王堆楚帛书及上海博物馆藏战国楚竹书《周易》所证实。

(二)

自二十世纪七十年代以来,考古发现的《周易》材料极大地推动了《周易》研究,使很多历史上有关《周易》的疑难问题豁然冰释。

1973年12月马王堆3号汉墓帛书《周易》出土。帛书《周易》每爻皆有爻题。马王堆3号汉墓墓主下葬于汉文帝前元12年(公元前168年),故该年为帛书《周易》的抄写下限时间。古籍流行时间早于抄写时间,故《周易》爻题可合理地上推至周秦之际。1994年上海博物馆从香港文物市场购进一批楚竹书,其中有用战国古文字书写的《周易》。这是我们迄今所知最早的《周易》文本。该《周易》文本亦有爻题。以上都证实了高亨先生爻题出现于晚周的观点。

《周易》爻题至迟在战国时期就开始使用,西晋时期出土的汲冢书也是一个有力的证据。《晋书·武帝纪》:"咸宁五年十月……汲郡人不准掘魏襄王冢,得竹简小篆古书十余万,藏于秘府。"李学勤先生通过细致分析认为,魏襄王冢所出土的汲冢书的写成下限,当为战国晚期之初。② 其中有关《周易》的书有四种,分别是"《易经》二篇,《易繇阴阳卦》二篇,《卦下易经》一篇,《公孙段》二篇"。③ 杜预《春秋经传集解》后序:"《周易》上下篇,与今正同。"《晋书·束晳传》亦称:"其《易经》二篇,与《周易》上下经同。"由此可知,汲冢书内的《周易》与今传本《周易》一样,都有爻题。

此外,《易传》中也已明确出现了九、六爻题。如,《坤·象》云:"六二之动,直以方也。""用六永贞,以大终也。"《乾·文言》亦云:"乾元用九,天下治也。""乾元用九,乃见天则。"《象传》、《文言》成书于战国时期已为学术界所普遍认可。朱伯崑认为:"《象》的下限,当在秦汉之际以前,同样可以看作战国后期的作品。""《文言》可能受其影

---

① 高亨:《周易古经今注》,清华大学出版社2010年版,第16页。
② 李学勤:《周易溯源》,巴蜀书社2006年版,第253页。
③ (唐)房玄龄等:《晋书》,中华书局1974年版,第1432页。

响，其下限当在《吕氏春秋》以前。"①

综上所述，我们可以得出爻题使用流行于战国的结论。显而易见，以爻题指称某爻要比《左传》中的"遇某卦之某卦"的标示更简明易记。爻题的出现在《周易》发展史上是一个不可忽视的极大的进步。

（三）

有据可考的爻题既然出现于战国时期，我们就可以在战国时期思想文化的背景下来讨论爻题。

《周易》爻符作为组成八卦、六十四卦的基本符号，其产生固可溯源至商，但这两种符号从产生一直到战国这一悠久的历史时段中，未必称作阴爻或阳爻。在《周易》本经的卦爻辞中，鲜用"阴阳"二字。在《中孚》卦九二爻辞"鸣鹤在阴，其子和之。我有好爵，吾与尔靡之"中，出现过一次"阴"，但爻辞中的"阴"是"荫"，非阴阳之"阴"。

《周易》爻符产生之初的基本含义，聚讼纷纭。郭沫若认为，《周易》爻符是男女生殖器的象征。② 高亨先生认为《周易》爻符是古代占筮时所用的一节和两节"竹棍"的象形。③ 此外还有许多其他观点。总之，《周易》爻符在产生之初未必用"阴阳"来界定。

春秋战国时，阴阳观念开始流行。《老子》云："万物负阴而抱阳，冲气以为和。"《墨子·辞过篇》："凡回于天地之间，包于四海之内，天壤之情，阴阳之和，莫不有也。"《墨子·天志篇》："（圣王）节四时调阴阳而露也。"《庄子》中至少有二十处提到阴阳。庞朴说："到了春秋战国时期，'阴阳'几乎被推广应用到所有方面。起初，'阴阳'只是就天而言；随后又就地而言；再后又作为天地之间的'气'；继而又成为'气'里面的总领；最后，'阴阳'观念弥漫于一切自然现象之中，到处都用'阴阳'来解释，而且层层深入，反复推进。"④

战国时参与"百家争鸣"的阴阳家在当时影响很大，其中以邹衍为代表人物。阴阳思想的流行直接影响到对《周易》的解释。庄子正是在此思想文化背景下提出了"《易》以道阴阳"的观点。《易传》各篇以阴阳观念诠释卦爻辞，其中以具有通论性质的《周易·系辞传》最为典型。

---

① 朱伯崑：《易学哲学史》（一），昆仑出版社2009年版，第53页。
② 郭沫若：《中国古代社会研究》，人民出版社1954年版，第23页。
③ 高亨：《周易杂论》，山东人民出版社1962年版，第4页。
④ 庞朴：《中国文化十一讲》，中华书局2008年版，第35页。

兹将相关材料摘录于下：

　　一阴一阳谓之道。(《周易·系辞上》)
　　阴阳不测之谓神。(《周易·系辞上》)
　　阴阳之义配日月。(《周易·系辞上》)
　　阳卦多阴。阴卦多阳。(《周易·系辞下》)
　　阳卦奇。阴卦耦。(《周易·系辞下?》)
　　阳一君而二民。君子之道也。阴二君而一民。小人之道也。(《周易·系辞下》)
　　乾。阳物也。坤。阴物也。阴阳合德。而刚柔有体。(《周易·系辞下》)
　　乾道成男，坤道成女
　　是故阖户谓之坤，辟户谓之乾，一阖一辟谓之变，往来不穷谓之通
　　天地絪缊，万物化醇；男女构精，万物化生。
　　子曰'乾、坤其《易》之门邪？'乾，阳物也；坤，阴物也。阴阳合德而刚柔有体，以体天地之撰，以通神明之德。
　　是故《易》有大极，是生两仪。两仪生四象。四象生八卦。八卦定吉凶。

(四)

　　战国时，何以选择九代表阳爻，六代表阴爻？诸说不一。或以"乾三连，坤六断，三与六合而为九"解之，或以"黄钟律长九寸，林钟律长六寸"解之，或以大衍筮法解之，或以为"九、六的产生，是植根于当时人们生活中的常用数字三"。[①]
　　《说文》："九，阳之变也。""六，易之数，阴变于六，正于八。""七，阳之正也。"《说文》的以上解释，显然源于大衍筮法。《周易·繋辞下》："大衍之数五十，其用四十有九，分而为二以象两，挂一以象三，揲之以四以象四时，归奇于扐以象闰，五岁再闰，故再扐而后挂。……是故，四营而成易，十有八变而成卦。"经三次"分二、挂一、揲之以四、

[①] 刘大钧：《〈周易〉九、六解》，《东岳论丛》1980年第3期，第44—47页。

归奇於扐"的四营运筹后，所余蓍草数目或为三十六（以四乘九），或为二十四（以四乘六），或为二十八（以四乘七），或为二十四（以四乘六），故九为老阳之数，六为老阴之数，七为少阳之数，八为少阴之数。老阳、老阴为可变之爻，故《说文》云："九，阳之变也。"又云："阴变于六。"少阳、少阴为不变之爻，故《说文》云："七，阳之正也。"又云："（阴）正于八。"

《周易·系辞上》："夫乾，其静也专，其动也直，是以大生焉。夫坤，其静也翕，其动也辟，是以广生也。"《周易·系辞下》："乾，阳物也；坤，阴物也。阴阳合德而刚柔有体，以体天地之撰，以通神明之德。"在这里，乾坤阴阳被视为阴阳两性的表征。郭沫若以阴阳爻符起源于男女生殖器的观点，虽为大量筮数易卦的考古发现所证伪，但将之置于战国思想文化背景下，却不无道理。

附录四

《太玄》与《周易》"以传附经"体例比较①

西汉大儒扬雄模拟《周易》作了一部属于卜筮性质的著作《太玄》，《太玄》因其结构复杂，文义深奥，自问世之日起一直到今天历经两千年，研究《太玄》的学者也就寥寥几十人。研究者虽然常常对《太玄》作出由衷地赞誉，但是并不能获得读者的认同。《太玄》玄深的思想如阳春白雪鲜有应者，奇特的体制似镜花水月，让读者一头雾水，至今仍需考辨澄清。

《太玄》是模拟《周易》而作，故而《周易古经》中所具有的卦形、卦名、卦辞，以及《周易大传》的十翼等内容皆有了一一对应的关系。同时《太玄》又有自己的特点，和《周易》在体例结构上有很大的区别，如果看不清这种差异区别，就会把《太玄》的体例弄错，造成张冠李戴的结果。

一

和今《周易》一样，现在看到的《太玄》的体例也是以传附经的。《周易》经传前分后合的原因是，《周易》的经、传非一人之作，《周易古经》约成书于西周前期，《周易大传》十翼则是在经历了春秋和战国两个时期才逐渐定型，这样《周易古经》和《周易大传》前后成书的时间跨度很大。尤其到了战国，若没有《周易大传》，《周易古经》几近"天书"，各卦支离的易象，断章的语句，定会使人陷入失去语境的语言中，不知其所云了。汉朝时人，为了学《易》的便宜就援传入经

---

① 按：此文经过修改删节，以《扬雄〈太玄〉体例考辨》为题，由王社庄先生与笔者共同署名发表于《兰台世界》（下旬刊）2016年2月刊，第7—8页。

了，这种援传入经只是将十翼中的《彖传》、《象传》和《文言》附于经的后面。

《太玄》的经、传也经历了一个前分后合的过程。扬雄在创作《太玄》时，本经和十一篇传是分开的，其原因当是，因为《太玄》是模仿《周易》而作，此时的《周易》经传尚未合在一起，故《太玄》的经传亦是分开的。《周易》以传附经的时间和人物，古书记载纷纭，于今难定孰是孰非。或曰："始于西汉费直。"

> 费直字长翁，东莱人也。治《易》为郎，至单父令。长于卦筮，亡章句，徒以彖、象、系辞、文言解说上下经。①

或曰："始于东汉郑玄。"

> 帝又问曰："孔子作彖、象，郑氏作注，虽圣贤不同，其所释经义一也。今彖、象不与经文相连，而注连之，何也？"（淳于）俊对曰："郑玄合彖、象于经者，欲使学者寻省易了也。"②

由扬雄撰写《太玄》时经传是分开的，可以为《周易》以传附经到底归功属谁的这个争讼两千年的问题提供一个重要的判断依据，即《周易》以传附经之功当归于郑玄。扬雄在西汉末年拟《易》而作《太玄》，保留了《周易》经传两分原貌较为可靠的痕迹。

《太玄》经包括八十一首（包括首形和首名）、七百二十九赞的赞辞。因为《太玄》经特别晦深难懂，不为人知，扬雄就模仿《周易大传》十篇自作《太玄》传十一篇解之。《汉书·扬雄传》载：

> 为其泰曼漶而不可知，故有《首》、《冲》、《错》、《测》、《摛》、《莹》、《数》、《文》、《掜》、《图》、《告》十一篇，皆以解剥《玄》体，离散其文。③

---

① （汉）班固：《汉书》卷第八十八《儒林传》，中华书局1962年版，第3602页。
② （晋）陈寿：《三国志》卷第四《魏志·高贵乡公纪》，中华书局1959年版，第136页。
③ （汉）班固：《汉书》卷第八十七下《扬雄传》，中华书局1962年版，第3575页。

这里清清楚楚地记载十一篇的文章是类似《易传》内容的《太玄传》，那么《太玄》中除了《玄传》部分，即为经文，这是言之凿凿、无可争议的事实，但是非常遗憾的是，自从晋朝范望做了《太玄》传入《太玄》经后，本来是附经的《太玄》传的部分和《太玄》经的部分就造成了混淆和误解，一直到了现在这个问题竟然没人来辨证廓清，而这是阅读和研究《太玄》的第一步，这种灯下黑的事情就这样真真切切地发生了、存在着。这种误解应该及早的指出并纠正，至少这一问题是有考辨商榷的必要的。为了把问题交代清楚，首先将扬雄《太玄》经的部分和范望援《太玄》传入经后列表对照，并参以《周易》卦形、卦名、象辞、大象传、爻辞、小象传，以便比对。

	扬雄《太玄》经原貌	范望援传入经后面貌	《周易》经、彖传、象传
首（卦）形	八十一首形	八十一首形	六十四卦形
首（卦）名	八十个首名	八十一个首名	六十四个卦名
首（彖）传		首（传）辞	
赞（卦）辞	赞辞	赞辞	卦辞
首（象）传			象传
测（大象）传		测（传）辞	大象传
爻辞			爻辞
小象传			小象传

从上表能很清楚地看到扬雄《太玄》经的内容是三个部分，分别是首形、首名和赞辞。首有八十一首，每首九赞，故有七百二十九赞。下以《太玄》中的第一首"中首"为例，可以直观地看清其内容：

☰ 中

初一，昆仑旁薄幽。

次二，神战于玄，其陈阴阳。

次三，龙出于中，首尾信，可以为庸。

次四，庳虚无因，大受性命，否。

次五，日正于天，利用其辰作主。

次六，月阙其抟，不如开明于西。

次七，酋酋，火魁颐，水包贞。

次八，黄不黄，覆秋常。

上九，颠灵气形反。

"☰"是首象。《太玄》的首相当于《周易》的卦，但由四重符号组成。"中"是首名，相对于《周易》的卦名。首象、首名后的八句话，是解释首象和首名的，相当于《周易》的卦辞。它有一个名称叫赞。这个名称来自《汉书·扬雄传》："故《玄》三方、九州、二十七部、八十一家、二百四十三表、七八二十九赞。"① 在正文中并没有出现"赞"这个字。赞辞整齐划一，都有九条。每条开头有表次序的"初一、次二、次三、次四、次五、次六、次七、次八、上九"。其形式类似《周易》九、六爻题，但是它和爻题有质的不同。因为爻题和爻辞和《周易》卦爻一一对应，时位对应的很严整，而《太玄》赞辞和《太玄》首象没有对应关系。还有，《周易》爻题表阴阳，而"初一、次二、次三、次四、次五、次六、次七、次八、上九"不表阴阳。《太玄》赞辞和《太玄》首象没有对应关系，"《玄》首四重者，非卦也，数也。"② 首象由四重组成，每一重分别由一、二、合组成，从一玄，到《太玄》首由上至下的方州部家，分别按三分结构原则构成《太玄》的结构，故每首九条赞辞，八十一首共七百二十九条赞辞，体现了《太玄》的结构框架。每首的九赞不和首象四重形成对应关系，每两条赞辞代表一天，且八十一首的排列顺序中，序号是奇数的则表白昼，序号是偶数的则表黑夜。故《太玄》赞辞中虽然有"初一、上九"等类《周易》爻题的序数词，但是两者不是一回事。我们得出的结论是：赞辞是相当于《周易》卦辞了，同时《太玄》没有相当于《周易》爻辞的内容。

二

自从晋朝范望援传入经，则体例随混。晁公武《郡斋读书志》著录范望《范氏注太玄经解》十卷，晁氏所作叙录云：

---

① （汉）班固：《汉书》卷第八十七下《扬雄传》，中华书局1962年版，第3575页。
② （汉）班固：《汉书》卷第八十七下《扬雄传》，中华书局1962年版，第3575页。

范望叔明注。其序云：子云著《玄》，桓谭以为绝伦，张衡以拟《五经》。自侯芭受业之后，希有传者。建安中，宋衷、陆绩解释之，文字繁猥。今以陆为本，录宋所长，训理其义，为十卷。且以《首》分居本经之上，以《测》散处《赞辞》之下。其前又有陆绩序，以子云为圣人云。①

晁氏记范望自序在援传入经时，是"以《首》分居本经之上，以《测》散处《赞辞》之下"。《首》是传，不是经。刘保贞先生亦云："《太玄》也有经和传两部分，经分八十一首，每首也由卦画和赞辞组成，……《首》相当于《彖》；《测》相当于《象》，解释九赞之辞。"② 可是刘韶军先生却说："首辞，模仿《周易》每卦的象辞（卦辞），如中首的首辞是：'阳气潜萌与于黄宫，信无不在乎中。'③ 这显然是不对的。郑万耕先生坚持首辞不是相当于《周易》卦辞，而是相当于《周易》《象辞》，这一判断是对的，但是郑先生又认为《太玄》是有首（卦）无辞，"首以拟卦。《太玄》每首九赞，八十一首共七百二十九赞，赞有赞辞，赞以拟爻。但是，《周易》每卦皆有卦辞，而《太玄》每首则无辞；《易》卦六爻，爻皆有辞；《玄》有四重，而别为九赞，系于每首之下。此又与《周易》有所不同。"④ 有传无经，这就好像是有了仆人了，但是没有主人一样。是怎么也说不过去的。追其弄错的原因就是范望把《首》放在了正文之上，后来者相因成习，致使人不容易弄清楚哪一部分相当于卦辞。总之范望是好心做错事，在这个问题上他是难辞其咎的。

在上一部分的最后我们曾经得出过结论，赞即为相当于卦辞的首辞。但是很多人将赞当成了相当于《周易》爻辞的那一部分了。

郑万耕先生云："首以拟卦。《周易》每卦六爻，六十四卦共为三百八十四爻，爻有爻辞。《太玄》每首九赞，八十一首共七百二十九赞，赞

---

① （宋）晁公武撰，孙猛校证：《郡斋读书志校证》第十卷《子部儒家类》，上海古籍出版社1990年版，第426页。
② 刘保贞：《论〈太玄〉对〈周易〉的模仿与改造》，《周易研究》2001年第1期，第50页。
③ 刘韶军：《杨雄与〈太玄〉研究》，人民出版社2011年版，第115页。
④ 郑万耕：《扬雄及其太玄》，北京师范大学出版社2009年版，第32页。

有赞辞，赞以拟爻。"①

刘韶军先生亦云："各条赞辞都有一条相应的测辞，这是模仿《周易》一卦每爻的象辞。"②

郑、刘两位先生皆将赞辞当成了类似爻辞的内容。刘韶军先生还论道："每首九赞，八十一首共七百二十九赞辞，这些赞辞分分布在《太玄》的上述三分结构中就是《太玄》的正文。"③ 仍然视赞辞为爻辞。又将《首》传，当成了类似《周易》卦辞的内容。"首辞，模仿《周易》每卦的象辞（卦辞）。"④ 刘韶军先生将《太玄》模拟《周易》比类太严，首先是坚持有类爻辞内容的赞辞，同时自然应该有类卦辞的内容，就将放在正文之上的《首》传之辞强作为卦辞了。

之所以出现这类错误的判断，是因为，首先，《太玄》在模仿《周易》时，使用了一些和《周易》中内容相似的对应的词语，这些词语对于熟悉《周易》术语的读者来说是不太熟悉的，是比较绕的。其次，《太玄》在模仿《周易》时，并非是对《周易》经传各部分亦步亦趋的一一模仿，如《周易古经》中有的爻辞、小象辞，在《太玄》中是没有相对应的部分的。最后，赞、首、首辞等名称指称范围的不明确，带来了理解上的混淆。《太玄》的首相当于《周易》的卦，而相当于《周易》卦辞的内容，《太玄》中称作赞、或赞辞。赞这个词语在《太玄》正文中并未出现，而是出现在《汉书·扬雄传》中。

（雄）大潭思浑天，参摹而四分之，极于八十一。旁则三摹九据，极于七百二十九赞，亦自然之道也。……故《玄》三方、九州、二十七部、八十一家、二百四十三表、七百二十九赞。⑤

由此可知，《太玄》以三分法的"三模四分"而得出 3^4 即 81 首，"三摹九据"而得出（$81×3^2$）即 729 赞的结构模式中。由此而知，首相当于卦辞的首后之辞称为赞、或赞辞，而没称作"首辞"。而在扬雄自作的

---

① 郑万耕：《扬雄及其太玄》，北京师范大学出版社 2009 年版，第 32 页。
② 刘韶军：《扬雄与〈太玄〉研究》，人民出版社 2011 年版，第 117 页。
③ 刘韶军：《扬雄与〈太玄〉研究》，人民出版社 2011 年版，第 117 页。
④ 刘韶军：《扬雄与〈太玄〉研究》，人民出版社 2011 年版，第 115 页。
⑤ （汉）班固：《汉书》卷第八十七下《扬雄传》，中华书局 1962 年版，第 3575 页。

《太玄》传十一篇中，其中第一篇传即为《首》，这里的《首》，准确的说是《首传》，但是习惯上将之径直称作"首辞"，晋代范望作注时，又将这一部分置于正文前，相当于《周易》卦辞的位置上，如此就非常容易地将《首传》辞当作和卦辞相等内容的首辞了。这里的《首传》辞最好不能简称为《首辞》，不然就太容易误作首象、首名后的类卦辞的东西了。这里有必要强调它的《玄传》性质，以免引起混淆。

至此我们的结论可以重申了，赞辞即为《太玄》的类卦辞的内容。不是郑、刘两位先生所认为的赞辞属于类爻辞的内容。因为《太玄》不是像郑先生认为的有首（卦）无辞，也不是像刘先生认为的把《首传》当成的首辞。我们顺便也提及赞辞后的测辞是属于大象传性质的内容的，而《太玄》没有可以和《周易》作对比的爻辞类的内容，故而在《玄传》中也自然没有类小象传内容的文字了。现在通行本《太玄》正文因为和传文放置位置的不当而引起了一些误解，我们有必要调整一下《玄传》附经的位置，以期更好的解读研究《太玄》，这种学术勇气是应该有的，下面我们以《太玄》中第一首"中首"为例，重新将传附经，并期望得到方家批评。

☰中

初一，昆仑旁薄幽。

次二，神战于玄，其陈阴阳。

次三，龙出于中，首尾信，可以为庸。

次四，庳虚无因，大受性命，否。

次五，日正于天，利用其辰作主。

次六，月阙其抟，不如开明于西。

次七，酋酋，火魁颐，水包贞。

次八，黄不黄，覆秋常。

上九，颠灵气形反。

《首传》：阳气潜萌于黄宫，信无不在乎中。

《测传》：初一，测曰：昆仑旁薄幽。思之贞也。

次二，测曰：神战于玄，善恶并也。

次三，测曰：龙出于中，见其造也。

次四，测曰：庳虚无因，不能大受也。

次五，测曰：日正于天，贵正位也。
次六，测曰：月阙其抟，贱始退也。
次七，测曰：酋酋之包，人臣则也。
次八，测曰：黄不黄，失中德也。
上九，测曰：颠灵之反，时不克也。

附录五

《易》学类博硕士学位论文题名索引

说明：

一、本索引分"《易》学类博士学位论文题名索引（1990—2014）"和"《易》学类硕士学位论文题名索引（2001—2014）"两部分，收录的论文标准是以易学为研究内容，酌情收录占筮、术数等内容论文，但不收录从经学角度宽泛涉及到《周易》的论文。共收录博硕士学位论文447篇，其中博士论文181篇、硕士论文266篇。

二、本索引采录的学位论文信息分别有：发表年度、作者名、题名、专业、毕业学校、导师名等。

三、本索引以论文发表年份为序，同年度者以著者姓名拼音为序。

四、本索引材料来源主要是中国知网检索系统、国家图书馆博士论文检索系统以及某些高校的机构知识库等，也通过其他渠道得到一些论文信息。因一些论文信息未公开，我们虽各方寻求而难免遗珠之憾，只能随时增补，以期逐渐完善。

（一）《易》学类博士学位论文题名索引（1990—2014）

年度	作者	题目	专业	学校	导师
1990	鄢良	中国古代时间医学与象数学	中医学史	中国中医研究院	李经纬
1993	陈亚军	通行本《易经》卦画卦形问题研究史略	中国哲学	北京大学	朱伯崑
1995	叶鹰	易玄合论	中国哲学	中山大学	李锦全
1996	程钢	焦循天算学、易学学术思想研究	专门史	西北大学	张岂之
1996	邢文	帛书《周易》与古代学术	历史文献学	中国社会科学院	李学勤

续表

年度	作者	题目	专业	学校	导师
1996	詹石窗	易学与道教文化关系研究	宗教学	四川联合大学	卿希泰
1997	张其成	象数哲学研究	中国哲学	北京大学	朱伯崑
1998	傅海伦	中国传统数学机械化思想	自然科学史	中国科学院	郭书春
1998	彭迎喜	方以智与《周易时论合编》小考	历史文献学	中国社会科学院	李学勤
1998	谢宝笙	龙、《易经》与中国文化的起源	中国哲学	中山大学	李宗桂
1998	张涛	秦汉易学思想研究	中国古代史	山东大学	田昌五
1999	林映希	李退溪与朱熹易学哲学比较研究	中国哲学	北京大学	朱伯崑
1999	田永胜	文本的解释与王弼思想研究	中国哲学	北京大学	许抗生
2000	黄震	从神权秩序到人伦秩序——《易经》的法律文化读解	法律史	北京大学	武树臣
2000	林亨锡[韩]	王船山《周易内传》研究	中国哲学	北京大学	朱伯崑
2000	王新春	虞翻易学研究	中国哲学	山东大学	王晓毅
2000	汪显超	古易筮法研究	中国哲学	中山大学	冯达文
2000	于雪棠	《周易》与中国上古文学	中国古代文学	东北师范大学	李炳海
2001	刘光本	汉代象数论略	中国哲学	复旦大学	潘富恩
2001	曾传辉	元代参同学——以俞琰、陈致虚	中国哲学	中国社会科学院	许抗生
2002	金演宰[韩]	宋明理学和心学派的易学与道德形上学	中国哲学	北京大学	朱伯崑
2002	刘青	《易经》心理谓词研究	汉语言文字学	复旦大学	胡奇光
2002	刘玉平	《周易》人生价值论	中国哲学	山东大学	刘大钧
2002	倪南	象数易道的历史考察——从经验、观念到话语、图式（先秦—西汉）	中国哲学	南京大学	李书有
2002	吴世彩	易经管理哲学研究	中国哲学	山东大学	刘大钧
2002	杨维杰	明代医易学研究	中国哲学	北京大学	朱伯崑
2002	杨效雷	清代易学研究	中国古代史	南开大学	白新良
2002	杨一木	《周易》与《黄帝内经》思维逻辑共通性研究暨现代科学知识之诠释	中医基础理论	南京中医药大学	孙桐
2002	杨月清	陆王心学派的易学思想研究	中国哲学	复旦大学	潘富恩
2003	崔波	甲骨占卜源流探索	中国古代史	郑州大学	王蕴智
2003	侯敏	易象论	中国古代文学	哈尔滨师范大学	傅道彬
2003	胡元玲	张载易学及道学研究——以《横渠易说》与《正蒙》为主的探讨	中国古典文献学	北京大学	孙钦善

续表

年度	作者	题目	专业	学校	导师
2003	黄黎星	《易》学与中国传统文艺观	中国古代文学	福建师范大学	张善文
2003	李定	"指掌易"之美学研究	文艺学	复旦大学	王振复
2003	吕书宝	满眼风物入卜书——《易经》摄象明理探微	中国古代文学	东北师范大学	李炳海
2003	苏永利	论京房五行易学思想	中国哲学	山东大学	刘大钧
2003	孙熙国	周易古经与诸子之学	中国哲学	山东大学	傅有德 刘大钧
2003	唐琳	朱震易学思想研究	中国哲学	武汉大学	萧汉明
2003	谢金良	《周易禅解》研究	中国哲学	南京大学	洪修平
2004	宫宝利	术数活动与清代社会	中国古代史	南开大学	冯尔康
2004	黎心平	《周易虞氏消息》研究	中国哲学	山东大学	刘大钧
2004	李志诚（中国台湾）	《易》学与中医学之相通性研究	中医基础理论	南京中医药大学	
2004	刘彬	《易纬》占术研究	中国哲学	山东大学	刘大钧
2004	彭华	阴阳五行研究（先秦篇）	中国古代史	华东师范大学	谢维扬
2004	祁润兴	义理易学研究	中国哲学	中国人民大学	张立文
2004	史少博	朱熹理学与易学的关系	中国哲学	山东大学	刘大钧
2004	王峰	朱熹易学研究	中国哲学	中国社会科学院	王葆玹
2004	吴克峰	易学逻辑研究	逻辑学	南开大学	崔清田
2004	杨恺钧	《周易》管理思想研究	产业经济学	复旦大学	苏东水
2004	杨倩描	王安石《易》学研究	中国古代史	河北大学	郭东旭
2004	章伟文	宋元道教易学初探	中国古代史	北京师范大学	郑万耕
2005	陈碧	《周易》象数美学思想研究	美学	武汉大学	陈望衡
2005	陈京伟	程伊川易学思想研究	中国哲学	山东大学	林忠军
2005	陈仁仁	上海博物馆藏战国楚竹书《周易》研究——兼论早期易学相关问题	中国哲学	武汉大学	萧汉明

续表

年度	作者	题目	专业	学校	导师
2005	陈修亮	乾嘉易学三大家研究	中国古典文献学	山东大学	刘晓东
2005	马新钦	《焦氏易林》版本考	中国古代文学	福建师范大学	张善文
2005	王浩	汉代象数哲学研究	中国哲学	北京大学	李中华
2005	王莹	帛书《易传》思想研究	中国哲学	武汉大学	郭齐勇
2005	问永宁	《太玄》研究	中国哲学	武汉大学	萧汉明
2005	尹锡珉[韩]	王弼易学解经体例探源	中国哲学	北京大学	朱伯崑
2005	于成宝	先秦与西汉易学研究	中国古典文献学	南京大学	蒋广学
2005	曾华东	杨万里易学·哲学研究	中国哲学	中国人民大学	向世陵
2005	张玖青	杨万里思想研究	中国古典文献学	浙江大学	束景南
2005	张新俊	上博楚简文字研究	历史文献学	吉林大学	吴振武
2005	郑朝晖	述者微言——惠栋易学研究	中国哲学	武汉大学	萧汉明
2005	朱光镐	朱熹太极观研究——以《太极图说解》为中心	中国哲学	北京大学	朱伯崑
2006	房振三	楚竹书周易彩色符号研究	汉语言文字学	安徽大学	何琳仪
2006	江弘远	京氏《易》学研究	中国哲学	中国社会科学院	王葆玹
2006	金奋飞	明末东林书院多维透视（1604—1626）	中国古代史	复旦大学	樊树志
2006	井海明	汉易象学研究	中国哲学	山东大学	刘大钧
2006	李秋丽	胡一桂易学思想研究	中国哲学	山东大学	林忠军
2006	刘成汉	从《周易》象数、义理看中医学的六经、八纲辨证	中医基础理论	湖北中医学院	成肇智
2006	刘银昌	盖事虽《易》，其辞则诗——《焦氏易林》文学研究	中国古代文学	陕西师范大学	张新科
2006	马宗军	《周易参同契》思想研究	中国哲学	山东大学	丁原明
2006	申红义	出土楚简与传世典籍异文研究	历史文献学	四川大学	彭裕商
2006	苏晓晗	船山易学思想研究	中国哲学	山东大学	王新春

续表

年度	作者	题目	专业	学校	导师
2006	王化平	简帛文献中的孔子言论研究	历史文献学	四川大学	彭裕商
2006	曾凡朝	杨简易学思想研究	中国哲学	山东大学	林忠军
2006	张国洪	吴澄的象数义理之学	中国哲学	山东大学	刘大钧
2006	赵会华	医易养生心理学思想研究	科学技术哲学	吉林大学	车文博
2006	赵荣波	《周易正义》思想研究	中国哲学	山东大学	刘大钧
2007	陈壮维[新加坡]	"方阵"卦序的构拟及《周易》初始形态研究	历史文献学	吉林大学	吕文郁
2007	韩慧英	尚秉和易学思想研究	中国哲学	山东大学	刘大钧
2007	侯乃峰	《周易》文字汇校集释	历史文献学	安徽大学	刘信芳
2007	金生杨	宋代巴蜀易学研究	专门史	四川大学	舒大刚
2007	兰甲云	周易古礼研究	专门史	湖南大学	陈戍国
2007	李良贺	胡煦易学研究	中国哲学	北京师范大学	郑万耕
2007	李尚信	今、帛、竹书《周易》卦序研究	中国哲学	山东大学	刘大钧
2007	刘震	帛书《易传》卦爻辞研究	中国哲学	山东大学	蒙培元
2007	王天彤	魏晋易学研究	中国古典文献学	山东大学	徐传武
2007	王永平	先秦的卜筮与《周易》研究	中国古代史	吉林大学	陈恩林
2007	辛翀	丁超五科学易学思想研究	中国哲学	山东大学	林忠军
2007	杨天才	《周易正义》研究	中国古典文献学	福建师范大学	张善文
2007	曾海军	易道的神明与幽微	中国哲学	中山大学	陈少明
2007	张汝金	解经与弘道——《易传》之形上学研究	中国哲学	山东大学	颜炳罡
2007	张文俊	《周易》德性伦理思想研究	伦理学	东南大学	董群
2008	白效咏	汉代的易学与政治	中国古代史	中国人民大学	黄朴民
2008	范方芳	中国史前用龟现象研究	科学技术史	中国科学技术大学	张居中 柯资能

续表

年度	作者	题目	专业	学校	导师
2008	官岳	来知德易学研究	中国哲学	山东大学	刘玉建
2008	姜海军	程颐易学思想研究——思想史视野下的经学诠释	中国古典文献学	北京大学	
2008	刘云超	元代易学家王申子易学哲学初探	中国哲学	山东大学	刘大钧
2008	刘志平	《焦氏易林》的历史考察	中国古代史	北京师范大学	王子今
2008	潘忠伟	《周易正义》研究	中国哲学	中国社会科学院	王葆玹
2008	史怀刚	现代新儒学易学思想研究	中国哲学	中国人民大学	宋志明
2008	斯满红	古史辩派易学研究——以顾颉刚和李镜池为例	中国哲学	山东大学	林忠军
2008	宋锡同	邵雍易学与新儒学思想研究	中国哲学	中国人民大学	宋志明
2008	孙爱云	《周易》对中医学理论建构的影响	中医基础理论	山东中医药大学	孙广仁
2008	孙照海	乾嘉易汉学研究	中国古代史	北京师范大学	张涛
2008	徐建芳	苏轼与《周易》	中国古代文学	陕西师范大学	杨恩成
2008	薛松	张景岳医易思想研究	中医医史文献	北京中医药大学	张其成
2008	张乾元	周易与中国书画美学	美术学	南京艺术学院	樊波
2008	张轶	汉唐之间郑玄易学研究	中国古代史	清华大学	王晓毅
2009	窦可阳	接受美学与象思维：接受美学的"中国化"	比较文学与世界文学	吉林大学	张锡坤
2009	郭丽娟	熊十力"乾元"易学思想探析	中国哲学	山东大学	林忠军
2009	姜颖	《童溪易传》研究	中国哲学	山东大学	刘大钧
2009	雷喜斌	朱熹易学思想研究	中国古典文献学	福建师范大学	张善文
2009	李建国	《周易》与《黄帝内经》学术思想的比较研究	中医基础理论	广州中医药大学	王洪琦
2009	林胜勤	医易相通之辨证研究	中国古典文献学	福建师范大学	张善文
2009	任利伟	明代中叶易学思想研究	中国古代史	北京师范大学	张涛
2009	谭德贵	项安世易学思想研究——《周易玩辞》解读	中国哲学	北京师范大学	郑万耕

续表

年度	作者	题目	专业	学校	导师
2009	田小中	《太玄》易学思想研究	中国哲学	山东大学	刘玉建
2009	王棋	荀爽易学研究	中国哲学	山东大学	王新春
2009	吴国源	《周易》本经卦爻辞新释——并以此探索本经解释的新体例	中国古代史	清华大学	廖名春
2009	西山尚志〔日〕	可以和传世文献相对照的先秦出土文献研究	古典文献学	山东大学	郑杰文 池田知久
2009	袁江玉	康乾易学研究	中国古代史	北京师范大学	张涛
2009	赵文源	朱子《易》注考源	中国古典文献学	浙江大学	束景南
2009	赵中国	邵雍易学哲学研究——兼论易学对于北宋儒学复兴的贡献	中国哲学	南开大学	严正
2009	翟奎凤	以《易》测天——黄道周易学研究	中国哲学	北京大学	陈来
2010	崔丽丽	毛奇龄易学研究	中国哲学	山东大学	刘大钧
2010	董艺	张载易学思想研究	中国哲学	山东大学	刘玉建
2010	郭胜坡	二十世纪易学本体论的两条基本路向研究	中国哲学	南开大学	李翔海
2010	黄新根	《周易》管理哲学研究	中国哲学	山东大学	刘大钧
2010	焦杰	《易》《礼》《诗》对妇女的定位——西周至两汉主流妇女观	历史文献学	陕西师范大学	焦二强
2010	李慧智	儒教及其经学阐释对杜诗的影响研究	中国古代文学	南开大学	卢盛江
2010	刘建萍	蔡清及其易学思想研究	中国古典文献学	福建师范大学	张善文
2010	乔宗方	江永易学思想研究	中国哲学	山东大学	林忠军
2010	孙喜艳	《周易》美学的生命精神	文艺学	苏州大学	朱志荣
2010	王长红	宋人笔记所载易学资料论述	中国古典文献学	山东大学	王承略
2010	文平	虞翻易学思想研究	中国哲学	湘潭大学	陈代湘
2010	吴勇	楚国易学研究	中国古典文献学	华中师范大学	高华平
2010	肖满省	明代福建易学研究	中国古典文献学	福建师范大学	张善文
2010	辛亚民	张载易学研究	中国哲学	北京师范大学	郑万耕
2010	徐瑞	《周易》符号结构论	中国哲学	山东大学	刘大钧

续表

年度	作者	题目	专业	学校	导师
2010	张克宾	朱熹易学思想研究	中国哲学	山东大学	刘大钧
2010	张文智	西汉孟、焦、京易学新探	中国哲学	山东大学	刘大钧
2010	张绪峰	康有为易学思想研究	中国古代史	北京师范大学	张涛
2010	张耀天	周易历史哲学研究	中国哲学	中国人民大学	姜日天
2011	崔朝辅	《易纬》易学思想研究	中国哲学	山东大学	刘大钧
2011	龚轩	《伤寒论》中的术数	中医临床基础	北京中医药大学	王庆国
2011	呼兴华	从术数的角度考察运气学说的发生	中医基础理论	成都中医药大学	邢玉瑞
2011	李静	易学思想与生态美学建构	文艺学	辽宁大学	高凯征
2011	刘伟	方以智易学思想研究	中国哲学	苏州大学	蒋国保
2011	王洪霞	胡瑗易学思想研究	中国哲学	山东大学	王新春
2011	王莹	周易古经之比兴研究	文艺学	浙江大学	张节末
2011	谢辉	元代易学对朱子易学的传承与革新	历史文献学	北京师范大学	周少川
2011	邢春华	明中期关中四家易学研究	中国古典文献学	福建师范大学	张善文
2011	续晓琼	南宋"参证史事"易学研究	中国古代史	北京师范大学	张涛
2011	张韶宇	智旭佛学易哲学研究	中国哲学	山东大学	林忠军
2012	陈旭东	唐代易学著述考论	中国古典文献学	福建师范大学	张善文
2012	程强	"太极"概念内涵的流衍变化——从《易传》到朱熹	中国哲学	上海师范大学	陈卫平
2012	崔伟	李觏易学视野下的经世之学	中国哲学	山东大学	王新春
2012	董睿	易学空间观与中国传统建筑	中国哲学	山东大学	林忠军
2012	高新满	俞琰易学研究	中国哲学	山东大学	刘玉建
2012	江凌	象数易学与《西游记》创作之研究	中国哲学	山东大学	刘大钧
2012	刘炳良	北宋易学与变法思想研究	中国古代史	北京师范大学	张涛

续表

年度	作者	题目	专业	学校	导师
2012	蔺若	神秘文化对中国古代诗学的影响——以《周易》之阴阳与气化说为例	中国古代文学	四川师范大学	李天道
2012	梅强	《周易正义》法律思想研究	中国哲学	山东大学	林忠军
2012	娜塔莎	《周易》的天道观	中国哲学	北京师范大学	张奇伟
2012	邱崇	《周易》语篇研究	汉语言文字学	山东大学	杨端志
2012	邵志伟	易学象数下的中国建筑与园林营构	中国哲学	山东大学	刘大钧
2012	孙萍	王弼《周易注》思想研究	中国哲学	北京师范大学	张奇伟
2012	王冉冉	元代易学思想研究	中国古代史	北京师范大学	张涛
2012	王娅维	王弼、朱熹《周易》注释比较研究	中国古典文献学	陕西师范大学	党怀兴
2012	杨生照	易道形而上学何以可能？——以"象"为中心的《周易》思想研究	中国哲学	华东师范大学	杨国荣
2012	赵娟	论《周易》的时间观念——一个文化史的视角	文艺学	复旦大学	汪涌豪
2013	关梅	《易传》法哲学思想研究	中国哲学	山东大学	林忠军
2014	高原	蔡清易学思想研究	中国哲学	山东大学	林忠军
2014	陶有浩	钱澄之易学思想研究	中国哲学	苏州大学	蒋国保
2014	王社庄	春秋易学研究	中国古代史	天津师范大学	杜勇
2014	王彦敏	近代医易学派研究	中医易史文献	北京中医药大学	张其成
2014	张金平	考古发现与《易》学溯源研究	考古学及博物馆学	天津师范大学	杨效雷

（二）易学类硕士学位论文题名索引（2001—2014）

年度	作者	题目	专业	学校	导师
2001	戴和冰	《汉书·艺文志》至《宋史·艺文志》易类书目研究	图书馆学	中国科学院文献情报中心	罗琳
2001	韩凤鸣	宇宙心法——邵雍易学研究	中国哲学	云南师范大学	吴雄武

续表

年度	作者	题目	专业	学校	导师
2002	杜志国	《焦氏易林》研究	中国古代文学	四川大学	刘黎明
2002	刘立策	《周易》"白贲"美学思想研究	文艺学	四川师范大学	李天道
2002	罗会斌	中医运气学说与汉代象数易学	中医医史文献	北京中医药大学	张其成
2002	徐松岩	论《周易》的政治思想	历史学	辽宁师范大学	杨英杰
2002	杨东	王弼易学与程颐易学的比较研究	中国哲学	四川省社会科学院	蔡方鹿
2002	杨名	从《横渠易学》看张载哲学体系的形成	中国哲学	中国人民大学	向世陵
2003	具隆会	关于《周易》哲理与《内经》思维几点认识——以"阴阳"、"循环"、"调和"、"整体"论为主研究	中国古代思想史	中国社会科学院研究生院	姜广辉
2003	李昊	《焦氏易林》词汇研究	汉语言文字学	四川大学	伍宗文
2003	刘银昌	《焦氏易林》四言诗研究	中国古代文学	陕西师范大学	魏耕原
2003	辛翀	象数易的合自然性思维模式探析	科学技术哲学	山西大学	张培富
2004	陈洪	《周易》与《孙子》战略思想比较研究	工商管理	清华大学	郎立君
2004	李良贺	春秋时期的卜筮研究	中国古代史	吉林大学	许兆昌
2004	李绍萍	论《焦氏易林》与先秦两汉文学的融会贯通	中国古代文学	福建师范大学	张善文 郭丹
2004	林国兵	试论孔颖达的易学理论与美学智慧	美学	安徽师范大学	汪裕雄
2004	林雨	天道人道之贯通——朱震易学思想研究	中国哲学	山东大学	刘玉建
2004	夏云	《易》《老》辨	中国古代文学	汕头大学	刘坤生
2005	曹芸	论中国古典园林艺术中的《周易》美学思想	美学	武汉大学	范明华
2005	陈志霞	《周易》之"象"的文化内涵及其审美意义	中国古代文学	河南大学	华锋
2005	郭胜坡	周易生命哲学论纲——从天人关系到群己关系、身心关系	伦理学	清华大学	胡伟希
2005	贾军仕	《周易》、《尚书》思想比较研究	中国古代文学	汕头大学	刘坤生
2005	李丹	《周易》英译之研究	外国语言学及应用语言学	四川大学	敖凡

续表

年度	作者	题目	专业	学校	导师
2005	林萍	《易传》在中华民族精神塑造中的地位和作用	马克思主义理论与思想政治教育	山东大学	孙熙国
2005	刘珺	《周易》与中国画审美之渊源	美术学	天津大学	孙征
2005	刘体胜	大义入象——来知德易学思想浅绎	中国哲学	武汉大学	萧汉明
2005	刘兴明	《东坡易传》易学思想研究	中国哲学	山东大学	林忠军
2005	刘云超	王申子《大易缉说》探微	中国哲学	山东大学	王新春
2005	南金花	王肃《周易注》及其易学思想	中国哲学	中国人民大学	杨庆中
2005	史怀刚	京房易学中的哲学思想	中国哲学	中国人民大学	杨庆中
2005	汤太祥	《易林》援引《左传》典语考	中国古典文献学	福建师范大学	张善文 郭丹
2005	张勇	南北朝《周易》学研究	专门史	西北大学	方光华
2006	陈灿	《汉语大字典》释义引《周易》书证研究	汉语言文字学	湖南师范大学	赵振兴
2006	高亮	《周易》与现代教育管理	教育经济与管理	曲阜师范大学	张良才
2006	郭丽娟	王弼易学哲学思想再探	中国哲学	四川大学	黄德昌
2006	韩军	上海博物馆藏战国楚竹书《易经》异文研究	汉语史	山东大学	徐超
2006	刘乐恒	《程氏易传》研究	中国哲学	华东师范大学	刘仲宇
2006	刘新华	《易传》的思想体系、时代特征及学派风格	中国古典文献学	山东师范大学	张汉东
2006	乔宗方	《周易折中》易学思想评析	中国哲学	山东大学	刘大钧
2006	曲冰	《上海博物馆藏战国楚竹书（三）》研究概况及文字编	汉语言文字学	吉林大学	李守奎
2006	桑东辉	法律视野下《周易》和谐思想研究	法律	黑龙江大学	孙光妍
2006	宋立林	孔子"易教"思想研究	专门史	曲阜师范大学	杨朝明
2006	谭小宝	周敦颐易学思想新探	中国哲学	湖南师范大学	徐孙铭
2006	王凤	上海博物馆藏战国楚竹书（三）的研究及文字整理	汉语言文字学	东北师范大学	张世超

续表

年度	作者	题目	专业	学校	导师
2006	王棋	来知德易学思想探微	中国哲学	山东大学	林忠军
2006	吴云燕	马王堆汉墓帛书通用字研究	汉语言文字学	华东师范大学	詹鄞鑫
2006	阎洁	从象数角度谈《周易》的管理思想	中国哲学	山大大学	李尚信
2006	张巍	《易传》人文教化思想研究	马克思主义理论与思想政治教育	山东大学	孙熙国
2006	郑晨寅	《周易》哲理的神话学阐释	中国古代文学	福建师范大学	张善文
2006	郑和明	理雅各、贝恩斯英译《周易》比较研究	英语语言文学	福建师范大学	岳峰
2007	陈建仁	周易文言传研究	中国古代文学	福建师范大学	张善文
2007	陈曦	王船山对《周易》忧患意识的阐释及其在史论中的体现	中国古代史	云南师范大学	朱端强
2007	范旭	周易的平衡之数——3/7 在视觉设计中的应用	设计艺术学	南昌大学	黄慧琴
2007	付中英	章学诚史学评论与《易》教	史学理论及史学史	东北师范大学	董铁松
2007	胡长芳	韩康伯易学思想研究	中国哲学	山东大学	林忠军
2007	黄河	《汉书》引《易》研究	历史文献学	华中师范大学	刘韶军
2007	霍冬梅	上博馆藏战国楚竹书音韵研究	汉语言文字学	华南师范大学	沈建民
2007	李树生	蔡元定易学的特色	中国哲学	湘潭大学	陈代湘
2007	林燊	《左传》、《国语》中的《易》筮例研究	中国古代文学	福建师范大学	张善文
2007	马鑫焱	张载《横渠易说》研究刍议	中国哲学	陕西师范大学	刘学智
2007	邱晓亮	论中国书籍装帧艺术中的《易》学文化传统	设计艺术学	北京印刷学院	张涵
2007	史海威	昭宣时期易学思想研究	中国古代史	北京师范大学	张涛
2007	王辛方	穷源竟委，易于不易——李镜池易学思想通览	中国哲学	华南师范大学	陈开先
2007	吴宝峰	象数易学与西汉政治、自然科学研究	中国古代史	河北师范大学	王文涛
2007	吴学哲	论司马迁与《周易》	中国古代文学	辽宁师范大学	边家珍

年度	作者	题目	专业	学校	导师
2007	肖满省	从左传、国语看春秋卜筮之道与易学的关系	中国古代文学	福建师范大学	张善文
2007	辛亚民	论《周易》的理想人格	中国哲学	西北师范大学	陈晓龙
2007	徐恩栓	胡煦易学研究	中国哲学	云南师范大学	李广良 杨胜荣
2007	闫鹏凌	宫廷《易》蕴——周易视阈中的清朝宫廷装饰与陈设研究	设计艺术学	吉林艺术学院	董赤 祝普文
2007	张克宾	帛书《易传》诠释理路论要	中国哲学	山东大学	刘保贞
2008	曹振华	《周易》卦爻辞诗歌研究	中国古代文学	山东师范大学	周远斌
2008	崔瑞	《周易》断定用词研究	逻辑学	中国人民大学	余俊伟
2008	陈之斌	胡瑗易学思想研究	中国哲学	山东大学	刘玉建
2008	杜兵	项安世《周易玩辞》研究	中国古典文献学	福建师范大学	张善文
2008	段世雄	讼卦之法律文化探析	法学	苏州大学	方潇
2008	高新满	胡炳文易学思想研究	中国哲学	山东大学	刘保贞
2008	郭伦	《周易》单音节实词反义词研究	汉语言文字学	河北师范大学	郑振峰
2008	蒿凤	易学与两汉时期的伦理思想	中国古代史	北京师范大学	张涛
2008	姜世东	三国时期易学思想研究	中国古代史	北京师范大学	张涛
2008	金华	元大都建都思想研究	中国古代史	北京师范大学	张涛
2008	赖祖龙	筮数易卦源流研究	中国哲学	山东大学	刘大钧
2008	李康	《周易》时空一体叙事思维模型	中国古代文学	西南大学	韩云波
2008	刘利娜	《周易》与《论语》的君子观及其比较	伦理学	山西大学	赵继明
2008	刘璐	《周易》阴阳说及其课程改革意义研究	课程与教学论	西南大学	郑家福
2008	刘敏	王肃易学研究	中国古典文献学	福建师范大学	张善文
2008	龙敏	符号学层面的语境对翻译的影响——以《周易》两英译本为例	外国语言学及应用语言学	长沙理工大学	陈可培
2008	罗利	欧阳修易学思想研究	中国哲学	南昌大学	杨柱才

续表

年度	作者	题目	专业	学校	导师
2008	马玉鑫	《昭明文选》作品及李善注引《易》考论	中国古代文学	福建师范大学	黄黎星
2008	秦博雅	基于《周易》的环境管理模式研究	环境科学	北京师范大学	王红旗
2008	肖从礼	马王堆帛书《周易》考释	历史文献学	西北师范大学	张德芳
2008	邢春华	苏轼易学研究	中国古典文献学	福建师范大学	张善文
2008	杨冬梅	《周易》单音节实词同义词研究	汉语言文字学	河北师范大学	郑振峰
2008	张桂叶	李镜池易学思想研究	中国哲学	湖南师范大学	徐仪明
2008	张文波	京房八宫易学探微	中国哲学	山东大学	李尚信
2008	赵雨	《周易》古经单音词核义素研究	汉语言为中心	吉林大学	徐正考
2009	冯延伟	杨万里《诚斋易传》研究	中国哲学史	河南大学	叶平
2009	高源贵	杨万里易学思想研究	中国哲学	山东大学	刘大钧
2009	郭汉城	卫礼贤易学思想研究	中国古代文学	福建师范大学	张善文
2009	郭楠	《上海博物馆藏战国楚竹书》（三、四）文字整理和研究	汉语言文字学	北京语言大学	张希峰
2009	郭永振	陈梦雷易学思想研究	中国哲学	山东大学	刘玉建
2009	季英波	孔颖达易学解经体例探析	中国哲学	首都师范大学	陈鹏
2009	孔令昂	《史记》易学研究	中国古代史	北京师范大学	张涛
2009	李进鹏	牟宗三易学思想研究	专门史	西北大学	张茂泽
2009	吕纪立	论《周易禅解》的佛易会通思想	中国哲学	苏州大学	吴忠伟
2009	陆薇	《周易》古经中的歌谣研究	中国古代文学	延边大学	于春梅
2009	吕纪立	论《周易禅解》的佛易会通思想	中国哲学	苏州大学	吴忠伟
2009	苗盛林	《周易正义》与隋唐社会政治文化研究	中国古代史	北京师范大学	张涛
2009	施婧娴	庄存与《易说》与清代今文经学的兴起——以《易说》与《春秋正辞》的关系为切入点	中国近现代史	北京师范大学	张昭军

续表

年度	作者	题目	专业	学校	导师
2009	苏丽娟	高亨先生《周易》研究述论	中国古典文献学	山东大学	王承略
2009	孙萍萍	易学与两汉之际的政治	中国古代史	北京师范大学	张涛
2009	孙中华	《论衡》引《易》考论	中国古代文学	福建师范大学	黄黎星
2009	汪毓楠	身体维度中的"畅"之美——《周易》美学思想举隅	文艺学	吉林大学	张锡坤
2009	王荣优	易学与东汉末年的社会批评思潮	中国古代史	北京师范大学	张涛
2009	吴淑雅	《杨氏易传》中的"道心"观研究	中国哲学	河南大学	朱丽霞
2009	吴小龙	从《老子》的"道""德"到《易传》的"道德"——兼论儒家道德的先天性特点	中国哲学	山东大学	刘保贞
2009	许氏明芳	二十世纪以来越南的《周易》研究	中国哲学史	河南大学	耿成鹏
2009	于超	浅论易学视角下的八卦掌	体育教育训练学	西北师范大学	刘宝禄
2009	张沛	王畿心学易学思想研究	中国哲学	山东大学	林忠军
2009	张倩郢	柳宗元的易学实践	中国古代史	北京师范大学	张涛
2009	赵慧	黄宗羲易学观初探	中国哲学	复旦大学	陈居渊
2010	常卫红	《东坡易传》文学特色与文学思想研究	中国古代文学	广西师范大学	王德明
2010	陈旭辉	李觏易学思想研究	中国哲学	北京师范大学	郑万耕
2010	陈彦杰	王弼治易方法研究与反思	中国哲学	山东大学	李尚信
2010	高原	蔡清理学视域下的易学思想研究	中国哲学	山东大学	林忠军
2010	胡鏊	《周易》的自然科学思想及其对现代科学的启示	科学技术哲学	西安建筑科技大学	张同乐
2010	黄瑞丽	《焦氏易林》并列式复音词研究	语言文字学	河南大学	魏清源
2010	黄曦	胡瑗《周易口义》	中国古代文学	福建师范大学	张善文
2010	黄现慧	《周易》词汇研究	中国古典文献学	山东师范大学	张金霞
2010	焦瑞锋	牟宗三易学思想探析	中国哲学	曲阜师范大学	姚春鹏

续表

年度	作者	题目	专业	学校	导师
2010	李付保	《左传》《国语》易例研究	中国哲学	山东大学	刘保贞
2010	李学卫	先秦易学哲学	中国哲学	西藏民族学院	乔根锁
2010	林琳	干宝易学思想研究	中国哲学	山东大学	王新春
2010	刘彦华	《周易》词类研究	汉语言文字学	湖南师范大学	赵振兴
2010	秦欢	从《周易》看意境的生成	文艺学	辽宁大学	高凯征
2010	孙义文	从"吉"、"凶"两断辞看《周易》的价值取向	中国哲学	华东师范大学	周山
2010	王章全	《易传》之论说辞序诸体研究	中国古代文学	湖南师范大学	李生龙
2010	夏博	浅析尚秉和对虞氏易学的批判	中国哲学	山东大学	刘大钧
2010	熊英鹏	易学视野中的"横渠四句教"	中国哲学	上海师范大学	陈卫平
2010	许心	《易传·系辞》"观物取象"试探——以柏拉图"模仿说"为参照	比较文学与世界文学	上海师范大学	孙景尧
2010	宇琳	微辞婉悔 精义致用——《周易大传》美学思想探微	文艺学	辽宁师范大学	于永顺
2010	张娟娟	唐明邦易学思想述评——以唐先生2008年以前出版、发表的文本为界	中国哲学	郑州大学	崔波
2010	张艳芳	先秦易学的几个问题	中国古典文献学	西北师范大学	伏俊琏
2010	郑彩霞	《汉书》、《后汉书》涉《易》问题考论	中国古代文学	福建师范大学	黄黎星
2010	赵亮	刘宗周易学思想研究	中国哲学	山东大学	林忠军
2010	周神松	杭辛斋易学思想浅论	中国哲学	山东大学	李尚信
2010	朱天助	吕祖谦"易学三书"研究	中国古代文学	福建师范大学	张善文
2011	程旺	孔子易学哲学思想研究	中国哲学	曲阜师范大学	姚春鹏
2011	程善德	帛书《二三子》篇孔子释《易》研究	专门史	曲阜师范大学	刘彬
2011	崔晓姣	《杨氏易传》研究	中国哲学	中国人民大学	彭永捷
2011	邓燕芳	钱钟书《管锥编·周易正义》研究	中国古代文学	安徽大学	鲍恒
2011	范丽琴	龚原《周易新讲义》研究	中国古典文献学	福建师范大学	张善文

续表

年度	作者	题目	专业	学校	导师
2011	冯荟璇	《伊川易传》的理学思想	中国哲学	河北大学	李振刚
2011	伏倩	中国传统"数"文化在园林建筑设计中的表达	城市规划与设计	北京林业大学	赵鸣
2011	胡士颖	黄宗炎易学研究	中国哲学	山东大学	林忠军
2011	黄丽媛	蔡渊易学研究	中国古典文献学	福建师范大学	张善文
2011	黄文泉	郑郊《易测》研究	中国古代文学	福建师范大学	张善文
2011	火焰	毕达哥拉斯学派与《周易》"和谐"观比较	比较文学与世界文学	上海师范大学	刘耘华
2011	孔春杰	李塨的易学思想研究	中国哲学	湖南师范大学	张怀承
2011	李生平	胡渭《易图明辨》的易图学思想研究——以《易图明辨》前五卷为例	中国哲学	山西大学	常裕
2011	李烁	象数易学视域下的两汉自然哲学之研究——两汉象数易学与天文历法关系之探讨	中国哲学	山东大学	井海明 林忠军
2011	李志阳	"前四史"引《易》考论	中国古代文学	福建师范大学	张善文
2011	吕相国	帛书《易传》理性精神刍论	中国哲学	山东大学	刘大钧
2011	马楠	欧阳修易学浅析	中国哲学	辽宁大学	祁洞之
2011	苗建荣	阮籍易学思想研究	中国哲学	山西大学	陈清春
2011	倪可风	白虎通涉易问题研究	中国古代文学	福建师范大学	张善文
2011	秦园	司马迁《易》学与《史记》文学成就	中国古代文学	扬州大学	田汉云
2011	尚秋实	《周易》美学观及其对中国古代美学理论的影响	文艺学	山东大学	程相占
2011	佘燕达	基于《周易》的系统决策模型构建研究	情报学	黑龙江大学	李海晨
2011	宋筱	《周易》的思维方式与中国圆的审美观念	美学	黑龙江大学	张鹤
2011	孙航	孔子易学思想研究——以帛书《要》篇为依据	专门史	曲阜师范大学	刘彬
2011	孙世平	程颐"易传"的和谐之道	中国古代史	北京师范大学	张涛
2011	王花	试论《周易》美学的思想体系	美学	山西大学	赵继明

续表

年度	作者	题目	专业	学校	导师
2011	王敏娟	郭篯龄《周易从周》研究	中国古代文学	福建师范大学	张善文
2011	王庆红	简论《伊川易传》中的道德教化思想	中国哲学	中共中央党校	任俊华
2011	王天宗	吕祖谦易学思想研究	中国哲学	山东大学	刘保贞
2011	隰玉龙	汉代象数易学哲学思想探析	西藏民族学院	中国哲学	谢丰泰
2011	杨兰芳	关于通行本《周易》体例的思考	中国古代文学	西北师范大学	董芬芬
2011	杨学祥	魏荔彤易学思想研究	中国哲学	山东大学	李尚信
2011	袁浩	《周易参同契》丹道时间养生思想探析	宗教学	西南大学	杨玉辉
2011	姚琳焱	宋代易学阴阳自然观视域下乾坤卦义考	科学技术哲学	山西大学	辛翀
2011	于磊	易学与王安石管理思想研究	中国古代史	北京师范大学	张涛
2011	赵振国	马王堆帛书《衷》篇《易赞》章新探	专门史	曲阜师范大学	刘彬
2011	支玉菡	《易传》的教育思想研究	教育史	华东师范大学	金忠明
2011	仲晓瑜	王弼易学思想研究	中国哲学	中国科学技术大学	王光照
2012	蔡飞舟	经典释文周易音义疏证	汉语言为文字学	福建师范大学	林志强
2012	陈磊	王弼《周易》版本研究	中国古典文献学	哈尔滨师范大学	于弗
2012	陈文文	《周易》八卦管理哲学发凡	中国哲学	杭州师范大学	石向实
2012	董春	李塨易学思想研究	中国哲学	山东大学	刘大钧
2012	何子皿	胡一桂易学思想研究	中国哲学	安徽大学	解光宇
2012	黄洁钰	张浚《紫岩易传》研究	中国古代文学	福建师范大学	张善文
2012	黄伟波	明代术数分类研究	中国古代史	江西师范大学	方志远
2012	赖文婷	朱熹《周易本义》之元代研究述略	中国古代文学	福建师范大学	张善文
2012	李冰	李觏《易论》思想研究	中国哲学	湖南师范大学	徐仪明
2012	李凤华	尚秉和易学体例探究	中国古代史	北京师范大学	张涛

续表

年度	作者	题目	专业	学校	导师
2012	李桂祥	周易与生态文明	中国哲学	山东大学	林忠军
2012	李丽珠	卜筮视域下易学的重大转型——朱熹易学新探	中国哲学	山东大学	王新春
2012	李笑莹	魏了翁《周易要义》文献学研究	中国古典文献学	北京大学	顾永新
2012	李征光	理、象、数、筮的诠释体系——试论尚秉和之易学	中国古典文献学	山东大学	庄大钧
2012	刘凤源	近百年来《周易》语词寻释平议	中国古典文献学	浙江大学	关长龙
2012	鲁旭	《周易》中的"德"、"断"关系研究	伦理学	中南大学	高恒天
2012	罗森	赵汝楳易学哲学思想研究	中国哲学	山东大学	林忠军
2012	马娟	《汉书》、《后汉书》引《周易》研究	中国古代史	河北师范大学	王文涛
2012	宋端正	《易纬》"卦气"说新探	专门史	曲阜师范大学	刘彬
2012	孙桂彬	《易经》异文研究	汉语言文字学	山东大学	杨端志
2012	孙庆娟	生命注脚视域下的象山易学	中国哲学	山东大学	王新春
2012	孙新会	易学阴阳五行推类研究	逻辑学	燕山大学	刘邦凡
2012	陶英娜	孙奇逢理学视域下的易学思想研究	中国哲学	山东大学	刘保贞
2012	王逸之	阴阳五行与隋唐术数研究	专门史	陕西师范大学	介永强
2012	徐莉莉	近20年来易学研究初探——基于情报研究范式	中国哲学	辽宁大学	王雅
2012	闫俊峰	先秦易学中的推类思想研究	逻辑学	河南大学	郭桥 李振江
2012	于梁	汉初易学初探	专门史	曲阜师范大学	刘彬
2012	张凌云	《周易》五译本研究	外国语言学及其应用语言学	福建师范大学	岳峰
2012	张明瑛	《上海博物馆藏战国楚竹书》的异构字研究	汉语言文字学	华中科技大学	程邦雄
2012	张琪悦	帛书《周易》卦序研究	中国哲学	湖北大学	陈道德
2012	张瑞鑫	《周易》对《文心雕龙》形上理论建构的影响	文艺学	河北师范大学	张连武
2012	曾达	司马光温公易说"浅析	中国古代史	北京师范大学	张涛

续表

年度	作者	题目	专业	学校	导师
2012	赵青青	梁寅《周易参义》研究	中国古代文学	福建师范大学	张善文
2013	白江丽	概念隐喻视角下《周易》隐喻的英译研究	外国语言学及应用语言学	上海师范大学	李照国
2013	白云方	"易体神用"视角下的程颢仁学思想研究	中国哲学	郑州大学	李晓虹
2013	刁乃松	周易对太极拳形成的影响研究	民族传统体育学	东北师范大学	赵利明
2013	邓益明	式盘研究	中国古典文献学	上海大学	朱渊清
2013	丁丽琼	《周易》忧患意识研究	中国哲学	曲阜师范大学	姚春鹏
2013	杜晓静	宋代术数文献研究	中国古典文献学	东北师范大学	黄云鹤
2013	冯然	时空纵横探易译——卫礼贤（Richard Wilhelm）和丹尼斯·席琳（Dennis Schilling）的易经德译本对比	外国语言学及应用语言学	西南交通大学	华少庠
213	郭法	儒学思维模式中的义理思维探究——管窥《论语·为政第二》的易学自然观	科学技术哲学	山西大学	辛翀
2013	姜喜任	陆绩易学思想研究	中国哲学	山东大学	王新春
2013	鞠文浩	李钧简《周易引经通释》文献学研究	中国古典文献学	广西大学	董艳秋
2013	靳浩辉	《易传》政治伦理思想研究	伦理学	中央民族大学	王文东
2013	井雷	《太玄》象数与汉代易学卦气说	专门史	山东师范大学	王克奇
2013	类延涛	《易传》道论研究	中国哲学	山东师范大学	梁宗华
2013	李建平	司马光的易学思想——以《温公易说》为主要解读对象	中国哲学	山东大学	刘玉建
2013	李莉	京房易学思想要义	中国哲学	西北大学	谢扬举
2013	厉运伟	象思维的诗学转换——从《周易》到《文心雕龙》	文艺学	山东师范大学	杨存昌
2013	梁亮	美国汉学家夏含夷的《周易》研究	中国古代文学	华东师范大学	林在勇
2013	林晟彬	《周易》与《诗经》意象之比较研究	中国古代文学	陕西理工学院	刘昌安
2013	刘凤霞	孔子弟子学《易》传《易》考	专门史	曲阜师范大学	刘彬

续表

年度	作者	题目	专业	学校	导师
2013	刘霞	《易传》"时"的哲学研究	中国哲学	山东大学	李尚信
2013	卢蒙	王弼易学美学思想研究	中国文学批评史	山东大学	祁海文
2013	马荣	以易学阴阳之道探析传统女性问题	中国哲学	西北大学	赵润琦
2013	牛志信	《易》之"象"与《诗》之"兴"	文艺学	重庆师范大学	冯宪光
2013	彭鹏	河洛视域下的胡煦易学研究	中国哲学	山东大学	林忠军
2013	普庆玲	胡瑗易学思想探析	中国哲学	湖南大学	姜广辉
2013	任海荣	傅以渐易学思想研究	中国哲学	山东大学	刘保贞
2013	申元凯	《周易程氏传》中程颐《易》学思想研究	中国哲学	海南大学	曹锡人
2013	宋思阳	周易的中国夫妇之道	中国哲学	曲阜师范大学	姚春鹏
2013	唐小宁	《周易》对刘熙载美学思想影响研究	文艺学	吉林大学	张羽
2013	涂文丽	王弼易学思想论述	中国哲学	郑州大学	崔波
2013	王聪潘	阜阳汉简《周易》集释	历史文献学	吉林大学	冯胜君
2013	王景霖	刘一明的易学本体论探析	中国哲学	华侨大学	汤中钢
2013	王雪	当代易学研究文献类论	中国古典文献学	曲阜师范大学	高尚榘
2013	王振	王心敬《丰川易说》思想新探	中国哲学	山东大学	井海明 林忠军
2013	向雅丽	《周易》"时"之研究	中国哲学	华东师范大学	贡华南
2013	谢静芳	熊禾《易经训解》易学思想探析	中国古代文学	福建师范大学	张善文
2013	许慎	《易传》德育思想的当代意蕴	思想政治教育	山东大学	徐国良 李征
2013	尹辰霆	来知德易哲学研究	中国哲学	山东大学	林忠军
2013	于斐	易学思想对标志设计的启示研究	设计艺术学	江南大学	王安霞
2013	张德胜	试论《周易》卦爻的象数源流	中国哲学	上海师范大学	苟小泉
2013	张丽丽	紫柏真可易学思想研究	中国哲学	山东大学	刘大钧

续表

年度	作者	题目	专业	学校	导师
2014	曹发武	《易传》对汉代象数易学的影响	中国哲学	山东大学	刘保贞
2014	孔令杰	邵雍易学逻辑思想研究	逻辑学	河北大学	张燕京
2014	刘新平	易学中的五行思想研究	湖南师范大学	中国哲学	张怀承
2014	骆永顺	钱澄之易学研究	中国哲学	山东大学	林忠军
2014	马涛	和瑛《易简斋诗钞》研究——"易"、"佛"之道与和瑛精神境界及其诗境之关系	古代文学	内蒙古大学	米彦青
2014	秦宏	《周易》经传中的传播学理论研究	新闻学	厦门大学	赵振祥
2014	王贵涛	二程易哲学思想研究	中国哲学	山东师范大学	彭耀光
2014	张苧	魏晋易学研究	中国古代文学	广西师范大学	胡大雷
2014	宗诚	易道信仰的生态价值	科学技术哲学	南京理工大学	刘魁

后　　记

　　回想几年前报考博士的原因，不只是"进士情结"的冲动。选择《易》学作为研究方向，更来源于对文化典籍的崇尚。作为老师，担任着古代文化等"古"字头的课程，对古代典籍，尤其是对经部之首的《易》类文献更是情有独钟。自小就怀"好古"之情，但因愚钝懒散，而无"敏学"之状。岁月蹉跎后，方追"怀古"幽情；书生万里归，更恋典籍深蕴。若上云云，可作为我博士学习的机缘，那么我相信这一机缘好似天上的浮云，虽不能触手，但对心灵的感应正改变着当下的生活。

　　读书和生活一样，皆有自己的园地。"《易》学考古研究"即为我博士学习期间耕耘的园地。在这个园地里探索中，是导师杨效雷先生一步一步地领我前行。老师的学识、品行，有古君子之风，与之相识者，莫不称赞。三年追随左右，有感于心者，甚多。和老师相处的点点滴滴，无不相得。

　　因专业方向是《易》学考古，故入学后老师先让我做有关商周筮数易卦论文的提要，随后是搜罗能见到的筮数易卦的材料，进而在前人成果的基础上试写专题论文。后由商周筮数易卦研究上溯到史前龟甲和卜骨的搜集、研究，得出史前龟甲属于数占、史前卜甲属于象占的结论。后又指导我搜集考古发现的史前遗存中有关《易》学尚中思想和阴阳观的材料，论证了《易经》和《易传》中所蕴含的这两种思想可以上溯到史前时期。随着材料的增加，研究视野也随之扩大，论文的结构也每每扩充、调整。总之，论文写作过程是不轻松的，个中得失，如水在口，难以辞达。在论文写作修改的最后阶段，老师天天陪着我逐字逐句地调整增删，这篇博士论文和我博士学习期间发表的几篇有关《易》学的论文，都凝结着老师的大量劳动和心血。在这段珍贵的学习机会中，我不仅完成了一篇博士论文，还潜移默化地改变了做事的态度。我不仅有知识的增加，更有心灵的感悟，这种兼而有之的收获将深深地影响我随后的读书、教书等生活。

《易》学是大道之源，考古学是探究中国文化的渊源，将两者结合起来研究对探究中国文化之根源的意义，大矣哉。在易学典籍的研读及论文的写作中，我内心的感觉始终是"虽不能至，然心向往之"。

在我求学的每个阶段都遇到一些老师对我关爱有加，在这里对我的老师姜山秀、徐传武、杜泽逊、张涛、杨效雷等先生说出我内心的感谢和感激。

感谢山东大学傅合远老师为本书题签。

感谢中国社会科学出版社的郭鹏老师担任本书的责任编辑，他对本书的校对、定稿等工作多为辛劳。

本书出版得到德州学院学术著作出版基金的全额资助，感谢学校领导和评审会专家的提携和帮助。

感谢家人的支持和关爱；并将此书献给先父吉水公，其灵必知我在学习和工作中不懈的努力，以及一直坚持守候天生的善良之心。

对于所有关心我的人，我的祝愿正如《易》云："自天佑之，吉无不利。"

2015 年 1 月

张金平